EVA UND VALENTIN FISCHER

GESUNDES AUS DEM EIGENEN GARTEN

EVA UND VALENTIN FISCHER

GESUNDES AUS DEM EIGENEN GARTEN

Obst, Gemüse, Kräuter und ihre bioaktiven Inhaltsstoffe

Die richtigen Arten und Sorten naturgemäß anbauen und optimal zubereiten

BLV

Inhalt

Vorwort 5

Was steckt in Obst, Gemüse und Kräutern? 7

Biophenole - immer auf Posten 7
Carotinoide - sorgen für Durchblick 11
Vitamine und Mineralstoffe - halten fit und gesund 14
Ballaststoffe - bringen den Darm auf Trab 19
Glucosinolate - zu Tränen gerührt 20
Sulfide - stinken zum Himmel 22
Terpene - verströmen betörende Düfte 24
Pflanzliche Hormone - sie blockieren Arbeitsplätze 25
Alkaloide - Gift oder Arznei? 27
Nitrat - Nitrit - Nitrosamine - Krebs? 32
Oxalsäure - sauer macht steinreich 36
Blausäure - verduftet bei Hitze 38
Saponine - bittere Schaumschläger 40
Phytoalexine - auf Abruf bereit 42
Pilzgifte - unberechenbar und allgegenwärtig 44
Allergene Stoffe - es trifft nicht jeden 47

Mit Obst und Gemüse gesund durch den Winter 52

Schonend konservieren und verarbeiten – den Sommer einfangen 55

Einsäuern 55
Tiefgefrieren 60
Einkochen 63
Entsaften 65
Marmelade kochen 67
Trocknen 70
Obst, Gemüse und Kräuter – gesund aufgetischt (Rezepte) 76

Die Obstarten 80

Geißblattgewächse (Schwarzer Holunder 80), Heidekrautgewächse (Heidelbeere 80), Knöterichgewächse (Rhabarber 81), Ölweidengewächse (Sanddorn 81), Rosengewächse (Apfel 82 - Aprikose 84 - Birne 84 - Brombeere 85 - Erdbeere 86 - Himbeere 86 - Pflaume, Zwetschge, Mirabelle, Reneklode 87 - Pfirsich, Nektarine 88 - Quitte 89 - Sauerkirsche 89 - Süßkirsche 90), Steinbrechgewächse (Johannisbeere 91 - Jostabeere 91 - Stachelbeere 92), Strahlengriffelgewächse (Kiwi 93 - Mini-Kiwi 93), Walnußgewächse (Walnuß 94), Weinrebengewächse (Weintraube 94), Pflanzabstände der Obstarten 95

Die Gemüse- und Kräuterarten 96

Baldriangewächse (Feldsalat 96), Borretschgewächse (Borretsch 96), Doldenblütler (Gemüsefenchel 97 - Möhre 98 - Pastinake 98 - Sellerie 99 - Wurzelpetersilie 99 - Anis 100 - Dill 100 - Gewürzfenchel 100 - Kerbel 101 - Koriander 101 - Kümmel 102 - Liebstöckel 102 - Petersilie 103), Eiskrautgewächse (Neuseeländer Spinat 103), Gänsefußgewächse (Mangold 104 - Rote Rübe 104 - Spinat 105), Gurkengewächse (Gurke 106 - Kürbis 107 - Zucchini 107), Hülsenfrüchte (Buschbohne 108 - Stangenbohne 109 - Feuerbohne 109 - Puffbohne 110 - Gemüseerbse 111), Korbblütler (Artischocke 112 - Chicorée 112 - Endivie 113 - Löwenzahn 113 - Radicchio 114 - Salat 115 - Schwarzwurzel 116 - Topinambur 117 - Fleischkraut, Zuckerhut 117 - Beifuß 118 - Eberraute 118 - Estragon 118 - Kamille 119 - Mariendistel 119 - Ringelblume 120 - Wermut 120), Kreuzblütler (Blumenkohl 121 - Brokkoli 121 - Weißkohl 122 - Rotkohl 123 - Grünkohl 123 - Wirsing 124 - Rosenkohl 125 - Kohlrabi 125 - Chinakohl 126 - Pak Choi 126 - Meerrettich 127 - Radieschen 128 - Rettich 128 - Salatrauke, Rucola 129 - Steckrübe 129 - Brunnenkresse 130 - Gartenkresse 130 - Löffelkraut 131), Liliengewächse (Knoblauch 131 - Lauch 132 - Spargel 133 - Winterzwiebel 133 - Zwiebel 134 - Schnittknoblauch 135 - Schnittlauch 136 - Schalotte 136), Lippenblütler (Basilikum 137 - Bohnenkraut 137 - Majoran 138 - Oregano 138 - Pfefferminze 139 - Rosmarin 140 - Salbei 140 - Thymian 141 - Ysop 141 - Zitronenmelisse 142), Nachtschattengewächse (Aubergine 142 - Kartoffel 143 - Paprika 144 - Tomate 144), Portulakgewächse (Sommerportulak 145 - Winterportulak 146), Süßgräser (Zuckermais 147)

Arbeitskalender – Monat für Monat 148

Stichwortverzeichnis 172
Adressen, Bezugsquellen 174

Vorwort

Mögen Sie parfümierte Äpfel? Bis zu 28 Handcreme-Spuren fanden Schweizer Forscher auf einem einzigen Apfel aus dem Supermarkt. Da manche Menschen keine Handcreme verwenden, hatten vermutlich noch mehr Kunden die Frucht in die Hand genommen und zurück ins Regal gelegt.

Nicht nur Handcremes, sondern auch Dünger, Pestizide, Ernte, Transport und Lagerung hinterlassen Spuren an Obst und Gemüse – oftmals unsichtbare oder geschickt verwischte.

Wenn Sie die vorderen Kapitel der Reihe nach lesen, ohne allzuviele Abkürzungen zu nehmen, erfahren Sie mehr über inneren Wert und äußeren Schein von Obst, Gemüse und Kräutern und wissen, warum sich der Anbau im Garten trotz billiger Supermarkt-Ware lohnt. Nur von Obst, Gemüse und Kräutern aus eigenem Anbau kennen Sie Werdegang und Alter, und der kurze Weg vom Beet in die Küche garantiert einzigartige Frische und Qualität.

Früher wußten die Menschen aus Erfahrung, wie die Pflanzen wirken: Heidelbeeren gegen Durchfall, Kohl gegen Geschwüre, Fenchel gegen Blähungen. Warum sie dies tun, beginnt man erst seit kurzem zu verstehen oder zumindest zu erahnen. In den vergangenen 100 Jahren spürten die Biochemiker immer mehr Pflanzenstoffe auf und nach und nach gelingt es ihnen, deren vielfältige Bedeutung für die menschliche Gesundheit zu entschlüsseln.

Lange Zeit hielt man Ballaststoffe, Biophenole, Glucosinolate, pflanzliche Hormone und andere »bioaktive« oder »sekundäre Pflanzenstoffe«, wie Fachleute sie nennen, für überflüssigen Ballast oder gar für schädlich. Den Möhren versuchten Agrarwissenschaftler sogar die ätherischen Öle wegzuzüchten, weil Pestizide sich in dem fettigen Öl lösen und ablagern.

Eure Nahrungsmittel sollen Heilmittel und eure Heilmittel sollen Nahrungsmittel sein.
Hippokrates (460-375 v. Chr.)

Pflanzen enthalten außer den in diesem Buch vorgestellten »Fitmachern« noch eine Reihe weiterer Stoffe (z. B. Verdauungshemmer, Lectine, Sterole), die ebenfalls als unerwünscht galten. Inzwischen entdeckt man aber auch deren guten Seiten. Eines Tages wird man vielleicht sogar feststellen, daß selbst winzige Mengen an Blausäure oder Solanin unsere Gesundheit fördern.

Das 20. Jahrhundert war das Jahrhundert der Vitamine, das 21. Jahrhundert wird das Jahrhundert der »bioaktiven Pflanzenstoffe« sein, und im 22. Jahrhundert wird man es hoffentlich aufgegeben haben, die Früchte des Feldes in ihre Einzelteile zu zerlegen, die vermeintlich brauchbaren im Labor nachzubauen und entsprechende Pillen als Wundermittel gegen Krebs, hohen Blutdruck, gebrochene Herzen und schlechtes Wetter zu vermarkten.

Erfahrungen und langjährige Studien beweisen, daß Obst, Gemüse und Kräuter vorbeugend und heilend gegen Krankheiten wirken. Dagegen halten einzelne, als Pillen verabreichte Stoffe oft nicht, was sie versprechen, oder sie schaden sogar. Denn viele der »Bioaktiven« entfalten ihre Wirkung erst im Verbund mit anderen, häufig bislang noch unbekannten Helfern; manche Flavonoide fördern z. B. die Wirkung von Vitamin C.

Auch wenn noch nicht jedes Gemüse, Obst oder Kräutlein auf »Herz und Nieren«, »Kraft und Wirkung« überprüft wurde und deshalb entsprechende »Vorbeugen und Heilen«-Hinweise in den Pflanzenportraits ab Seite 80 fehlen, ist dies kein Grund, solche Arten aus dem Garten und vom Speiseplan zu verbannen. Weil Pflanzen einer Familie oft ähnliche Inhaltsstoffe haben und sie somit auch ähnlich wirken, sind die Portraits familienweise geordnet.

Ein Apfel besteht aus mehreren hundert Stoffen. Nur einen Teil davon kennen wir. Doch verlassen Sie sich drauf – Mutter Natur beherrscht ihr Handwerk. Wir sollten ihr nicht alle Geheimnisse entreißen. Lassen wir uns den Apfel schmecken!

Eva und Valentin Fischer

Was steckt in Obst, Gemüse und Kräutern?

Biophenole – immer auf Posten

Das einzige, was Adam und Eva aus dem Paradies mitnehmen durften, war der Apfel. Seine Herkunft merkt man dem Obst noch heute an. Seit der liebe Gott es sich anders überlegt hat, verheißt diese Frucht zwar keine Unsterblichkeit mehr, aber sie fördert Gesundheit und Wohlbefinden – zwei Güter, die außerhalb des Paradieses mehr zählen als ewiges Leben.

> **Der Volksmund behauptet:**
> *Ein Apfel am Tag vertreibt jedes Ach, und das Weh bleibt fern, ißt du ihn ohne Kern'.*
>
> Ein Landarzt in Sachsen verabschiedete zu Beginn des 20. Jahrhunderts seine Patienten mit den Worten:
> *Ein Apfel täglich – und dein Doktor hungert unsäglich!*
>
> In England und USA heißt es:
> *One apple a day keeps the doctor away.*
> (Ein Apfel am Tag hält den Doktor fern.)

Die Forscher fahnden noch, welche der über 300 Inhaltsstoffe des Apfels den Arzt brotlos machen. Gute Chancen, den Preis zu gewinnen, haben die Biophenole, von denen es in der Natur, grob geschätzt etwa 10000 gibt. Früher faßte man sie unter dem Namen Gerbstoffe zusammen, heute nennt man sie häufig **Flavonoide**, doch diese umfassen, streng genommen, nur einen Teil der Biophenole.

Obwohl Forscher seit etwa 100 Jahren immer mehr Biophenole entdecken, begeisterten sich nur wenige für diese Stoffklasse, hielt man sie doch lange für überflüssig und für pflanzlichen Abfall.

Der Ungar Albert Szent-Györgyi enträtselte den chemischen Aufbau von Vitamin C und erhielt dafür den Nobelpreis. Er untersuchte in den 30iger Jahren des 20. Jahrhunderts die Flavonoide von Paprika. Da sie die Blutgefäße durchlässiger (permeabel) machen und Vitamin C vor dem Zerfall schützen, nannte er diese Stoffe **Vitamin P** (P = Paprika = Permeabilität). Die Fachwelt benutzte den Begriff jedoch nur ungern, weil es den Wissenschaftlern nicht gelang, eine Vitamin P-Mangelkrankheit auszulösen. Sie folgerten daraus, daß Vitamin P nicht lebensnotwenig und deshalb kein Vitamin sei.

Jede Pflanze, ob Obst, Gemüse, Kräuter oder Getreide, **enthält Biophenole**, und zwar meist mehrere Dutzend, Früchte zwischen 100 und 500 mg% (siehe Seite 172), Gemüse etwa 100 mg%. Es ist daher nahezu unmöglich, keine Biophenole zu essen, und deshalb gelang es den Wissenschaftlern auch niemals, einen Mangel zu erzeugen.

Bisher weiß man nur sehr wenig darüber, welche Aufgaben die einzelnen phenolischen Stoffe im Organismus erfüllen. Einige wurden im Labor Viren, Pilzen und Bakterien verabreicht oder man verfütterte sie an Tiere, um die Einzelwirkung zu testen.

In der Natur treten Biophenole immer im Verbund mit Verwandten auf, erledigen ihre Arbeit gemeinsam, ergänzen oder verstärken sich.

Äpfel stärken Magen und Darm, Nerven und Abwehrkräfte.

Auch wenn Forscher nach und nach das Geheimnis der »Kraft und Wirkung« von Sanddorn, Schwarzer Johannisbeere, Holunder, Apfel, Feldsalat, Grünkohl und Möhre lüften, werden Flavonoid-Pillen auch in Zukunft Gemüse und Obst nie ersetzen, denn die Biophenol-Vielfalt ist zu groß. Wer glaubt, mit Rotwein, der sehr viele Biophenole enthält, seiner Gesundheit Genüge zu tun, unterschätzt all die übrigen Stoffe, die im Obst und Gemüse stecken. In der Regel enthalten sie zwar nur kleine Mengen, aber »viele Fingerhüte voll Wasser füllen auch einen Eimer«, wie man in Nepal sagt.

Vorbeugen ist besser als heilen

Was für Gartenfrüchte generell gilt, trifft auch für die **Biophenole** zu: Sie **sind besser im Vorbeugen als im Heilen.** Das hat den Vorteil, daß nicht mit »Nebenwirkungen« rechnen muß, wer über die Stränge schlägt und z. B. Kirschen pfundweise ißt. Studien beweisen, daß Menschen, die **regelmäßig Obst und Gemüse essen**, ein geringeres Risiko tragen, an **Zivilisationsleiden** wie **Herzinfarkt, Schlaganfall** und bestimmten **Krebsarten** zu erkranken. Biophenole leisten dazu einen beträchtlichen Beitrag. Zum einen, weil wir täglich viele Biophenole zu uns nehmen, mehr als von den anderen Farb-, Geruchs- und Geschmacksstoffen, und zum zweiten, weil sie sehr vielfältig wirken.

Vielseitig wirksam

● Flavonoide und Phenolsäuren schützen vor Viren, Pilzen und Bakterien. Der Apfel als Zahnbürste der Natur beugt Zahnfäule vor. Seine Biophenole verhindern, daß sich **Kariesbakterien** an den Zähnen ansiedeln und vermehren. Trotz ihrer antimikrobiellen Eigenschaften ersetzen Äpfel und anderes Obst jedoch nicht das regelmäßige Zähneputzen; denn auch die restliche Nahrung beeinflußt entscheidend, wie dick Zahnbeläge sich ablagern. Ein Apfel ist schnell überfordert.
● Flavonoide wirken nicht nur gegen Kariesbakterien, sondern auch gegen **Eitererreger**, gegen Mikroorganismen, die Lebensmittel verderben, und gegen Bakterien, die **Durchfall** und andere **Magen-Darm-Störungen** verursachen. Getrocknete Heidelbeeren und Preiselbeeren gelten z.B. als traditionelles Heilmittel bei Durchfall.
● Verschiedene Flavonoide, die das Wachstum von Mikroben behindern, **schützen** auch **vor Entzündungen**.
● Einige Biophenole hemmen die Blutgerinnung, regulieren die Durchlässigkeit der Blutgefässe und **fördern die Durchblutung**. Dadurch beugen sie Krankheiten wie Thrombose, Schlaganfall und Herzinfarkt vor und verhindern, daß die Gefäße vorzeitig altern.
In vielen Arzneimitteln, die die Durchblutung fördern, stecken flavonoidreiche Weißdorn- und Ginkgo-Auszüge.

● Einige unter den rund 5 000 Flavonoiden **ergänzen und ersetzen** zum Teil **Vitamin C**, andere **senken den Blutdruck**, regulieren Blutfett- (Cholesterin-) und Blutzuckerspiegel, fördern die Verdauung und stärken das Immunsystem.
● Bestimmte Flavonoide dämpfen das **Immunsystem** und verzögern damit die Bildung von Substanzen, die an **allergischen Reaktionen** beteiligt sind.
● Flavonoide verhindern, daß **radikale Stoffe** entstehen oder »entschärfen« sie, sobald sie auftauchen und bevor sie Schaden anrichten.
● Täglich prasseln unzählige **krebserregende Stoffe** über Augen, Haut, Lunge und Nahrung auf uns ein. Es ist eigentlich ein Wunder, daß wir noch leben. Dies verdanken wir unter anderem den Biophenolen, allerdings nicht nur, weil sie gefährliche Radikale abfangen. Unter ihnen gibt es auch einige, die ähnlich aussehen wie die Bausteine (Nucleotide) unserer Gene (DNS). Indem sich die Phenole an der DNS anlagern, verhindern sie, daß **Krebsauslöser** dort andocken und Schaden anrichten.
Bevor sie ihr unheilvolles Werk beginnen, müssen die Stoffe, die Tumore verursachen, aktiviert werden. Biophenole unterbinden diesen Vorgang, und sie fördern die Arbeit von Entgiftern, die aktivierte Krebsauslöser unschädlich machen. Frisches Obst und Gemüse beugt vor allem Krebs an Magen, Darm, Prostata, Leber und anderen Organen vor.

Biophenole wirken gegen hochgradig krebserregende **Pilzgifte** (Aflatoxin), gegen **Nitrosamine** (in Zigarettenrauch, Grill-, Pökelfleisch) und weitere **Krebsauslöser** (z.B. Benzpyren). Außerdem blockieren sie die Bildung von Nitrosaminen im Körper.

Schnelle Hilfe für Wunden

Äpfel enthalten über 40 phenolische Stoffe, je nach Sorte beträgt ihr Anteil pro Apfel 2,5–25 mg. Besonders viele Biophenole sitzen in und unter der Schale, zum Fruchtfleisch hin nimmt ihr Gehalt ab und steigt im Bereich des Kerngehäuses an.

Wie sie im Apfel verteilt sind, sieht man deutlich, wenn man die Frucht halbiert. Sobald die Zellen zerstört werden, töten die Abwehrstoffe mit Hilfe von Sauerstoff das Gewebe ab und verbinden sich blitzschnell zu langen Ketten (polymerisierte Polyphenole). Diese sind undurchdringlich für Pilze und Bakterien und unverdaulich für den Menschen. Man erkennt die verketteten Phenole mit bloßem Auge als braune Flecken an den Schnittstellen. Je schneller und dunkler der verletzte Apfel verbräunt, desto mehr Biophenole enthält er.

Die Phenolgehalte schwanken von Sorte zu Sorte und auch innerhalb einer Sorte je nach Standort, Boden, Klima, Pflege ... Wer einen großen Apfel ißt, nimmt weniger auf als derjenige, der drei kleinere verzehrt, da die kleinen Früchte im Verhältnis zu großen mehr Schale besitzen.

Besonders viele **Biophenole enthalten** z.B. Tomaten, Paprika, Zwiebeln, Grünkohl, grüne Bohnen, Brokkoli, Kopfkohl, Radieschen, Auberginen, Kopfsalat, Endivie, Feldsalat, sowie Kirschen, Äpfel, Aprikosen, Pfirsiche, Trauben, Erdbeeren, Beerenobst oder Wildobst (Sanddorn, Schlehe, Holunder, Eberesche).

● Außer Äpfel schotten noch andere Obst- und Gemüsearten ihre Wunden mit braunen Phenolketten ab, was je nach Phenolanteil beim Schneiden mehr oder weniger deutlich sichtbar wird: z.B. bei Kartoffeln, Gurken, Kopfsalat, Möhren, Puffbohnen, Rote Bete, Schwarzwurzeln, Sellerie, Spinat, Tomaten, Auberginen, Zwiebeln und Pilzen (Champignons).

Kluge Köche **zerkleinern** Gartenfrüchte **erst kurz vor dem Kochen** oder Verarbeiten. Bei geputzter Ware laufen auch im Kühlschrank die Abbauprozesse weiter, da selbst die Gemüsestückchen bestrebt sind, ihre Wunden zu versiegeln. Vitamin C (Zitronensaft) verzögert das Braunfärben.

Äpfel mit Schale essen!

Die meisten Flavonoide sitzen als »Schutztruppe« in den Randschichten und Schalen von Obst und Gemüse; manche werden erst mit zunehmender Reife gebildet. **Ernten Sie** daher **nur ausgereiftes Obst**, und essen Sie Äpfel, Birnen, Trauben, Tomaten, Möhren und andere Garten-

Essen Sie öfter Brombeeren, sie schützen vor Erkältungen.

früchte mit der Schale. »Wer Äpfel schält, entfernt das Beste« pflegen Großmütter ihre Enkel zu ermahnen, nämlich etwa ein Viertel der Biophenole. Falls Sie es doch einmal tun, sollten Sie Äpfel oder Birnen nur sehr dünn schälen, auch um die Vitamin C-Verluste gering zu halten.
• Beim Lagern nimmt der Biophenol-Gehalt von Obst und Gemüse langsam ab. Beim Putzen von Gemüse geht etwa die Hälfte verloren. Hitze dagegen vertragen die meisten Biophenole unbeschadet.
• Da Pflanzen Licht benötigen, um ihre Schutztruppe zu bilden, enthalten im Freien gewachsene mehr Biophenole als im Glashaus gezogene, und Sommersalate und -gemüse wegen der größeren Lichteinstrahlung in der Regel mehr als im Frühjahr- oder Herbst geerntete.
• Der Biophenolgehalt von mager gezogenen Pflanzen ist besonders hoch. Stark mit Stickstoff **überdüngte Pflanzen** haben alle Blätter voll zu tun, um diese Fracht zu verarbeiten, bevor sie Schaden anrichtet. Dies geht zu Lasten der Phenolbildung. Deshalb sind mit Stickstoff überversorgte Pflanzen anfälliger für Krankheiten und Schädlinge als ausgewogen ernährte.

Wozu benötigen Pflanzen Biophenole?

Viele phenolische Stoffe schützen und verteidigen die Pflanze. Zellulose, Baustein aller pflanzlichen Zellwände, besteht aus langen Zuckerketten, die den Wänden Halt geben und die Pilze und Bakterien liebend gerne anknabbern. Doch sobald Biophenole zwischen die Zellulosefasern schlüpfen, werden diese unverdaulich.
• Manche Phenole reihen sich zusammen mit Zuckern zu langen, faserigen Bündeln (Lignine) auf. Dadurch verkorken und verholzen die Zellwände und bilden undurchdringliche Barrieren. An dieser derben Schicht prallen nicht nur Mikroorganismen ab, sondern auch Ozon und UV-Strahlung.
• Einige Biophenole sind giftig für Pilze, Bakterien und Viren. Sie sitzen oft als Vorposten in Rinde, in Haaren von Blättern und in der Außenhaut der Pflanzen. Herrscht Alarm, erhöht die Pflanze ihren Phenolgehalt. Auch sehr viele Phytoalexine (siehe Seite 42 ff.) gehören zu den Biophenolen.
• Je mehr und je schneller eine Apfelsorte Phenole einlagert, desto besser ist sie **gegen Schorf** geschützt. Sorten mit niedrigem Phenolgehalt dagegen erliegen den Angriffen dieses Pilzes. In Versuchen schützten Flavonoide Erbsen- und Bohnensamen genauso wirksam vor Schimmelpilzen (*Aspergillus*) wie chemische Mittel.
• Andere Biophenole entschärfen gefährliche Radikale, die Mikroorganismen beim Eindringen abgeben oder die beim Angriff im Gewebe entstehen.
Wieviel ihrer Energie jede Pflanze fürs Wachsen ausgibt und wieviel für die Verteidigung, hängt von der Pflanzenart und der Sorte ab. Schlehen setzen ganz auf Verteidigung und pfropfen Blätter, Rinde und Früchte voll mit Biophenolen, deshalb bleibt ihnen nur wenig Kraft übrig zum Wachsen. So manche Apfelsorte grünt, blüht und fruchtet dagegen, was ihre Kräfte hergeben, in der Hoffnung, daß der Gärtner ihr bei Bedarf beisteht. **Schorfresistente Apfelsorten** haben von eingekreuzten widerstandsfähigen Ahnen gelernt, sowohl zu wachsen als auch sich zu verteidigen, ohne sich dabei zu verausgaben.

Tannine und Gerbstoffe

Zu dieser Gruppe gehören verschiedene, meist wasserlösliche und ellenlange Verbindungen aus phenolischen Säuren, die vor allem eines sehr gut beherrschen: Eiweiß (Proteine) zu binden. Welches Eiweiß das ist und was an diesem Eiweiße noch alles dranhängt, spielt keine Rolle. Mikroorganismen bedienen sich oft einer sehr direkten Methode, um an das Ziel ihrer Wünsche zu gelangen. Sie geben eiweißhaltige Stoffe (Enzyme) ab, um Löcher in die Zellwände bohren. Die Pflanze schickt diesen Angreifern Gerbstoffe entgegen, die die Eiweiße abfangen, oder sie schließt den Erreger in einen oft deutlich sichtbaren, rotgefärbten Ring aus Phenolen ein (z. B. bei **Schorf**, Birnengitterrost, Schrotschußkrankheit bei Sauerkirschen, Weißfleckenkrankheit bei Erdbeeren). Erfolgreiche Pilze und

Biophenole, Carotinoide

Frisch schmecken Erdbeeren und andere Früchte am besten.

Bakterien wehren sich entweder gegen den Abfangtrupp, oder sie agieren so gut getarnt und räumen jeden verräterischen Müll weg, daß die Pflanze nichts von dem Angriff merkt und kaum Gerbstoffe bildet.
Der **Grauschimmelpilz** *(Botrytis)* wächst bereits in die geöffneten Erdbeerblüten ein. Er sitzt im Kelchboden und versucht zur Frucht vorzudringen, doch gegen die vielen Tannine kommt er nicht an. Erst wenn mit zunehmender Reife die Pflanze ihr Schutzschild löchert, überwuchert der Pilz die Frucht. Je mehr Biophenole sich im Kelchboden befinden, und je später diese abgebaut werden, desto widerstandsfähiger ist die Erdbeersorte gegen den Pilz.
Unreifes Obst (u. a. Zwetschge, Erdbeere, Brombeere, Apfel) hortet besonders viele dieser schwer verdaulichen Schutzstoffe, um kein vorzeitiges Ende im Magen eines hungrigen Tieres zu finden. Tannine verderben jedem Pflanzenfresser den Appetit, auch den Menschen. Wer schon einmal in rohe Früchte von Hagebutte, Schlehe oder Speierling (oder unreife Datteln, Bananen, Khakis) gebissen hat, kennt die **Tannine** zur Genüge. Sie **wirken zusammenziehend** (adstringierend). Der Mund wird trocken, weil die Gerbstoffe mit den Speichelproteinen reagieren. Zunge und Gaumen fühlen sich stumpf an, und egal, was man ißt: Es schmeckt fade. Denn die Nervenzellen im Mund, die Geschmacks-Botschaften ans Gehirn liefern, bestehen aus Eiweiß, und sobald Tannine dort andocken, haben diese längere Zeit nichts zu »melden«.

Carotinoide – sorgen für Durchblick

Haben Marienkäfer rote oder schwarze Punkte? Falls Sie unsicher sind – es läuft Ihnen bestimmt bald wieder einer über den Weg. Seine rote Farbe verdankt der Marienkäfer den Carotinoiden; in seinem Fall sollen sie hungrige Feinde warnen: »Ich bin giftig«.
Die leuchtend gelben bis orangeroten Farben der Carotinoide sind im Pflanzenreich weit verbreitet. Je nachdem, welche ihrer rund 600 Mitglieder sich beteiligen, entsteht der für jede Pflanze typische Farbton Carotinoide färben die Blüten von Kalifornischem Mohn, Ringelblume, Krokus und Sonnenblume, die Rübe von Möhren sowie Tomaten-, Aprikosen- und Paprikafrüchte.

Blasse Farben – starke Wirkung

Nicht alle Carotinoide trumpfen kräftig gelb oder orange auf, einige Vertreter – die sauerstoffhaltigen **Xanthophylle** – sehen eher blaß aus. In der Regel übersieht man sie völlig, denn sie treten meist gemeinsam mit dem alles überdeckenden Blattgrün (Chlorophyll) auf und schützen es vor Zerstörung durch Licht. Aufgrund ihrer Aufgaben sitzen sie vor allem in den äußeren Schichten der Pflanzen. In grünblättrigem Gemüse beträgt ihr Anteil am Carotinoid-Gehalt 60–80 %.

12 Inhaltsstoffe

In Möhren stecken viele Carotine, die gefährliche »freie Radikale« abfangen.

Es geht heiß her

Das Blattgrün schluckt Sonnenlicht und verwendet die eingefangene Energie, um Wasser zu spalten und Zucker zu bilden. Das ist eine gefährliche Aufgabe, an die sich weder Mensch noch Tier heranwagen. In der Regel fängt Chlorophyll nämlich mehr Sonnenenergie ein, als ihm guttut, und »verbrennt« sich dabei die »Antennen«. Carotinoide dagegen vertragen Hitze, sie kühlen das Blattgrün, indem sie die heiße Fracht übernehmen und als Wärme abstrahlen. Trifft der »Löschzug« zu spät ein, rettet sich das Chlorophyll und wirft die »glühende Kohle« einem Sauerstoff zu. Während das heiße Blattgrün relativ lange wartet, bis es den Lichtblitz weiterleitet, schleudert der nun radikale Sauerstoff den Blitz sofort dem nächstbesten Chlorophyll zu. Fängt das Blattgrün den »heißen Ball« mit den »Antennen« auf, überlebt es, wenn der Blitz an anderer Stelle einschlägt, gerät es völlig aus der Fassung. Einige Carotinoide verstehen es, dem radikalen Sauerstoff die überschüssige Energie abzunehmen, bevor er ein benachbartes Chlorophyll zerstört.

> Manche Spritzmittel gegen Unkraut (**Herbizide**) stoppen die Bildung von Carotinoiden. Seiner Schutztruppe beraubt, wird das Blattgrün vom Sonnenlicht zerstört, die Pflanzen bleichen aus und sterben ab.

Vor den Augen der Ernährungs-Fachleute fanden die Carotinoide zunächst nur Gnade, weil **beta-Carotin** und einige Verwandte im Körper in Vitamin A umgewandelt werden (daher die Bezeichnung **Provitamin A**). Lange hieß es vielfach über eine Pflanze lapidar: »enthält beta-Carotin und weitere Carotinoide« (= Stoffe, die dem Carotin ähneln; Carotin erhielt seinen Namen nach der Karotte). Inzwischen kennt man einige andere aus dieser Gruppe genauer. Etwa 50 Carotine dienen wie beta-Carotin als Provitamin A, sind in der Regel aber weniger ergiebig; alle zusammen werden sie häufig als **Carotine** bezeichnet. Viele leisten sonstige nützliche Dienste im Körper, zum Teil sogar weit wirkungsvoller als beta-Carotin.

Sie entschärfen Radikale

Vitamin A ist wichtig für gutes Sehen. In den Augen befinden sich außerdem verschiedene Carotinoide; sie stehen an vorderster Front im Radikalen-Hagel und entschärfen im Akkord die gefährlichen Stoffe, die mit dem Licht einfallen und die Linsen trüben (= **Grauer Star**). Noch mehr als beta-Carotin begeistert die Forscher **Lycopin**, der Stoff, der Tomaten rot färbt, weil er besonders schnell, gründlich und effektiv arbeitet.

- Diese »Blitzableiter« behüten nicht nur die Augen, sondern auch die Haut und andere Organe, bis hin zu den Blutgefäßen in den letzten Winkeln; sie **beugen** damit wirkungsvoll **Herz-Kreislauf-Erkrankungen** und **Krebs** vor.
- Beta-Carotin schützt vor Krebs der Mundschleimhaut, carotinoidreiches Essen außerdem vor Lungenkrebs, was beta-Carotin allein nicht vermag. Studien deuten auch auf einen Zusammenhang hin zwischen carotinoidarmer Ernährung und erhöhter Krebsraten bei Gebärmutter, Speiseröhre, Magen-, Darm und Prostata.

- Einige Carotinoide beugen Krebs vor, indem sie Radikale jagen und das Aktivieren von Krebserregern durch körpereigene Stoffe (Enzyme) unterbinden.
- Vitamin A und Carotinoide **stimulieren das Immunsystem**. Beta-Carotin erhöht u.a. die Anzahl der natürlichen Killerzellen im Blut und bringt die Freßzellen des Immunsystems auf Trab. Dies schützt vor Erkältungen und sonstigen Infektionen (Viren, Bakterien) und erschwert Tumorzellen, sich unbemerkt einzunisten.

Schonend verarbeiten

Carotinoide sind **licht- und luftempfindlich**, auch Säure zersetzt sie. Viele vertragen jedoch erstaunlich viel Hitze, die Xanthophylle ausgenommen. Als Schutzschilde wirken dabei vermutlich verschiedene Eiweiße, an die ein Teil von ihnen gebunden ist; doch bei sehr hohen Temperaturen, langem Kochen oder wiederholtem Aufwärmen zerfallen diese nach und nach oder verwandeln sich in weniger wirksame Stoffe. Etwa 90% der Carotine in Gemüsen (z.B. grünen Bohnen, Kürbis) überleben die kochende Hitze.
- Da sich in **Gelben Rüben** ein Teil der Carotine mit Eiweiß, Fetten und anderen Stoffen zu großen Bändern, Spiralen oder kristallähnlichen Formen verknüpft und ihre Zellwände viel unverdauliche Cellulose enthalten, vermag der Körper nur etwa 1% des beta-Carotins aus rohen Möhren aufzunehmen. Erst nachdem die Möhren geraspelt, gesaftet oder gedünstet wurden, gelangen 30–40% des beta-Carotins aus dem Speisebrei in den Blutkreislauf. Beim Erhitzen platzen die Zellwände, das Eiweiß wird zerstört und gibt die gebundenen Carotine frei, so daß der Carotingehalt von gekochten Möhren höher ist als von rohen.
- Tomaten-Lycopin ist in rohen Früchten weniger gut verfügbar als in erhitzten (Tomatensauce, -suppe, -mark). Trotzdem sollten Sie saftige Möhren und an der Pflanze gereifte Tomaten auch weiterhin roh genießen, nach dem Motto: Das eine tun und das andere nicht lassen!
- In Blattgemüsen sind die Carotinoide leichter zugänglich – Grünkohl, Spinat und Petersilie speichern zudem deutlich mehr als Gelbe Rüben –, weshalb der Körper einen Großteil seines Bedarfs aus dieser Quelle deckt. Dies gelingt ihm jedoch nur, sofern die Carotinoide in Fett schwimmen, denn in Wasser lösen sie sich nicht. Deshalb dünstet man Möhren in Butter an, mischt Öl unter den Salat oder gibt zwei Tropfen Olivenöl in den Fitmacher Möhren-Orangen-Saft.
- Sanddorn gehört zu den wenigen Obstarten mit ölhaltigem Fruchtfleisch, und seine Beeren horten außer viel Vitamin C und reichlich leicht verfügbare Carotinoide. 1–2 Eßlöffel voll Sanddornmus oder -saft täglich, pur oder in Joghurt verrührt, hält fit und gesund!
- Bei sachgemäßer Lagerung bleibt der Carotingehalt von Möhren während der ersten 3–4 Monate gleich oder nimmt sortenabhängig leicht zu, danach beginnt er langsam zu sinken.
- Im Gegensatz zu Vitamin A, das zu Vergiftungen führt, wenn man es in großen Mengen (Pillen) einnimmt, besteht bei beta-Carotin und seinen Verwandten

Verarbeiten Sie Gemüse möglichst bald nach der Ernte.

14 Inhaltsstoffe

keine Gefahr der Überdosierung. Wer über Wochen täglich mehr als 30 mg beta-Carotin ißt, verfügt anschließend über einen scharfen Blick und über möhrenfarbene Haut. Carotinoide schützen die Haut vor überschüssiger Sonnenstrahlung, ersetzen allerdings keine Sonnencreme. Ein langes Sonnenbad oder ein längerer Aufenthalt im Gebirge (Wandern, Skifahren) reißt große Löcher in den Carotin-Schutzschild, der Gehalt im Blut sinkt bis zu 85 %. Deshalb ist regelmäßiger Nachschub wichtig.

● Möhren enthalten hauptsächlich Carotine, vor allem beta-Carotin, daneben sortenabhängig auch Lutein, Lycopin u. a. Je kräftiger die Farbe der Rübe, desto höher ist ihr Carotingehalt. Zu den carotinreichen Sorten zählen: 'Rothild', 'Robena', 'Karotan', 'Cubic', 'Juwarot', 'Lange rote stumpfe ohne Herz'.

> Viel **beta-Carotin** stecken in rotem Paprika, Petersilie, Dill, Feldsalat, grünen Bohnen, Tomaten, Kohl, Grünkohl, Möhren, Kürbis, Melonen, Süßkartoffeln, Aprikosen, rosa Grapefruit.
> **Reichlich Carotinoide** bieten auch alle grünen Gemüse und Salate wie Brunnen-, Gartenkresse, Erbsen, Mangold, Brokkoli, Fenchel, Chinakohl, Pflücksalat, Schnittsalat, Rosenkohl sowie beim Obst Pfirsich, Brombeere, Süßkirsche, Stachelbeere, Sanddorn, Eberesche, Maulbeere, Schlehe, Hagebutten, Kiwi, rosa Grapefruit, Mango, Papaya.

Vitamine und Mineralstoffe – halten fit und gesund

Sowohl Vitamine als auch Mineralstoffe braucht der Mensch, obwohl sie kein Quentchen Energie liefern (wie Zucker, Fett, Stärke, Eiweiß). Aber welche er wann braucht und wieviel von jedem, darüber streiten sich die Gelehrten. Diesbezügliche Angaben unterscheiden sich von Nation zu Nation und sogar von Jahrzehnt zu Jahrzehnt. Abhängig vom Stand der Forschung gibt es häufig umstrittenene Richtwerte, Schätzwerte, Empfehlungen, die in unseren Landen die Deutsche Gesellschaft für Ernährung veröffentlicht und durchaus hin und wieder nach oben oder unten korrigiert.

Der konkrete Bedarf an Vitaminen und Mineralstoffen ist individuell verschieden, er hängt ab vom Einzelnen, von Geschlecht, Alter, Lebensweise, Konstitution. Jugendliche, Stillende, Schwangere und ältere Menschen gelten als Risikogruppe.

Wer krank oder überlastet ist, Medikamente nimmt, raucht, Alkohol trinkt oder körperlich stark arbeitet, benötigt in der Regel eine höhere Dosis. Krebskranke benötigen vor allem viel Vitamin C, E sowie beta-Carotin. Alkohol hemmt die Aufnahme und Verwertung von Vitamin C, B_1, B_6, Folsäure und Magnesium.

Man sollte seinem Körper täglich mindestens 1 500 kcal zugestehen, raten Mediziner, um sich ausreichend mit Vitaminen und Mineralstoffen zu versorgen.

Frauen, besonders junge, die rigorose Hungerkuren machen, leiden häufig unter latentem Vitaminmangel; gleiches gilt auch für sehr asketisch oder streng vegetarisch lebende Menschen, was unter anderem Unfruchtbarkeit verursacht.

Ältere Menschen benötigen weniger Energie, aber nicht weniger Vitamine und Mineralstoffe, sie sollten auch deshalb zu mehr Obst und Gemüse greifen, da es kalorienarm und gleichzeitig vitamin- und mineralstoffreich ist. Der Körper verfügt über gewisse **Vitamin-Depots**, wobei er die fettlöslichen Vitamine in größeren Mengen und länger speichert als die wasserlöslichen. Ist der Vitamin B_{12}-Speicher gefüllt, zehrt der Körper Jahre davon. Doch die meisten dieser Vitalstoffe kann man nicht auf Vorrat essen. Von den wasserlöslichen, die leicht mit dem Urin ausgespült werden, benötigt man innerhalb kurzer Abstände regelmäßig Nachschub.

Viele vertragen keine Hitze

Einige Vitamine reagieren empfindlich auf Hitze (Kochen), Luft (Sauerstoff) und Licht. Am meisten profitiert man, wenn man Obst und Gemüse roh genießt. Wieviel? Soviel Sie wollen und solange der Körper nicht Einhalt gebietet! Signalisiert er: »Danke, die fünf Radieschen waren lecker, jetzt hätte ich gerne ein Gemüse-

Vitamine und Mineralstoffe

Diese Gartenfrüchte liefern reichlich Vitamine und Mineralstoffe.

soufflé und zum Nachtisch eine Schüssel Erdbeeren« – sollten Sie auf ihn hören, statt ihn weiter mit »gesunden« Radieschen oder noch »gesünderen« Möhren zu füttern; verlangt er nach einer Tafel Schokolade, versuchen Sie, ihn mit Honigbrot oder Reisbrei und Birnenkompott abzulenken.

Ziemlich viel Hitze vertragen die **fettlöslichen Vitamine** und beta-Carotin (= Provitamin A). Wenn man Möhren in Öl andünstet, lösen Hitze und Öl die Carotinoide aus dem Zellverband und erleichtern dem Körper die Aufnahme (siehe Seite 11). Auch Käsebrot, Tomaten und Basilikum oder Petersilie passen gut zusammen, denn Käse enthält reichlich Fett. Ernährungsberater sehen es am liebsten, wenn man etwa zwei Drittel der Tagesration an Obst und Gemüse roh verzehrt und etwa ein Drittel gekocht. Doch die einen sind glücklich mit Tomatensuppe und Brokkoli-Gemüse, die anderen mit einem Butterbrot und frisch geerntem Gemüse aus dem Garten zum Knabbern (Paprika, Radieschen, Möhren, Bleichsellerie, Kohlrabi, Gemüsefenchel).

Wenn Sie heißes und weiches Gemüse bevorzugen, achten Sie darauf, daß möglichst wenig Vitamine der Hitze zum Opfer fallen und raspeln Sie unter das Gemüse kurz vor dem Servieren etwas Rohes, z. B. Möhre, saftigen Kohlrabi, Rettich oder was immer Sie möchten. Das ersetzt verlorene Vitamine und schmeckt!

Küchentips

Damit nur wenige der kostbaren Stoffe mit dem Waschwasser im Abfluß verschwinden oder sich in Luft (oder Licht) auflösen, gibt es bei der Zubereitung einiges zu beachten:

- Gemüse und Salate kurz, aber gründlich waschen, danach erst zerkleinern.
- Kleingeschnittenes nicht stundenlang offen in der warmen Küche stehen lassen, sondern abdecken und im Kühlschrank aufbewahren. Am besten erst kurz vor dem Servieren (Salat) oder dem Garen das Grünzeug kleinschneiden. (Kochwasser, in dem reichlich Vitamine und Mineralstoffe schwimmen, für Suppen und Soßen verwenden.)
- Schonend zubereiten, nur kurz garen. Dämpfen oder Dünsten bevorzugen.
- Gemüse nicht längere Zeit warmhalten.

Von einigen Ausnahmen abgesehen – beta-Carotin in Möhren und Lycopin in Tomaten werden durch Dünsten besser verfügbar, Eisen u.a durch Tiefgefrieren – gilt ganz allgemein:

Je frischer die Ware ist, je kürzer der Weg vom Beet in die Küche, je kürzer die Lagerung, je geringer der Grad der Verarbeitung, desto weniger Abbau-Prozesse finden stand und desto mehr Vitamine bleiben erhalten.

Vitamine und Mineralstoffe – Vorkommen, Wirkung, Eigenschaften

Vitamin/ Mineralstoff	Wirkung	Mangel	Überdosierung	Vorkommen	Löslichkeit und Stabilität
Vitamin A, (Retinol) Carotine	stärken Augen, Haut, Schleimhäute, schützen vor freien Radikalen	Lichtempfindlichkeit, Nachtblindheit, Schäden und Entzündungen an Haut und Schleimhäuten, Haarausfall, erhöhte Anfälligkeit für Infektionen	Vitamin A: Kopfschmerzen, Erbrechen, Haut-, Knochen-, Leberschäden. Carotine: keine Überdosierung möglich	Leber, Butter, Milch, Eigelb, Möhren, Grünkohl, Brokkoli, Kürbis, Melonen, Steckrüben, Aprikosen	fettlöslich, licht-, luft-, hitzeempfindlich; dunkel lagern, rasch und schonend zubereiten
Vitamin B_1 (Thiamin)	wichtig für den Kohlenhydrat-Stoffwechsel, stärkt die Nerven	Konzentrationsmangel, Reizbarkeit, Schlaflosigkeit, Herzbeschwerden, Nervenentzündungen, erhöhte Anfälligkeit für Infektionen	Schweißausbrüche, Juckreiz	Vollkorn, Haferflocken, Hülsenfrüchte, Kartoffeln, Obst, Gemüse	wasserlöslich, hitzeempfindlich
Vitamin B_2 (Riboflavin)	wichtig für Fett-, Kohlenhydrat-, Eiweiß-, Energie-Stoffwechsel; Haut, Schleimhäute, Augen, Blut	Hautschäden, brüchige Fingernägel, Lichtempfindlichkeit, Sehstörungen	keine bekannt	Vollkorn, Fleisch, Fisch, Gemüse, Obst, Kartoffeln	lichtempfindlich
Vitamin B_6 (Pyridoxin)	wichtig für Eiweißstoffwechsel, Blut	Hautschäden, Blutarmut, Muskelschwund, Depression	Nervenschäden	Vollkorn, Milch, Fleisch, Fisch, Gemüse, Kartoffeln	hitze- und lichtempfindlich
Vitamin B_{12} (Cobalamin)	wichtig für Blutbildung	Blutarmut, Nervenschäden	keine bekannt	Fleisch, Fisch, Eier, Milch; milchsauer vergorenes Gemüse	Bei der Zubereitung treten kaum Verluste auf.
Folsäure	wichtig für Eiweißstoffwechsel, Blut, Zellbildung, Immunsystem	Blutarmut; Embryoschäden, Schleimhaut-Entzündungen in Mund, Magen, Darm	keine bekannt	Gemüse, Nüsse, Vollkorn, Eier	wasserlöslich, licht- und hitzeempfindlich
Vitamin C (Ascorbinsäure)	wichtig für Haut, Knorpel, Knochen, Zähnen, Immunsystem	Müdigkeit, erhöhte Infektionsanfälligkeit, schlechte Wundheilung	Durchfall; zerstört in hohen Dosen Vitamin B_{12}	Sanddorn, Hagebutten, Schwarze Johannisbeere, Brunnenkresse, Paprika, Kräuter	wasserlöslich, licht-, luft-, hitzeempfindlich
Vitamin D (Calciferole)	wichtig für Knochen	brüchige Knochen	Durchfall, Erbrechen, Entkalkung der Knochen, (tödliche) Nierenschäden	Eier, Milch, Seefische wird bei Sonnenbelichtung in der Haut gebildet	Bei der Zubereitung treten kaum Verluste auf.
Vitamin E (Tocopherole)	schützt Fettsäuren und Vitamin A vor Zerstörung	Mangel tritt nahezu nie auf.	Kopfschmerz, Schwindel, Durchfall, Sehstörungen; Leberschäden	Keimöle, Sonnenblumenkerne, Nüsse, Eier, Fisch, Avocado, Sanddorn	fettlöslich, licht-, luft-, hitze- und kälteempfindlich

Vitamine und Mineralstoffe – Vorkommen, Wirkung, Eigenschaften

Vitamin/Mineralstoff	Wirkung	Mangel	Überdosierung	Vorkommen	Löslichkeit und Stabilität
Vitamin K (Phyllochinone)	wichtig für Blutgerinnung	Blutungen, schlechte Wundheilung	keine bekannt	Kohl-, Blattgemüse; Vitamin K wird auch von den Darmbakterien gebildet	lichtempfindlich
Calcium (Ca)	wichtig für Knochen, Zähne, Muskeln, Blut	brüchige Knochen	selten Erbrechen, Durchfall, hemmt Eisenaufnahme	Milch-, Milchprodukte, Brokkoli, Grünkohl, Fenchel, Hülsenfrüchte, Lauch, Gartenkresse, Kräuter, Obst	wasserlöslich
Phosphor (P)	wichtig für Knochen, Zähne, Energiestoffwechsel	unbekannt	stört die Calciumaufnahme	Fleisch, Fisch, Gemüse, Kartoffeln, Milch	wasserlöslich
Magnesium (Mg)	wichtig für Muskeln, Nerven, Knochen, Enzyme	Muskelkrämpfe	Durchfall, Müdigkeit	Gemüse, Beerenobst, Mineralwasser	wasserlöslich
Natrium (Na)	wichtig für Nerven, Muskeln, Wasserhaushalt	Mangel nur bei Erbrechen und Durchfall über längere Zeit	bei manchen Menschen Bluthochdruck	Kochsalz, z. B. in Brot, Wurst, Käse, Fertiggerichten	wasserlöslich
Kalium (K)	wichtig für Herz, Muskeln, Nerven, Enzyme	Müdigkeit, Nervosität, Muskelschwäche, Herzschäden	selten, Herzschäden	Obst, Gemüse, Kartoffeln, Vollkorn, Fleisch, Fisch, Milch	wasserlöslich
Eisen (Fe)	wichtig für Blut, Muskeln, Enzyme, Immunsystem	Müdigkeit, Blutarmut, Erschöpfung, Konzentrationsmangel, erhöhte Infektionsanfälligkeit	schädigt Herz, Leber, Bauchspeicheldrüse, erhöht Anfälligkeit für Infektionen, stört Zink-Aufnahme	Fleisch, Vollkorn, Blattgemüse, Hülsenfrüchte	wasserlöslich
Jod (J)	wichtig für die Schilddrüse	vergrößerte Schilddrüse, Kropf	Störung der Schilddrüse, Jod-Akne	Seefisch, Meeresfrüchte, Gemüse (Knoblauch, Feldsalat)	wasserlöslich
Zink (Zn)	wichtig für Immunsystem, Enzyme, Wachstum, Blutbildung	schlechte Wundheilung, Haarausfall, erhöhte Infektionsanfälligkeit, Unfruchtbarkeit	schwere Vergiftungen, Fieber, Übelkeit, Erbrechen, Durchfall	Fleisch, Milch, Käse, Eier, Vollkorn, Hülsenfrüchte	wasserlöslich
Selen (Se)	wichtig für Enzyme, Hormone, fängt freie Radikale	Entzündung des Herzmuskels und der Gelenke	gerötete Augen, Durchfall, Haarausfall, brüchige Fingernägel, Hautausschläge, Atem riecht nach Knoblauch	Seefisch, Fleisch, Vollkorn, Knoblauch	wasserlöslich

Große Verluste treten vor allem in stark industriell verarbeiteter Ware auf. In einem Schokoriegel mit Aprikose wird man vergeblich nach Vitamin C suchen, es sei denn, es wurde synthetisches zugesetzt.

Krank durch Vitamine?

»Er nimmt die Pillen und ich bin gesund«, heißt ein geflügeltes Wort. Raucher vertrauen gerne auf Vitamin A-Präparate, um **Lungenkrebs** vorzubeugen.
Die gute Nachricht: Vitamin A und beta-Carotin lassen Krebsvorstufen im Mund-Rachenraum verschwinden.
Die schlechte Nachricht: Vitamin A und beta-Carotin schützen nicht vor Lungenkrebs. In den USA wurde eine Studie, an der 18 000 Raucher und Asbest-Arbeiter teilnahmen, abgebrochen, da in der Gruppe, die Vitamin A und beta-Carotin schluckte, die Lungenkrebsrate um 28% stieg; in einer finnischen Studie mit 30 000 Rauchern erhöhte sie sich um 18%.
Vergleicht man aber Bevölkerungsgruppen, die viel Obst und Gemüse essen, mit solchen, die wenig konsumieren, so erkranken in der Gruppe der Grünköstler weniger Menschen an Lungen-, Magen-, Brustkrebs als in der zweiten.
Was schließen die Wissenschaftler daraus? **Vitamin-Pillen sind kein Ersatz für Obst und Gemüse!** In Obst und Gemüse stecken neben beta-Carotin noch andere krebsvorbeugende Stoffe, und alle zusammen fördern die Gesundheit; einzelne Stoffe isoliert verabreicht, sind damit überfordert.

Vitamin C-Gehalt von Apfel-Sorten
bis zu 5 mg %: 'Melrose', 'Morgenduft', 'Oldenburg', 'Roter Delicious', 'Starking'
bis zu 10 mg %: 'Alkmene', 'Brettacher', 'Glockenapfel', 'Gloster', 'Golden Delicious', 'Granny Smith', 'Jonathan'
bis zu 20 mg %: 'Boskoop', 'Cox Orange', 'Goldparmäne', 'Gravensteiner', 'James Grieve', 'Jonagold', 'Klarapfel'
bis zu 30 mg %: 'Bohnapfel', 'Ontario', 'Berlepsch'
mehr als 40 mg %: 'Weißer Winterkalvill'

Vitamin-C-Gehalt von Erdbeer-Arten und -Sorten
22 mg %: Walderdbeere
bis zu 60 mg%: 'Gorella', 'Bogota', 'Selva'
bis zu 70 mg%: 'Red Gauntlet', 'Elsanta', 'Florika', 'Tenira', 'Korona', 'Ostara'
bis zu 90 mg%: 'Earlyglow', 'Elvira'
109 mg%: 'Tago'

Wieviel Vitamin C die Früchte speichern, hängt außer von der Sorte auch von Standort, Klima und Erntetermin ab. Selbst die Früchte einer Pflanze können unterschiedliche Mengen enthalten.

Vitamin C und E verbessern die Fließeigenschaft des Blutes, sie verhindern, daß sich Fettmüll in den Gefäßen ablagert. Deshalb vermuteten Mediziner einen Zusammenhang zwischen niedrigem Vitamin-C- und E-Gehalt und dem Auftreten von **Herzinfarkt**. Bei einer Studie allerdings, an der sieben Länder mitwirkten, beugten Gaben von **Vitamin C und E** Herzinfarkt nicht vor. In Ländern jedoch, wo die Menschen viel **Obst und Gemüse** essen, erkranken auffallend wenige an Herzinfarkt.
Deshalb: Es spricht sehr viel dafür, Obst und Gemüse zu essen statt hochkonzentrierte Vitamin-Cocktails zu schlucken. Denn noch beherrscht Mutter Natur ihre Aufgabe weit besser als ein Chemielabor.

Sanddorn: Enthält mehr Vitamin C als andere Obstarten.

Ballaststoffe – bringen den Darm auf Trab

Früher hielt man diese Stoffe für unnötigen Ballast. Heute weiß man, daß sie den Darm auf Trab bringen. Zu den Ballaststoffen zählen alle pflanzlichen Teile, die als unverdaulich gelten: Zellulose, Hemizellulose, Pektine, Lignine (Holzstoff), Pflanzengummis und -schleime.

Auch der Teil der Stärke, der unverdaut im Dickdarm landet (etwa 20 %) und dort von Bakterien grob zerkleinert wird, gehört in diese Gruppe. Diese resistente Stärke entsteht, wenn Kartoffeln oder andere stärkehaltigen Speisen nach dem Erhitzen abkühlen. Ballaststoffe bilden das Zellgerüst und geben Pflanzen Form und Halt. Besonders viele Faserstoffe sitzen in festem Gewebe wie Schalen, Blättern oder Stengeln. Manche dieser unverdaulichen Substanzen schützen das Gewebe vor Pilzen, Insekten und anderen Angreifern.

Sie saugen Wasser auf wie ein Schwamm

Die meisten Ballaststoffe bestehen aus langen Ketten verschiedener Zucker, die kompliziert ineinander verschlungen sind und anderen Stoffen viele Nischen und Andockstellen bieten. Je nach Art lösen sie sich entweder in Wasser oder quellen auf, wie z. B. die Pektine. Da diese große Mengen an Wasser aufsaugen, nutzt man sie zum Gelieren (Verfestigen) von Marmelade (siehe Seite 67ff.).

Wie wirken sie im Körper?

Auch im Körper binden Ballaststoffe Wasser, vergrößern sich dabei und füllen und dehnen den Darm. Dadurch gereizt, arbeiten dessen Muskeln kräftiger und sorgen für eine zügige Beförderung und Abfertigung des Nahrungsbreis. Im Dickdarm vergären dort angesiedelte Bakterien einen Teil der Ballaststoffe und zerhacken sie in grobe Stücke (in kurzkettige Fettsäuren wie Essig-, Propion- und Buttersäure, in Lactat, wobei Methangas entsteht, in Wasser und Kohlendioxid). Deshalb verlassen Ballaststoffe keineswegs, wie man früher annahm, völlig ungenutzt und unangestastet den Körper.

Ohne Ballast streikt der Darm

● Zu fettreiche und ballaststoffarme Ernährung verursacht nicht nur **Übergewicht**, sondern auch **Bluthochdruck, Arterienverkalkung** und ist beteiligt an der Entstehung von **Dickdarmkrebs, Gallensteinen** und Zuckerkrankheit (**Diabetes** Typ II).

● Eine zu träge Verdauung sowie Verstopfung begünstigen **Hämorrhoiden** (Krampfadern) **Blinddarmentzündung** und Dickdarmkrebs.

● Ballaststoffe beugen diesen Erkrankungen und Verstopfung auf vielfältige Weise vor. Welche Prozesse im einzelnen im Körper ablaufen und ob an der gesundheitsfördernden Wirkung weitere, oft in Begleitung von Ballaststoffen auftretende Verbindungen wie Flavonoide oder hormonähnliche Substanzen beteiligt sind, darüber spekulieren die Forscher noch. Stärke ergänzt und verstärkt den Nutzen der Ballaststoffe.

● Ballaststoffe **regulieren den Blutzuckerspiegel** und schonen die Bauchspeicheldrüse.

Die faserreichen Hülsenfrüchte sorgen für eine zügige Verdauung.

Auch Obst wie Johannisbeeren bringt den Darm auf Trab.

20 Inhaltsstoffe

- Ballaststoffe aus Obst, Gemüse und Hülsenfrüchten binden u. a. Gallensäuren und **senken damit den Blutfettspiegel**. Ballaststoffe aus Getreide – Hafer ausgenommen – haben darauf keinen Einfluß.
- Eine fettarme und ballaststoffreiche Ernährung senkt das Risiko, an **Dickdarmkrebs** zu erkranken. Als besonders wirksam gelten hierbei die **Hülsenfrüchte**.
- Wissenschaftler vermuten, daß **Ballaststoffe** weitere **krebserregende Stoffe binden** und durch ihr Aufquellen die Chancen dieser, aber auch anderer Stoffe mindern, in Kontakt mit der Darmschleimhaut zu treten. Weil die faserigen Stoffe den Darm auf Trab bringen, haben schädliche Substanzen nur wenig Zeit, Unheil anzurichten.
- Ballaststoffe senken das Risiko, an **Brustkrebs** zu erkranken. Besonders wirksam erwies sich eine ballaststoffreiche Ernährung bei Frauen nach den Wechseljahren.
- Faserreiche Nahrung beeinflußt noch eine Reihe weiterer Prozesse günstig, und die daraus entstehenden, kurzkettigen Fettsäuren **stimulieren das Immunsystem**.
- Wer statt auf einen Apfel auf **Kleie**- oder **Pektin-Tabletten** vertraut, also auf Ballaststoffe pur, tut sich nichts Gutes. Untersuchungen belegen, daß diese isolierten, zum Teil durch die Verarbeitung veränderten Ballaststoffe wesentlich schlechter wirken als natürliche mit der Nahrung aufgenommene. Hohe Mengen reizen die Schleimhäute im Verdauungstrakt und begünstigen über einen langen Zeitraum eingenommen sogar die Entstehung von Darmkrebs.
- Ballaststoffe wirken am besten unerhitzt.
- Manche Ballaststoffe verursachen **Blähungen**, z. B. wenn man größere Mengen an Zwetschgen ißt, uneingeweichtes Trockenobst oder Topinambur. Es kommt auf den Einzelnen an, was und wieviel er verträgt – je nachdem, wie effektiv die Bakterien im Dickdarm arbeiten und Gärgase produzieren. Wer arg unter Blähungen leidet, sollte zunächst nur kleine Mengen von dem entsprechenden Nahrungsmittel essen. Mit Knoblauch und Ingwer gewürzte Kost bildet wenig Gärgase. Kümmel macht Kohlgemüse bekömmlicher und verhilft zu gasarmer Verdauung. Auch Fencheltee beugt vor und lindert Bauchdrücken.
- Trotz ihrer Neigung, sich während ihrer Passage durch den Darm Reisegefährten aller Art zu suchen, verursachen Ballaststoffe keinen Mineralstoff-Mangel (Magnesium, Kupfer, Zink, Eisen), wie Untersuchungen belegen. Wer regelmäßig Obst und Gemüse ißt, bietet seinem Körper mehr Mineralien, als dieser verwerten kann.

Viele Ballaststoffe enthalten
Getreide (Vollkornbrot)
Gemüse: Hülsenfrüchte (Bohnen, Erbsen), Möhren, Blumenkohl, Kartoffeln, Weißkraut, Grünkohl, Spinat, Endivien, Kopfsalate, Gurken, Tomaten, Zwiebeln
Obst: Äpfel, Aprikosen, Birnen, Zwetschgen, Erdbeeren, Rote Johannisbeeren, Trauben
Organisch gedüngte Pflanzen bauen ihr Zellgerüst solider und fester auf als mit Mineraldüngern geputschte. Deshalb enthält Biogemüse mehr Ballaststoffe als herkömmlich angebautes.

Glucosinolate – zu Tränen gerührt

Glucosinolate sind die Trumpfkarte der **Kohlgewächse** und verantwortlich dafür, daß der **Brokkoli**-Verzehr in den vergangenen Jahren sprunghaft anstieg. Sie warten – wie die chemisch eng verwandten blausäurehaltigen Verbindungen (Seite 38 ff.) –, gesichert und an einen Zucker gekettet, in den Pflanzenzellen auf ihren Einsatz. Erst nachdem Pilze,

Brokkoli: Selbst Ärzte sind von seinen Inhaltsstoffen beeindruckt.

Bakterien, Insekten oder sonstige Lebewesen die Zellen verletzen, entstehen diese meist stechend riechenden und beißend scharf schmeckenden Stoffe, vor denen viele Pflanzenfresser Reißaus nehmen. Kohlweißlinge hingegen, deren Raupen von Kohlblättern leben, lockt dieser Duft unwiderstehlich an. Uns Menschen treibt die Schärfe die Tränen in die Augen, läßt die Nase triefen und reinigt Stirn- und Kieferhöhlen.

Sehr gut beherrschen diese Kunst die **Kapuzinerkresse** und viele **Kreuzblütler** (siehe Seite 121 ff.), wozu außer den Kohlarten auch Meerrettich, Rettich, Gartenkresse, Brunnenkresse und Löffelkraut gehören. Daneben bilden Pflanzen aus zehn weiteren, meist tropischen Familien solche schwefelhaltige Stoffe. Zu den Glucosinolaten zählen insgesamt über 100 gesunde und auch einige weniger gesunde Verbindungen.

Wieviel die Gewächse anhäufen, hängt unter anderem von ihrem Wohlbefinden ab, von Boden, Düngung und Klima. Gestreßte Pflanzen, unter Trockenheit leidende oder zu eng stehende speichern besonders viele Glucosinolate. Am meisten Schärfe steckt in der Regel in den Samen.

Bevor der Kohl seine Karriere als Gemüse begann, diente er lange Zeit als Arznei und Heilmittel. Schon Plinius der Ältere, der vor etwa 2000 Jahren lebte, lobte ihn über den grünen Klee. Einzig, daß er schlechten Atem verursache, lastet Plinius dem Kohl an. Das lag aber weniger am Kohl als an den Römern, die ihre Zähne wohl sehr nachlässig putzten. Oder der Schriftsteller umschrieb damit sehr vorsichtig-höflich die Gase, die nach Kohlgenuß in Därmen empfindlicher Personen herumtoben. Dagegen hilft: Kohl mit Kümmel würzen, statt Riesenportionen öfter kleine Mengen essen und hinterher einen Fenchelsamen- oder Anistee trinken.

Kohl gegen Krebs?

Studien zeigen: Überall dort, wo häufig Kreuzblütler auf dem Speiseplan stehen, erkranken gegenüber »kohlärmeren« Regionen deutlich weniger Menschen an **(Dickdarm-)Krebs**.

Indole, die zu den Glucosinolaten gehören, blockieren u.a. körpereigene Stoffe, die **Krebserreger** »scharfmachen«; gelingt es trotzdem dem einen oder anderen einen Erreger zu »zünden«, eilen Entgifter herbei und befördern ihn zum Ausgang. Menschen, die regelmäßig indolhaltiges Gemüse (drei Wochen lang täglich 300 g Rosenkohl) aßen, hatten besonders viele dieser Entgifter im Blut. Als indolreich gelten alle Mitglieder der Kohlsippe, ganz besonders **Blumenkohl** und **Rosenkohl**.

Bei der Entstehung von Brust-, Gebärmutter- und Prostata-Krebs spielen Hormone eine Rolle. Indole wirken dem entgegen, indem sie dafür sorgen, daß diese Östrogene zu einem harmlosen Stoff umgebaut werden. Wer allerdings den Hormon-Nachschub ankurbelt und reichlich eiweißhaltige Kost (Fleisch, Wurst, Käse) zu sich nimmt, überfordert damit die Indole.

> Erhitzt wirken Glucosinolate, vor allem Indole, **weit weniger als roh verzehrt**. Hitze zerstört etwa 50 %, beim Blanchieren und Kochen geht ein Teil ins Wasser über.

»Iß täglich Kohl und du fühlst dich wohl« (römisches Sprichwort).

22 Inhaltsstoffe

● Beim Abbau der Glucosinolate im Körper entstehen Stoffe mit komplizierten Namen: Thiocyanate und Iso-Thiocyanate, auch als **Senföle** bekannt. In Tierversuchen schützten sie vor Krebs (Brust, Lunge, Magen, Leber), wenn sie jeweils vor oder gleichzeitig mit dem Krebsauslöser verabreicht wurden.

Wie die Indole fördern sie Entgifter, die sich an aktivierte Krebserreger heften und sie dadurch wasserlöslich und transportfähig machen. Als besonders wirksam erwiesen sich **Sulforaphane**, von denen **Brokkoli** besonders viel enthält. Auch die würzig scharf schmeckende **Brunnenkresse** speichert größere Mengen davon.

● Die **Senföle** und ihre Verwandten beugen nicht nur Krebs vor, sie halten auch **Mikroorganismen** in Schach. Der Saft von zerstampfter Kapuzinerkresse jagt selbst Blattläuse in die Flucht.

● **Gartenkresse** wirkt ebenfalls sehr stark hemmend auf Mikroben und wird wie Meerrettich und Brunnenkresse seit alters her als **Hausmittel bei Infektionen** (Pilze, Bakterien) benutzt.

● Hausmittel gegen Blasenentzündungen: Täglich 20–40 g Meerrettich oder 30–50 g Gartenkresse essen.

● Ein bewährtes Rezept bei Erkältungen, Husten, Heiserkeit: Einen schwarzen Rettich aushöhlen (mindestens 1 cm Rand stehen lassen), mit Honig füllen, etwa einen halben Tag lang warten, bis der Rettich Saft zieht, dann den Honigsaft löffelweise über den ganzen Tag verteilt essen. Die schwefeligen Stoffe verflüssigen den Schleim, und er läßt sich leichter abhusten. (Rettiche aus dem Treibhaus oder die milden japanischen Sorten eignen sich nicht als Medizin!)

● Auch **Magengeschwüren** rücken die Menschen seit der Antike mit Kohl zu Leibe. Die Entzündungen werden durch ein Bakterium (*Heliobacter pylori*) verursacht, das gegen die Senföle und andere Kohl-Inhaltsstoffe bei regelmäßiger Anwendung den kürzeren zieht.

● Selbst **Viren** bieten die tränentreibenden Verbindungen Paroli, sie schützen vorbeugend gegen **Schnupfen und Erkältungen**.

Glucosinolate sind in unterschiedlicher Menge und Zusammensetzung **enthalten in:** Rotkraut, Weißkraut, Grünkohl, Wirsing, Brokkoli, Kohlrabi, Blumenkohl, Rosenkohl, Chinakohl, Rettich, Radieschen, Garten-, Brunnen-, Kapuzinerkresse, Löffelkraut, Pak Choi, Meerkohl, Meerrettich, Senf.

Sulfide – stinken zum Himmel

Angeblich stibitzte vor langer Zeit der übermütige **Knoblauch** den Schwefel aus der Hölle, und als er ihn an seine Freunde verteilen wollte, fuhr der Teufel dazwischen. Deshalb hinterläßt dieser »Klauen-Lauch« noch heute einen höllischen Gestank, meinen Angehörige der Partei »Kampf dem Knoblauch«.

Daß er einen lieblichen Duft verströmt, behauptet keiner der Gegenpartei, aber einen unwiderstehlichen. Manche Menschen sind knoblauchsüchtig, eine harmlose Sucht, die vielleicht den Freundeskreis etwas auslichtet, aber keineswegs krank macht.

Schon seit Urzeiten dient Knoblauch als Heilpflanze, er senkt den Blutdruck, wirkt entzündungshemmend, hilft bei Zahnweh, Insektenstichen, Geschwüren, Darmparasiten, Heiserkeit und, wie antike Schriftsteller glaubten, noch gegen 179 andere Leiden, sogar gegen den giftigen Biß der Spitzmaus (das ist nun wahrlich

Eine große Schüssel mit frischem Salat gehört zu jedem Mittagessen.

Schon (Rettich-)Keimlinge trumpfen mit reichlich Senfölen auf.

Sulfide

Seine Kräfte verdankt der Knoblauch den »duftenden« Sulfiden.

keine Kunst, da Spitzmäuse nun mal kein Gift versprühen!).
Obwohl Sulfide ebenso wie die Glucosinolate Schwefel enthalten und obwohl wie bei diesen die heilsamen Stoffe erst entstehen, nachdem die Zellen zerstört wurden, wirken sie doch auf ihre eigene Weise. Schon der Geruch unterscheidet die beiden schwefligen Stoffklassen: Die einen duften nach Kohl, die anderen nach (Knob-)Lauch.
Sulfide stecken reichlich in vielen *Allium*-Arten, wozu Zwiebeln, Schalotten, Knoblauch, Schnittlauch, Bärlauch und Lauch gehören (in *Allium* steckt das keltische Wort *all* = scharf). Beim Zerfallen entwickeln Knoblauch-Sulfide ein sehr intensiv würziges Aroma; die der Zwiebel reizen die Tränendrüsen, weniger aufdringlich verhalten sich Lauch und Schnittlauch.

Gärtner verwenden **Zwiebel- und Knoblauchauszüge** schon seit langem, um Pilze (z. B. **Mehltau**, **Sternrußtau** an Rosen) und Ungeziefer (**Spinnmilben** u. a.) von Gemüse, Obst und Zierpflanzen fernzuhalten.

Vielfältig wirksam

Im menschlichen Organismus wirken Sulfide vor allem **antimikrobiell** (gegen Bakterien, Pilze, Hefen, Viren):
● Knoblauch unterdrückt schädliche Bakterien, die **Durchfall**, **Bauchweh** und **Magengeschwüre** verursachen und die die Bildung von krebserregenden Nitrosaminen begünstigen; die »guten« Darm-Untermieter fördert er hingegen. Noch in der ersten Hälfte des 20. Jahrhunderts setzten Ärzte dieses natürliche, äußerst wirksame Antibiotikum gegen Wundbrand ein.
● Sulfide in Knoblauch und Zwiebeln bekämpfen Viren, die **Schnupfen** und **Erkältungen** auslösen. Kluge Menschen nutzen ihre Hilfe vorbeugend.
● Zwiebeln wirken etwas schwächer gegen Mikroben als Knoblauch, und noch geringer wirkt Porree, da sich dessen Sulfide von denen des Knoblauchs unterscheiden. Auch Kohl enthält Sulfide, ihm fehlt aber der Stoff, der sie zu antimikrobiell wirksamen Substanzen umbaut.
● Aufgrund ihrer **entzündungshemmenden Eigenschaften** lindern Sulfide (in Knoblauch und Zwiebeln) fiebrige Erkältungen, Bronchitis, allergisches Asthma und chronische Entzündungen.
● Sulfide verdünnen das Blut und schützen es vor Verklumpung und Müll-Ablagerung. Dadurch senken sie das Risiko, an **Thrombose**, **Herzinfarkt** und **Schlaganfall** zu erkranken.
● Sulfide (in Knoblauch und Zwiebeln) regulieren den **Blut-**

Zwiebeln schützen vor Erkältungen, lindern Astma und Husten.

fettspiegel, und zwar greifen sie je nach Bauart an verschiedenen Stellen ein, ohne jedoch die Cholesterin-Bildung völlig zu unterdrücken.
● Sulfide fangen **freie Radikale**, bevor sie Löcher in die Zellwände schlagen und die Gene im Zellkern angreifen. Sie tragen damit dazu bei, Herz-Kreislauf-Erkrankungen sowie Krebs und Grauem Star vorzubeugen.
● In Gegenden, wo häufig Zwiebeln gegessen werden, liegt die **Magenkrebsrate** um etwa 50 % unter dem Durchschnitt. Zum einen töten die schwefelhaltigen Stoffe Bakterien im Magen ab, die Geschwüre verursachen, zum anderen verhindern sie, daß schädliche Stoffe an den Genen andocken und diese verändern. Sie unterbinden das Aktivieren von Krebsauslösern, sie fördern Entgifter oder **wirken** selbst **entgiftend**, sie **stärken** insgesamt die Abwehr.
In Laborversuchen erwies es sich als wichtig, die Sulfide einige Tage vor dem krebsauslösenden Stoff zu verabreichen.
● Sportler der Antike verwendeten Knoblauch, um ihre Leistung zu steigen; Knoblauch treibt aber auch ein verschlafenes **Immunsystem** zu Spitzenleistungen an. Abwehrzellen dringen, vom Knoblauch angestachelt, in den Tumor ein und zerstören ihn. Ob an diesem Eifer der Wachtruppe nur Sulfide beteiligt sind oder noch andere abwehrsteigernde Knoblauchstoffe, ist ungeklärt.
● Skeptiker bezweifeln es, doch selbst jene Menschen, die viel rohen Knoblauch essen, sterben (und werden keinesfalls als knoblauchresistente Vampire wiedergeboren). Allerdings erkranken in der Gruppe der Knoblauch-Freunde weniger Menschen an Krebs (Dickdarm, Speiseröhre, Magen, Brust, Lunge und andere) als in der Gruppe der Knoblauch-Abstinenzler.
● **Sulfide fördern die Verdauung.** Speichel und Magensaft fließen reichlich, und die Darmmuskeln arbeiten kräftig.
● Viele **Sulfide sind hitzeempfindlich**, weshalb nur roher Knoblauch oder rohe Zwiebeln die gewünschten Wirkungen zeigen. Der Gehalt an Inhaltsstoffen hängt von der Sorte, vom Anbau, Erntetermin und Lagerung ab.
● Nur wenig Sulfide sind bisher erforscht; zu den bekanntesten gehört das knofelnde **Allicin**, das aus dem geruch- und geschmacklosen **Alliin** entsteht. Oft schließen sich zwei Allicine zusammen und bilden das in bestimmten Fällen noch wirksamere, tumorhemmende **Ajoen** (von spanisch *ajo* [sprich: acho] = Knoblauch). In Knoblauchpulver oder -pillen steckt alles mögliche, nach Ajoen sucht man jedoch vergeblich.

Terpene – verströmen betörende Düfte

Chemiker des 20. Jahrhunderts haben die Pflanzendüfte entzaubert und festgestellt, daß sie meist aus mehreren hundert Stoffen bestehen, u.a. **ätherischen Ölen**.

Egal, ob Rosmarin, Lavendel, Thymian, Kümmel oder Anis – bei allen ätherischen Düften mischen maßgeblich Terpene mit. Es gibt nahezu 5000. Oft bestimmen einzelne, manchmal auch mehrere Terpene den Geruch: Menthol in Pfefferminze, Limonen in Citrusfrüchten, bei Nadelgehölzern Thujen und Pinen, Carvon in Kümmel, Anethol und Fenchon in Fenchel, Linalool in Lavendel.
Viele Terpene verdampfen erst bei höheren Temperaturen, deshalb steigen uns die Düfte von Kamille, Salbei und Thymian nur an wirklich heißen Sommertagen in die Nase. Reibt man dagegen an den Blättern, geben sie ihr Aroma sofort frei.
● Vollsonnig wachsende Pflanzen bilden mehr Duftstoffe als beschattete. Ausgehend vom Meeresniveau nimmt der Gehalt an ätherischen Ölen mit steigender Höhe zu (UV-Licht), der Ertrag allerdings ab. Deshalb bleiben in den gebirgigen Regionen des Mittelmeers Rosmarinsträucher oder Thymian zwar kleiner als in der Ebene, verströmen jedoch ein viel intensiveres Aroma.
● Die älteren Blätter (z.B. von Melisse) enthalten mehr ätherische Öle als die jungen an den Triebspitzen. Am höchsten ist der Gehalt kurz vor der Blüte (z. B. bei Pfefferminze, Majoran, Oregano).
● Wassermangel senkt den Aromastoff-Gehalt bei vielen Pflanzen (z.B. bei Pfefferminze). Starker Regen wäscht einen Teil der Duftstoffe aus. Warten Sie deshalb einige sonnige Tage ab, bis Sie die Kräuter ernten.

Terpene (Ätherische Öle)

Schonend zubereiten

Werden Kräuter zu heiß getrocknet, verdampft ein Großteil der ätherischen Öle. Auch beim Kochen entweichen viele Duft- und Aromastoffe oder lösen sich auf. Deshalb benötigen gekochte Speisen meist eine zusätzliche Würze. Um die Inhaltsstoffe zu schonen, gibt man frische Kräuter (Schnittlauch, Petersilie, Basilikum) erst kurz vor dem Servieren zu heißen Gerichten.

Sie heben die Stimmung

Ätherische Öle wirken **antimikrobiell**, entzündungshemmend, (schleim-)**hautreizend**, **krampflösend** und **harntreibend**. Außerdem fördern Terpene die Durchblutung – oft gemeinsam mit Flavonoiden.

- Terpene hemmen Mikroorganismen auch im Magen-Darm-Bereich. Sie **regen die Verdauung an**, indem sie dafür sorgen, daß Speichel und Magensaft reichlich fließen. Anis, Kümmel, Fenchel und Melisse lindern zudem Blähungen.
- Die ätherischen Öle von Fenchel, Anis und Thymian wandern vom Magen über das Blut in die Lunge und wirken dort antimikrobiell und **schleimlösend**. Der verflüssigte Schleim kann leicht abgehustet werden.
- Winzige Partikel der ätherischen Öle dringen über die Nase ins Gehirn und beeinflussen so Stimmung und Wohlbefinden; manche regen an, andere beruhigen und entspannen.

Außer in aromatischen Kräutern sind Terpene enthalten in Kohlgewächsen, Kresse, Rettich, Gurken, Möhren, (Knollen-)Sellerie; in geringem Maß auch in Möhren, Birnen, Schwarzen Johannisbeeren, Citrusfrüchten sowie in vielen anderen Obst- und Gemüsearten.

Pflanzliche Hormone – sie blockieren Arbeitsplätze

Pflanzen stellen nicht nur Hormone her, die sie selbst benötigen, sondern auch Stoffe, die bei Tieren und Menschen hormonartig wirken. Diese Taktik ist eine von vielen, mit denen sie Angrei-

Kräuter benötigen pralle Sonne, um reichlich Duftöle zu bilden.

fer abwehren. Sie stören damit die Entwicklung und Häutung von Insekten und verlangsamen deren Vermehrung. Besprüht man Kartoffelkäfer mit einem aus Leberbalsam *(Ageratum houstonianum)* gewonnenen Insekten-Hormon, legen die Käfer selbst mitten im Sommer eine Winterruhe ein und vergraben sich.

Alle pflanzlichen Stoffe, die die Arbeit der menschlichen Östrogene (=Hormone) beeinflussen, heißen **Phyto-Östrogene** *(phytos* = Pflanze). Forscher entdeckten sie zuerst 1933 in Samen von Datteln; später fand man in vielen anderen Pflanzen ähnliche Verbindungen, z. B. in Granatäpfeln, Weiden und Kiefern. Aus Yams-Arten *(Dioscorea)* gewann die Pharma-Industrie den Grundstoff für die Anti-Baby-Pille (Diosgenin). Auf den Hormongehalt von Hopfen und Hefen führt man zurück, daß manche Männer, die sehr viel Bier trinken, einen Bierbauch und Brustansatz entwickeln.

Sanfte Wirkung im Verborgenen

Eine Rolle in unserer Ernährung spielen vor allem **Iso-Flavone** (einer Untergruppe der Flavonoide) **in Hülsenfrüchten** und **Lignane in Getreide, Leinsamen, Gemüse und Obst**. Auch andere Flavonoide zeigen entsprechende Wirkung, wenngleich in abgeschwächter Weise.

Die pflanzlichen Hormone sehen zwar den menschlichen zum Verwechseln ähnlich, sie blockieren aber nur deren Arbeitsplätze und erledigen allenfalls ein Tausendstel ihrer Aufgaben. Der Organismus registriert nur: »Aha, alle Posten besetzt« – und drosselt den Östrogen-Nachschub.

Hormone sind an der Entstehung von **Brust-, Gebärmutter- und Prostatakrebs** beteiligt. Indem die pflanzlichen Vertreter deren schädliche Wirkung dämpfen, **beugen** sie **diesen Tumorarten vor**. Sie **schützen** außerdem **vor Dickdarmkrebs**, von dem manche Mediziner glauben, er sei ebenfalls hormonbeeinflußt.

Da die Phyto-Östrogene meist zusammen mit Ballaststoffen, Flavonoiden und anderen gesunden Stoffen auftreten, wäre es allerdings ungerecht, einer Gruppe allein diesen Verdienst zuzuschreiben. Doch nur eine gesunde, intakte Darmflora kann diese Stoffe knacken und für ihre Zwecke und unsere Gesundheit nutzen.

Soja hungert Tumore aus

Nachdem die Wissenschaftler zunächst jeglichen Einfluß pflanzlicher Hormone auf den Menschen bestritten hatten – »die Mengen sind viel zu gering« –, brachte die Sojabohne die Mediziner auf die richtige Spur. Man wollte herausfinden, warum in Mitteleuropa viermal mehr Frauen an **Brustkrebs** und deutlich mehr Männer an **Prostatakrebs** erkranken als in Japan.

Japaner essen traditionell viel Soja, nahezu täglich steht es in irgendeiner Form bei ihnen auf dem Tisch. Sojabohnen gehören zu den Hülsenfrüchten und spei-

Kürbisse und anderes Gemüse enthält Spuren natürlicher Hormone.

chern wie diese reichlich Iso-Flavone, zu den wichtigsten zählen Genistein und das japanisch klingende Daidzein. (Sojasoße und Tofu enthalten allerdings nur geringe Mengen.) **Genistein** vertritt und blockiert nicht nur Östrogene und mindert damit das Risiko, an hormonbedingten Krebsarten zu erkranken, es kappt auch die Lebensader kleiner Krebsgeschwüre.

Sobald **Tumore** eine gewisse Größe erreicht haben, benötigen sie mehr Nährstoffe als ihnen das umliegende Gewebe liefert. Sie regen die Bildung neuer Blutgefäße an. Genistein und vermutlich auch einiger seiner Verwandten hungern diese millimeterkleinen Krebsherde aus, indem sie verhindern, daß zusätzliche Blutgefäße entstehen. Gesundes Gewebe wird dadurch in keiner Weise behindert oder geschädigt, da der ausgewachsene Organismus keine neuen Blutgefäße bildet.

Ist viel Östrogen vorhanden, schwächen die pflanzlichen Hormone dessen Wirkung ab. Manchmal tun sie aber genau das Gegenteil, nämlich dann, wenn der Körper nur wenig eigene Hormone zur Verfügung stellt. Deshalb leiden Japanerinnen in den **Wechseljahren** weniger unter Beschwerden wie Hitzewallungen und Schweißausbrüchen als Westeuropäerinnen. Die pflanzlichen Hormonkopien füllen die Lücken, die durch die nachlassende Östrogenbildung entstehen, und mildern dadurch verursachte gesundheitliche Störungen.

Kleinvieh macht auch Mist

Neben den Iso-Flavonen in Hülsenfrüchten gibt es noch eine zweite wichtige Gruppe von pflanzlichen Hormonen, die Lignane. Sie fangen **freie Radikale** und schützen so die Gene vor Schäden. Aus Lignanen bildet die Pflanze Holz (Lignine) und verstärkt damit die Zellwände. Deshalb findet man diese Stoffe überall dort, wo festes, stabiles Gewebe sitzt, wie in den ballaststoffreichen Blattspreiten oder in den Randschichten von Getreide. (Gesundheitlich besonders wertvoll ist mit **Natur-Sauerteig** gebackenes Roggenbrot; Kunstsauer-Brot oder aus den heute üblichen Backmischungen hergestelltes, bleibt wirkungslos.)

Leinsamen enthalten viele pflanzliche Hormone, da sie aber in Spuren in fast allen Gemüsearten vorkommen, nimmt man auf diesem Weg nach dem Motto »Kleinvieh macht auch Mist« ebenfalls eine Menge auf.

Ihre Wirkung entfalten pflanzliche Hormone in der Regel erst, nachdem Darmbakterien sie leicht verändert, östrogenähnlich und aufnahmefähig gemacht haben. Über den Blutkreislauf gelangen sie irgendwann in die Leber, dort werden ihnen Stoffe angehängt, die sie wasserlöslich machen. Anschließend führt ihr Weg in Niere und Blase.

Wie die Iso-Flavone beugen auch die Lignane hormonabhängigen Krebsarten vor, aber auch **Dickdarmkrebs.**

Frauen in unseren Breiten, die sich vegetarisch ernähren, haben ebenfalls wie die Japanerinnen ein weit geringeres Risiko, an **Brust- oder Gebärmutterkrebs** zu erkranken als Frauen die eine fettreiche, fleischige und ballaststoffarme Kost zu sich nehmen.

Pflanzliche Hormone enthalten:
Pflanzenöle, Getreide
Gemüse: Knoblauch, Möhren, Spargel, Kraut, Brokkoli, Erbsen, Lauch, Kürbis, Rote Rüben, Kartoffeln, Leinsamen, Bohnen, Linsen, Soja, Kichererbsen
Obst: Pflaume, Pfirsich, Aprikose, Apfel, Kirschen, Johnnisbeeren, Erdbeeren, Stachelbeeren

Alkaloide – Gift oder Arznei?

Zu dieser Gruppe gehören die stärksten Gifte, die die Natur gegen Menschen und andere Warmblüter zu bieten hat: Rausch- und Suchtgifte wie Cocain, Mescalin, Morphin und Opium, tödliche Gifte wie Strychnin und das indianische Pfeilgift Curare, außerdem freiwillig konsumierte Gifte wie das krebsauslösende Nicotin und das harmlosere, wasserlösliche Coffein.

Alkaloide sind basisch wirkende, häufig fettlösliche, stickstoffhaltige Verbindungen. Da sie in hoher Konzentration bitter schmecken, meiden die meisten Lebewesen das giftige Grünzeug.

Inhaltsstoffe

Kartoffeln muß man sofort nach der Ernte dunkel aufbewahren.

Wenn Pflanzen Alkaloide bilden, dann in der Regel gleich mehrere. Ob sie hohe oder niedrige Dosen speichern, hängt von der einzelnen Pflanze und ihrem Standort ab. Die Menge schwankt beträchtlich von Pflanze zu Pflanze, von Region zu Region und wird beeinflußt von Boden, Klima und Düngung. In gestreßten Pflanzen schnellt der Giftgehalt nach oben, verursacht durch Trockenheit, Staunässe, UV-Strahlung, Verletzung, Angriffe von Pilzen oder Insekten.

● Viele Bitterstoffe (Lupinin, Spartein) bieten die eiweißreichen Lupinen auf, um Pflanzenfresser wie Heuschrecken, Hasen, Rehe, Schafe oder Ziegen zu verprellen. Je mehr Blätter die Tiere anknabbern, desto mehr Alkaloide bildet die Pflanze, desto schneller vergeht den Angreifern der Appetit. Nachdem man bitterstoffarme, »süße« Lupinen gezüchtet hat, fressen Wildtiere und Schädlinge diese schutzlosen Pflanzen besonders gierig ab. Häufig bauen Landwirte bittere Sorten an, gemischt mit anderen Futterpflanzen wie Erbse, Wicke, Raps oder Weidelgras, und verdünnen auf diese Weise die Gifte.

● Den umgekehrten Weg gingen Forscher bei **Kartoffeln**. Sie kreuzten moderne, alkaloidarme Sorten mit stark alkaloidhaltigen Wildkartoffeln. Die Nachkommen dieser »Verbindung« gediehen prächtig, und, wie erhofft, wuchsen sie gesund, kräftig und schädlingsfrei. Trotzdem kamen die bitteren, resistenten Sorten nie in den Handel, denn sogar deren Knollen waren giftig und damit ungenießbar.

● Pestwurz, Beinwell, Kreuzkraut, Alpendost, Huflattich, Borretsch, einige Orchideen (*Phalaenopsis*) und viele Wildkräuter enthalten (**Pyrrolizidin-**)**Alkaloide**. Manche von diesen **verursachen** (Leber-, Blasen-)**Krebs**, verändern das Erbgut, schädigen Leber, Lunge und Embryo und wirken als **starkes Zellgift**. Deshalb wurde der Verkauf von hustenlösendem **Huflattich-Tee** verboten; daraufhin stieg die Vergiftungsrate an, denn Kräuterunkundige sammelten wilden Huflattich und verwechselten ihn mit der weit gefährlicheren Pestwurz. Inzwischen gibt es eine alkaloidfreie Huflattich-Sorte, und der Tee ist wieder im Handel. Gegen das gelegentliche Trinken einer Tasse Tee, zubereitet aus »echtem« Huflattich, haben Mediziner jedoch nichts einzuwenden.

Wegen ihrer geringen Mengen gelten die in **Borretsch** gespeicherten Alkaloide als harmlos. Man kann bedenkenlos Sommer-Salate mit dessen Blättern und Blüten würzen.

Salat oder Gemüse, aus **Beinwell** zubereitet, sollte man seiner Leber jedoch nicht zumuten, davon raten Mediziner ab.

Nicotin in Gemüse

Eine geballte Ladung an **Nicotin** schützt Tabak vor Blattläusen und sonstigen ungebetenen Gästen. Doch Nicotin steckt auch in Schachtelhalm und Zinnien, in Kakao, grünem Pfeffer, Papayas und in Gemüse, vor allem in Tabak-Verwandten wie Kartoffeln, Paprika und Tomaten, (viel in reifen, weniger in grünen), Auberginen (besonders viel) und sogar in Blumenkohl. Mancher ist zwar süchtig nach Gemüse, Nicotin trifft in diesem Fall aber keine Schuld, denn Gemüse wird erstens nicht inhaliert und zweitens geht von den winzigen Mengen, die dort vorliegen, das meiste beim Zubereiten und Kochen verloren. Und vielleicht ist eben dieser Rest genau die richtige Dosis, die als Medizin wirkt und nicht als Gift.

Gift in Kartoffeln und Tomaten?

Nicotin ist nur eines einer ganzen Palette von Alkaloiden, mit denen sich Nachtschattengewächse wehren. Scharfer Paprika versucht es mit Capsaicin (siehe Seite 31 ff.), Kartoffeln bilden über 20 verschiedenen Bitterstoffe, wobei diese chemische Verteidigung mengenmäßig (95%) vor allem aus Solanin und Chaconin besteht. Auch Tomaten setzen auf Solanin. Blattläuse und andere Insekten sowie weitere Vegetarier unter den Tieren und viele Pilze finden diese bittere Kost widerlich, nur Kartoffelkäfer und ihre Larven verspeisen sie und speichern das Gift zu ihrem eigenen Schutz.

Die Pflanzen konzentrieren ihre Alkaloid-Abwehrtruppe besonders an den Stellen, wo etwas los ist, wo um-, auf-, abgebaut, wo geheilt oder verteidigt wird: in Blättern, Stengeln und anderen grünen Teilen, in unreifen Früchten und Knollen.

Kleine, wachsende **Tomaten oder Kartoffeln enthalten** sehr viel **mehr Solanin** als große, damit sie nicht vorzeitig in hungrigen Mägen verschwinden. (Vergleicht man Tomatenfrüchte verschiedener Größe, so horten grüne von etwa 1 cm Durchmesser am meisten Solanin.) Mit zunehmender Reife baut die Pflanze den Stoff ab. Ausgereifte Kartoffeln speichern lediglich geringe und gesundheitlich unbedenkliche Mengen an Solanin (2–4 mg%). Dabei sitzt bis zu einem Drittel in der Schale der Rest in Schalennähe und im Augenbereich, das Innere dagegen ist fast solaninfrei.

Bei Tomaten ist Solanin 2–3 Tage, nachdem sie errötet sind, vollständig verschwunden – vorausgesetzt, sie reifen an der Pflanze. Den hellrot geernteten und **künstlich nachgereiften** (Supermarkt-) **Früchten** gelingt es nicht, die Alkaloide komplett abzubauen (Notreife).

»Alle grünen Teile von Kartoffeln und Tomaten sind giftig« – das weiß jedes Kind. Was viele nicht wissen: **Licht** – egal ob Sonnen- oder Kunstlicht – **und Verletzungen** steigern in Kartoffeln den Solaningehalt bis auf das Zehnfache, ohne daß diese ergrünen. Alkaloide sind farblos, der verräterische grüne Farbstoff (Chlorophyll) erscheint erst später.

Sobald Licht – es genügt ein regelmäßiger Lichtschimmer – auf ihre Schale trifft, bilden Kartoffeln Alkaloide; gelagerte beginnen zu keimen und bauen ebenfalls Solanin auf. Auch Wärme fördert diese Prozesse. Die Augen treiben aus, es sprießen junge Triebe; diese sehen zwar häufig sehr blaß aus, weil sie zuwenig Licht erhalten – trotzdem steckt in ihnen besonders viel Solanin. Werden angekeimte Kartoffeln an Tiere verfüttert, kommt es häufig zu tödlichen Vergiftungen. Verletzte, falsch gelagerte oder sonstwie gestreßte reife Knollen bauen sehr viel Solanin auf. Sie speichern es auch in ihrem Inneren und nicht nur im Schalenbereich!

Nur die an der Pflanze gereiften Tomaten bauen ihr Gift (Solanin) vollständig ab.

Im Gegensatz zu Kartoffeln lassen sich reife **Tomaten** weder durch Licht, Fäulnis-Pilze noch durch andere Einflüsse dazu bewegen, Solanin zu bilden.

Solanin: Annahme verweigert

Obwohl der bittere Geschmack, deutlich vor dem Verzehr warnt, kommt es immer wieder zu **Vergiftungen**, meist **durch grüne Kartoffeln** oder wenn Kinder von den saftigen, keimenden Trieben naschen. Typisch für die Wirkung einer **Solanin-Überdosis** ist ein brennendes, kratzendes Gefühl im Mund, Rachen und Hals. Weil der Körper gegen zuviel Solanin aber auch mit Allerweltsbeschwerden wie Hals-, Kopfweh, Mattigkeit, Schwindel, Erbrechen oder Bauchweh rebelliert, bleibt die Ursache oft unerkannt. In schweren Fällen leiden vergiftete Menschen an Symptomen wie Atemnot, starkem Durchfall, Krämpfen und Schweißausbrüchen; Magen, Darm und die Netzhaut des Auges bluten, hinzu kommen starke Benommenheit, Angstzustände, Augenflimmern und optische Täuschungen. Menschen, die große Mengen grüner Bratkartoffeln gegessen hatten, litten etwa eine Woche lang bei vollem Bewußtsein, bis sie starben.

Normalerweise nimmt der Körper nur wenig Solanin auf, den größten Teil scheidet er über Darm und Niere aus, was auf Dauer allerdings schädliche Spuren an den Nieren hinterläßt. Der eine verträgt mehr, der andere weniger, doch sollten Tomaten oder Kartoffeln **höchstens 20–25 mg% Solanin** aufweisen, ansonsten gelten sie als giftig und ungenießbar.

»Solanin wird doch beim Kochen zerstört«, behaupten Anhänger von Marmelade aus grünen Tomaten. Das stimmt nicht! Solanin widersteht Hitze, egal ob man die Früchte kocht, brät oder in kochendem Fett ausbackt. Untersuchungen an der Landesanstalt für Ernährung in München ergaben, daß lediglich bei **milchsauer vergorenen** grüne Tomaten der Solaningehalt um knapp ein Drittel abnimmt. In **süßsauer eingelegten** Tomaten verändert sich der Solaninwert fast nicht, auch während mehrmonatiger Lagerung bleibt er nahezu stabil.

Da der Organismus mit kleineren Solanin-Mengen wohl umzugehen weiß, ist gegen den Verzehr von Marmelade, süß-sauer Eingelegtem und Chutneys aus grünen Tomaten nichts einzuwenden, sofern Sie möglichst große grüne Tomaten (mindestens Tischtennisballgröße) verwenden und diese Delikatessen nur selten und in Maßen essen.

Solaninarm anbauen und ernten

● Erhitzen, Kochen, Backen, Braten, Dünsten, Einfrieren zerstört Solanin nicht!
● **Tomaten an der Pflanze ausreifen lassen.** Erst 2–3 Tage nach dem Erröten ernten, dann schmecken sie auch am besten. Den grünen Stielansatz ausschneiden.
● Kartoffeln anhäufeln, damit die Knollen vollständig mit Erde bedeckt sind.
● Knollen ausreifen lassen. Erst ernten, wenn das Laub abgestorben ist.
● Knollen nach dem Roden nicht auf dem Beet liegenlassen, sondern zwei Wochen dunkel und warm (14–18°C) aufbewahren, damit vorhandene Wunden heilen; später dunkel und kühl (5–8°C) lagern. In der warmen Küche sind sie fehl am Platz, auch kleinere Partien!
● Kräftig ergrünte oder stark gekeimte, eingeschrumpfte Knollen wegwerfen oder als Saatkartoffeln verwenden.
● Keimtriebe vor dem Verarbeiten entfernen, kranke, verletzte oder **grüne Stellen** und Augenpartien **großzügig ausschneiden.**
● An Kraut- und Knollenfäule *(Phytophthora infestans)* erkrankte, faule Kartoffeln wegwerfen.
● Keine gekeimten oder faulen Kartoffeln an Tiere verfüttern (Rind, Schwein, Pferd).
● Kartoffeln sofort nach dem Aufbereiten verarbeiten. Lassen Sie auch geschälte nicht längere Zeit in der Küche liegen, weil sie sonst Solanin bilden.
● **Bitter schmeckende Kartoffeln wegwerfen,** da sie besonders viel Solanin enthalten.
● Allenfalls frisch geerntete Pellkartoffeln mit Schale essen, kleine Kartoffeln und ältere, gelagerte immer schälen.
● Das Kochwasser von Pellkartoffeln wegschütten oder Blattläuse an Rosen damit vertreiben, denn **Solanin geht beim Kochen** zusammen mit Seifenstoffen (Saponinen) **ins Wasser über.**
● Bei **Auberginen** enthalten meist die **runden Sorten weniger Solanin als die länglichen.** Ob sie im Freien oder im Gewächshaus wachsen, hat kaum Einfluß auf den Solaningehalt, jedoch der Reifegrad. Ernten Sie nur völlig ausgereifte Früchte. Auberginen sind reif, wenn die Schale auf

Druck leicht nachgibt; grasig-bitter schmeckende wegwerfen.
● Grüne **Paprikaschoten** enthalten wenig Solanin, rote sind frei davon.

Tomaten nachreifen lassen
● Da Tomaten, die zuviel Kälte abbekommen haben (unter 8°C), nicht mehr nachreifen, heißt es rechtzeitig ernten oder mit Vlies abdecken.
● Pflücken Sie nur Tomaten, die mindestens so groß sind wie ein Tischtennisball. Geben Sie kleinere, grüne Tomaten mitsamt den Pflanzen auf den Kompost. Dorthin gehören auch unreife verletzte und kranke Früchte, denn im Herbst wachsen Pilze schneller, als die Tomaten Farbe bekennen.
● Lassen Sie nur gesunde Tomaten nachreifen, und zwar auf einem Tablett oder Backblech, in einer flachen Holzkiste, einer Schachtel oder einer Schublade. Da unweigerlich einige Früchte faulen und bleibende Spuren auf ihrer Unterlage hinterlassen, legt man diese am besten mit Küchenpapier aus.
● Die Tomaten dürfen sich nicht berühren und auf keinen Fall übereinander liegen. Ob Sie die Grünlinge an einen hellen oder dunklen Ort bringen, ist egal, nur warm muß es sein: über 16°C und unter 30°C.
● Kontrollieren Sie alle 3–4 Tage: faule Tomaten ausmustern, rote verwenden.

Scharfer Paprika bringt Kreislauf und Verdauung in Schwung.

Paprika – scharfer Muntermacher

Keinen bitteren, sondern einen schmerzhaften Eindruck hinterläßt das Alkaloid **Capsaicin** auf der Zunge. Es ist neben einigen Verwandten verantwortlich für das Feuer, das **Chilischoten** und scharfer Paprika auf Haut und Schleimhaut von Mund, Magen und Darm entfachen. Das Gehirn erhält von den auf Wärmereize reagierenden Zellen im Mund die Meldung »es brennt« und schlägt Feueralarm. Wasser schießt in die Augen, die Nase fängt an zu tropfen, die Sprinkleranlagen in Mund, Bronchien und im Magen kommen auf Touren. Bald darauf beginnt der Körper, morphinähnliche Stoffe (Endorphine) auszuschütten, die den Schmerz lindern und die Stimmung heben. Danach fühlt man sich gleich besser.

Im Gegensatz zu vielen seiner bitteren Verwandten greift Capsaicin die Gesundheit nicht an, sondern fördert sie. Es **wirkt antibakteriell** und **beugt** dadurch **Durchfall vor**. Außerdem treibt es den Schweiß aus allen Poren und hilft bei Erkältungen, Schnupfen, Husten und verstopften Stirnhöhlen. Es **regt Kreislauf** und Durchblutung **an**. Es verhindert, daß Blut verklumpt und **schützt** damit **vor Thrombose, Schlaganfall und Herzinfarkt**.
Scharfer Paprika regt in kleinen Dosen die Bildung von Magensäure an, in hohen Dosen bremst er sie. Capsaicin beschleunigt die Verdauung, indem es Magen und Darm zu flotterem Arbeiten veranlaßt. Auch Sportler bringt es auf Trab und erhöht die Leistung, weil nach dem Genuß dieses Scharfmachers der Adrenalinspiegel steigt und der Körper mit Energie überschwemmt wird.
Mit Schmerz Schmerzen bekämpfen – nach diesem Motto verfahren Ärzte bei Rheuma, Frostbeulen, Muskel- und Gliederschmerzen und behandeln mit capsaicin-haltigen Salben und Pflastern. Denn Capsaicin reizt nicht nur die Sinneszellen, die auf Wärme reagieren, sondern auch diejenigen, die Schmerzen ans Gehirn melden. Sobald sie das scharfe Gewürz fühlen, schicken sie blitzschnell alle verfügbaren Schmerzboten los. Diese flitzen in die Zentrale und melden »es tut höllisch weh«. Doch bald ist ihr Vorrat an Botenstoffen erschöpft, die Nervenzellen sind überreizt

und lahmgelegt, der Kontakt zum Gehirn bricht vorerst ab. Man spürt keine Schmerzen mehr. Mit diesem Trick lassen sich auch Jucken und Phantomschmerzen nach Amputationen lindern.

Nach einer Chemo- oder Strahlentherapie leiden die Abwehr geschwächten Patienten oft unter sehr schmerzhaften Entzündungen im Mund und Rachen. Gab man Versuchspersonen regelmäßig Bonbons zu lutschen, die Chilipulver enthielten, ließen die Schmerzen bald nach, die antibakteriellen Bestandteile begannen zu wirken, und die Wunden heilten innerhalb kurzer Zeit.

Bitte beachten: Liegt Chilipulver in größeren Mengen und über längere Zeit auf der Haut, rötet und brennt sie zunächst, später entstehen ähnlich wie bei Verbrennungen Blasen. Bei Menschen, die jahrelang sehr hohe Dosen zu sich nahmen, sich also chronisch vergifteten, verursachte Capsaicin Nieren- und Leberschäden. Es kommt daher auf das rechte Maß an. Das ist überschritten, wenn der scharfe Paprika beim Verlassen des Körpers noch dieselbe Feuerglut hinterläßt wie im Mund.

Wasser eignet sich nicht zum Löschen. Capsaicin löst sich weder in Wasser noch wird es durch Hitze (Kochen) oder Kälte (Einfrieren) zerstört. Mancher, der den Mund zu voll genommen hat, versucht vergeblich, das Capsaicin mit Alkohol von der Schleimhaut zu spülen. Besser ist es, wie die Südamerikaner einen klaren Kopf zu behalten. Sie essen oder legen auf die verbrannte Stelle im Mund ein Stückchen (Weiß-)Brot, Kartoffel oder Süßkartoffel, und der Schmerz läßt sofort nach. Auch Joghurt, Quark oder Milch kühlen und dämpfen das brennende Gefühl.

Nitrat – Nitrit – Nitrosamine – Krebs?

Ohne Stickstoff kann die Pflanze nicht leben. Es ist der Nährstoff, von dem sie am meisten benötigt, und deshalb hortet sie einen größeren Vorrat. Stickstoff (chemische Abkürzung: N) ist Baustein von Eiweiß (Aminosäuren), Blattgrün (Chlorophyll), den Genen, B-Vitaminen, Alkaloiden, Glucosinolaten (Seite 20 ff.), Blausäure (Seite 38 ff.) und vielen anderen Stoffen.

Die Luft enthält sehr viel Stickstoff. Damit die Pflanzen ihn aufnehmen können, muß er sich mit Sauerstoff (O) oder Wasserstoff (H) verbinden. Die Wurzeln holen sich sowohl Nitrat (NO_3) als auch Ammonium (NH_4) aus dem Boden. Nitrat (NO_3) verwandelt die Pflanze in Nitrit (NO_2) und dieses in Ammonium (NH_4). Ammonium verschmilzt sie mit Zucker zu einer Aminosäure.

Weil Nitrit giftig ist und sich auf fast jede Aminosäure stürzt und sie damit zerstört, entschärft es das dafür zuständige Enzym rasch zu Ammonium. Die benötigen Materialien bekommt es zugeliefert. Einer der Zulieferer (Ferredoxin) arbeitet jedoch nur bei Licht. Je kräftiger die Sonne scheint, desto flotter klappt das Entgiften, desto weniger Nitrat staut sich in der Pflanze.

Nitrat im Körper

Nitrat gelangt über den Magen-Darm-Kanal ins Blut, von dort ein Teil zurück in den Speichel, beim Schlucken rutscht es wieder in den Magen – ein Kreislauf, der sich mehrmals wiederholt, bis das meiste Nitrat über die Niere ausgeschieden ist. Mikroorganimen im Speichel, auch im Magen, sofern der Magensaft zu wenig Salzsäure enthält, bilden über einen längeren Zeitraum nach dem Essen aus Nitrat Nitrit.

Treffen Spinat-Nitrit und tierisches (Fleisch- oder Käse-)Eiweiß im sauren Magen-Darm-Trakt aufeinander, hängt sich das Nitrit an einen Eiweißrest (Amin oder Amid), und fertig ist ein **Nitrosamin** oder **Nitrosamid**. Nimmt man größere Mengen Nitrat auf, steigt die Gefahr der Nitrosaminbildung überproportional an. Von 300 untersuchten Nitrosaminen laufen 90 % Amok im Gewebe, sie sind **äußerst krebserregend**, wobei schon kleinste Mengen ausreichen, wie Tierversuche bewiesen. Sie verursachen Krebs im Mund, der Speiseröhre, im Magen-Darm-Bereich, in Leber, Niere, Blase, Bauchspeicheldrüse und im Gehirn.

Nitrosamine entstehen aber nicht nur im sauren Milieu des Magens, sondern auch außerhalb des Körpers, sofern die Temperaturen

Im Sommer horten Kopf- und Blattsalate nur wenig Nitrat.

– etwa beim Grillen und Braten – hoch genug sind und die beiden entscheidenden Partner aufeinandertreffen – z. B. wenn gepökelter Schinken mit Käse erhitzt wird (Pökelsalz enthält Nitrit). Nitrosamine finden sich auf Pizzas oder mit Käse überbackenem Schinkentoast, in angebratenem Speck und zwar vor allem dann in größerer Zahl, wenn Toast, Pizza oder Schinken braun bis schwarz verbrennen. Mit Tabakrauch gelangen besonders hohe Mengen an Nitrosaminen in die Lunge.

Gefahr für Leib und Leben

● Neben Gemüse enthalten Fleisch, Käse und Trinkwasser Nitrat. **Säuglinge** bilden zwar im Speichel kaum Nitrit, in den ersten Monaten aber nur wenig Magensäure, so daß aus Nitrat vermehrt Nitrit entsteht. Nitrit geht ins Blut über und blockiert den roten Blutfarbstoff (Hämoglobin), dessen Aufgabe es ist, Sauerstoff zu transportieren.
Erwachsene verfügen über ein Enzym, das demoliertes Hämoglobin repariert. Kleinkindern bis zu etwa sechs Monaten fehlen diese Helfer fast völlig, sie ersticken innerlich (Blausucht). Sie atmen zwar Sauerstoff ein, aber es mangelt an Transporteuren, die ihn in der Lunge abholen. Sobald bei Säuglingen etwa die Hälfte des Hämoglobins blockiert ist, wird es lebensgefährlich. Deshalb soll man **Säuglingsnahrung mit nitratarmem Mineralwasser zubereiten.**

● Es ist zwar etwas befremdlich, doch die gesetzlichen Höchstmengen für Nitrat in Gemüse richten sich nach der Jahreszeit. So darf etwa **Spinat,** geerntet vom 1. 11. – 31. 03., 3 000 mg Nitrat/kg enthalten, im Sommerhalbjahr geschnittener dagegen nur 2 500 mg. Ab 1. Januar 1999 gelten ganzjährig 2 500 mg.
Bei **Kopfsalat** sind in der lichtarmen Zeit sogar bis zu 4 500 mg Nitrat/kg erlaubt, obwohl Kopfsalat-Nitrat keineswegs ungefährlicher ist als Spinat-Nitrat. Für die meisten anderen Gemüse sind keine gesetzlichen Höchstmengen vorgeschrieben.

Inhaltsstoffe

- **Nitratfreies Gemüse gibt es nicht, aber nitratarmes aus dem eigenen Garten.** (Obst enthält so gut wie kein Nitrat.) Wenn Sie Gemüse kaufen, bevorzugen Sie Bioware, denn sie ist mit deutlich weniger Nitrat befrachtet als mit Kunstdünger vollgepumptes aus dem Supermarkt.
- Wer wegen der Nitratfracht weniger Gemüse ißt, zieht mit Sicherheit die falschen Schlüsse. Er verzichtet auf all die gesunden Inhaltsstoffe, auf die unser Organismus angewiesen ist. Außerdem liefern Pflanzen Stoffe, die die Bildung von Nitrosaminen verhindern. Deshalb haben Vegetarier kein erhöhtes Risiko, an Krebs im Verdauungstrakt zu erkranken.
- »Nitrat ist gesund« heißt es von holländischer und britischer Seite. Weil der Körper daraus auch Stickoxide herstellt, angriffslustige Gifte, die Zellen zerstören und u. a. Bakterien abtöten. Doch um diese »Feuerwehr-Einsätze« durchzuführen, steht dem Organismus mehr als genug Nitrat zur Verfügung, auch wenn wir uns nitratarm ernähren. Denn der Körper setzt diese Gifte nur in winziger Dosis und unter Einhaltung strengster Sicherheitsvorkehrungen ein.

Die aggressiven Stickoxide entstehen auch in Auto- und Industrieabgasen. »Die Behauptung, daß diese Schadstoffe gesund sein sollen, ist dreist«, schreibt Peter Hermes in dem Artikel »Holland in Not« (ökotest, Heft 1/1996) und entlarvt entsprechende Presseberichte als Versuch, das während der lichtarmen Monate in Nitratnot geratenende holländische und britische Gemüse zu retten.

Düngen: Maß halten!

Ungefähr **die Hälfte des mit dem Gemüse aufgenommenen Nitrats stammt aus Salat und Spinat!**

- Großen Einfluß auf den Nitratgehalt hat die **Düngung**. Sie entscheiden, ob Ihr Spinat, Rettich oder Kopfsalat 300 oder 3 000 mg/kg enthält, Rote Rüben 150 oder 8 000 mg oder ob aus harmlosen Tomaten pralle Nitratspeicher entstehen. Im Garten kommt es nicht auf Riesenerträge an, sondern auf Qualität. Düngen Sie sparsam und sechs Wochen vor der Ernte überhaupt nicht mehr. Wintersalaten und -gemüsen sollte man lediglich beim Pflanzen mit etwas Kompost auf die Sprünge helfen.
- Damit der Regen überschüssiges Nitrat nicht ins Grund- und damit ins Trinkwasser auswäscht, wird **Kompost** erst im Frühjahr auf die Beete ausgebracht. Nach der Ernte **Gründüngung** (Raps, Rübsen, Gelbsenf, Ölrettich) einsäen, die die Nährstoffe bindet, und das Grünzeug im nächsten Frühjahr in den Boden einarbeiten.

Viel Licht – wenig Nitrat

Wenn die Sonne kräftig scheint, verarbeitet die Pflanze Nitrat rasch weiter. Deshalb enthält auf Sonnenbeeten wachsendes Gemüse davon weniger als im Schatten oder Halbschatten angebautes. Je trüber der Tag, desto mehr Nitrat speichert die Pflanze.

- Das Glas von **Gewächshäusern** schluckt einen beträchtlichen Teil des Lichts oder reflektiert es. Damit die Pflanzen soviel Licht wie möglich erhalten, sollte man vor allem im Herbst, Winter und Frühjahr die Scheiben gründlich reinigen.
- Pflanzen unter **Kulturschutznetzen** (Folie, Vlies) bauen in der lichtarmen Zeit im Frühjahr und Herbst weniger Zucker auf und horten mehr Nitrat als unbedeckte. Decken Sie diejenigen Salate oder Gemüse tagsüber ab, die Sie am Nachmittag ernten möchten.
- Vor allem Herbst- und Wintergemüse sollte nicht zu eng auf den Beeten stehen. Achten Sie auf **großzügige Abstände beim Pflanzen und Vereinzeln**, damit die Pflanzen von allen Seiten gut be-

Von der Düngung hängt es ab, wieviel Nitrat der Spinat speichert.

Im Herbst und Frühjahr herrscht unter Schutznetzen Lichtmangel.

lichtet werden. Schon nach einigen sonnigen Tagen im Frühjahr haben Spinat oder Feldsalat ihren Nitratspeicher stark geleert.

Sorten mit hellen, gelben Blättern horten **weniger Nitrat** als solche mit grünem oder gar dunkelgrünem Laub.

Erntetips

- Im **Herbst geerntetes Gemüse** (Blumenkohl, Brokkoli, Fenchel) speichert deutlich **mehr Nitrat** als Sommergemüse.
- Pflanzen, die mitten aus ihrem Wachstum gerissen werden, z.B. Kopfsalat, Spinat, enthalten mehr Nitrat als solche, die Früchte bilden, wie Tomaten, Gurken oder Bohnen.
- An sehr trockenen Tagen geben **Kartoffeln** oder **Tomaten** den Blättern nitratarmes Wasser ab, nachts strömt nitratreiches zurück. Deshalb enthalten Kartoffeln bis zu **dreimal mehr Nitrat, wenn es** vor der Ernte längere Zeit sehr **trocken war**.
- Wird **Spinat** oder **Salat** am Tag vor der Ernte reichlich gegossen oder regnet es stark, schwimmt im Wasserstrom ebenfalls sehr viel Nitrat. Warten Sie mit der Ernte lieber ein paar trockene Tage ab, bis ein Großteil des Nitrats verbraucht wurde.
- **Rechtzeitig ernten**. Die Wurzeln überständiger **Möhren** nehmen zwar viel Nitrat auf, aber die oberirdischen Teile stellen das Wachstum ein, sobald sie ihr Soll erfüllt haben. Das Nitrat staut sich in der Rübe.
- **Am Nachmittag ernten**, am besten an einem sonnigen Tag, damit die Pflanze genügend Zeit hat, das Nitrat zu verarbeiten. Am Abend vor der Ernte Möhren, Sellerie, Rote Bete, Kopfsalat kurz am Schopf ziehen oder mit der Grabgabel seitlich anheben, um die Feinwurzeln abzureißen und die weitere Aufnahme von Nitrat zu unterbinden.
- Viel Nitrat enthalten **ältere Blätter**, außerdem Stengel, Blattrippen und Strünke.
- Bei **Kohlrabi** steckt in der Schale deutlich mehr als in der Knolle. **Winterportulak, Petersilie** und **Spinat** hoch schneiden, so daß die dicken Stengel auf dem Beet bleiben, oder die Stiele beim Putzen aussortieren.
- Die äußeren Blätter von **Chinakohl und Wintersalaten entfernen**, z.B. von eng im Frühbeet-Kasten gelagerten Endivien- oder Zuckerhut-Salaten.

Gemüse richtig verarbeiten

- **Tiefgekühltes** enthält ein Drittel bis zur Hälfte weniger Nitrat als frisches Gemüse, denn beim **Blanchieren** wird ein Teil des Nitrats ausgeschwemmt. Außerdem entsteht in der Truhe kein weiteres Nitrit aus Nitrat, da die Umwandler (Enzyme) tiefgefroren sind (Seite 60 ff.).
- Bis zu 80 % des Nitrats wird während des **Kochens** in die Gemüsebrühe ausgewaschen, 20–50 % gehen bereits durch Waschen, Putzen, Stengel entfernen verloren.

- Auch nach dem Kochen entsteht bei Zimmertemperatur aus Nitrat noch Nitrit, wenn Sauerstoff knapp ist, etwa im Spinatbrei oder bei zu warm gelagerten, in Folie eingeschweißten Salaten. Das Enzym, das dafür zuständig ist, verträgt Hitze; das kleine Enzym dagegen, das Nitrit weiter in Ammonium verwandelt, zerfällt beim Kochen. Also reichert sich Nitrit an. Deshalb **Spinat nicht aufwärmen** oder länger warm halten!
- Geernteten Spinat, Feldsalat oder Chinakohl, wenn sie nicht sofort verarbeitet werden, maximal zwei Tage im Kühlschrank aufbewahren, damit nicht zuviel Nitrit ensteht.
- Manche Biophenole, Chlorophyll sowie Vitamin E hemmen die Entstehung von Nitrosaminen und Nitrosamiden.

Nitratgehalt in Gemüse
Hoch: Eisbergsalat, Endivien, Feldsalat, Fenchel, Kopfsalat, Mangold, Petersilie, Radieschen, Rettich, Rote Bete, Spinat, Rhabarber
Mittel: Blumenkohl, Brokkoli, Chinakohl, Grünkohl, Kohlrabi, Lauch, Möhren, Sellerie, Weißkohl, Wirsing, Zucchini
Niedrig: Bohnen, Chicorée, Erbsen, Gurken, Kartoffeln, Knoblauch, Paprika, Pastinaken, Radicchio, Rosenkohl, Rotkohl, Schwarzwurzel, Spargel, Tomaten, Zuckerhut, Zwiebeln

---

Oxalsäure – sauer macht steinreich

An Johanni, dem 24. Juni, ernten traditionsbewußte Gärtner den letzten **Rhabarber**. Aus gutem Grund, denn ab Mitte/Ende Juni steigt der Oxalsäuregehalt beträchtlich und die Pflanzen speichern mehr, als der menschlichen Gesundheit zuträglich ist.

In großer Menge (5–15 g) eingenommen, wirkt Oxalsäure **tödlich**. Sie verbindet sich mit Calcium zu unlöslichen (Calciumoxalat-)Salzen und mit Natrium, Kalium, Ammonium zu wasserlöslichen Verbindungen. Oxalsäure und ihre löslichen Salze verätzen Haut und (Magen-)Schleimhaut. **Vergiftungen** verursachen Übelkeit, Erbrechen, Magenschmerzen, blutigen Durchfall, Kreislaufkollaps und Herzschaden. Während die wasserlöslichen Salze den Körper problemlos passieren, **verstopfen** die festen Calciumoxalat-Salze **die feinen Nierenkanäle** und schädigen dadurch die Niere. Bei entsprechend veranlagten Personen wachsen die Kristalle allmählich zu **Nierensteinen** heran, die äußerst schmerzhafte Koliken auslösen.

Kleine Mengen sind jedoch unbedenklich, der Körper benötigt sogar Oxalsäure und stellt sie selbst her. Ungewöhnlich viel davon horten die Blutzellen, weshalb man annimmt, daß Oxalsäure mehr kann, als den Körper zu vergiften, und Wissenschaftler ihm sogar eine Rolle im Immunsystem zutrauen.

Wegen ihrer starken Zuneigung zu Calcium – selbst Magensäure kann die beiden nicht trennen – gilt **Oxalsäure** als **Calcium-Räuber** (ein noch größerer Calcium-Verschwender ist allerdings Zucker!). 100 g Rhabarber bindet etwa soviel Calcium, wie in $1/8$ l Milch steckt, rechneten Ernährungsforscher aus. Um den Verlust auszugleichen und damit Speisen milder schmecken, empfehlen sie oxalsäurehaltiges Gemüse mit calciumreichen Lebensmitteln zu kombinieren: Rahmspinat; Salat aus jungem Spinat mit Joghurt-Soße; Rhabarberkompott mit Quark, Vanillesoße, Pudding; ein Glas Milch zum Mittagessen trinken oder als Nachtisch Joghurt essen.

Dies betrifft vor allem Kinder, Jugendliche, Stillende, Schwangere, Alte und Kranke, denn sie alle brauchen besonders viel Calcium. Menschen, die zur Bildung von Gallen- oder Nierensteinen neigen, meiden am besten Gemüse, das viel Oxalsäure enthält. Damit drosseln sie zumindest die Zufuhr, auch wenn der Körper sich kaum vorschreiben läßt, wieviel Oxalsäure er herstellt. Bei Milch oder Milchprodukten sollten gefährdete Personen dagegen keine Zurückhaltung üben, denn damit senken sie das Risiko, Steine zu bilden, wie Studien beweisen.

Frei oder gebunden – darauf kommt es an!

Obwohl die meisten Pflanzen Oxalsäure bilden, horten manche (z. B. Ampfer-, Sauerklee-, Gänse-

Oxalsäure 37

fußgewächse) ungewöhnlich hohe Mengen, vor allem in ihren Blättern. Bucheckern bieten Spitzenwerte von bis zu 3 g/100 g und liegen damit nahe an der tödlichen Dosis.

Auch Schwarzer Tee geizt nicht mit dieser organischen Säure; beim Überbrühen lösen sich jedoch nur geringe Anteile, und zwar umso mehr, je länger der Tee zieht (3 g Tee/100 ml enthält nach 10 Minuten Ziehen etwa 10 mg Oxalsäure). Trinkt man seinen Tee mit Milch, bleibt die Oxalsäure allerdings nicht lange frei und ungebunden.

Früchte sind, mit Ausnahme von Mango, Karambole (Sternfrucht), Kakao (und Kakao-Produkten, wie Schokolade), fast frei von Oxalsäure, zumindest im voll ausgereiften Zustand.

Oxalsäure in Gemüse (in mg%)	
Gartenmelde	800–1600
Gartensauerampfer	500–1800
Mangold	100–1000
Neuseeländer Spinat	600– 900
Portulak	70–1000
Rhabarber(stiele)	60– 800
Rote Rüben	20– 400
Spinat	120–1300
Schnittbohnen	10– 40
Salatrauke	20– 30
Tomate	0– 90
Bambussprossen	150– 500

Die im Kasten gezeigten Zahlen sind beeindruckend. Jedoch liegen die tatsächlichen Gehalte oft im unteren Bereich, die Spitzenwerte werden selten erreicht, etwa

Neuseeländer Spinat, rechts im Bild, ist reich an Oxalsäure.

bei grober Fahrlässigkeit im Anbau. Außerdem enthalten Pflanzen auch Calcium-Oxalate, die der Körper unverdaut ausscheidet; sie sind hier mit eingerechnet. Ohne sie verringert sich der Anteil an löslicher Oxalsäure um etwa die Hälfte. Dies hängt jedoch genauso wie der absolute Gehalt ab von der Pflanzenart, vom Alter des Gewebes, von Klima, Anbau, Düngung und Erntetermin.

Ernten und verarbeiten – gewußt wie

● Mit steigender Nitratdüngung erhöht sich der Oxalsäuregehalt.
● Bei Rhabarber nimmt die Oxalsäure im Verlauf des Sommers zu; deshalb enthalten Anfang Juni geerntete Stiele weniger als Ende Juni oder gar Mitte Juli geerntete und junge generell weniger als alte.
● Rhabarber, der im Gewächshaus vorgetrieben wird, speichert mehr lösliche Oxalsäure (90%) als Pflanzen aus dem Freiland (50%), während sich ihr absoluter Gehalt kaum unterscheidet.
● Innerhalb der Rhabarberstiele nimmt der Oxalsäuregehalt von unten nach oben zu, also vom Stengelgrund zur Stengelspitze. Gegen Ende der Erntesaison, vor allem, wenn man diese überzieht, empfiehlt es sich deshalb, die obersten Stielteile (die dem Blatt benachbarten 5 cm) abzuschneiden.
● Die Fruchtsäuren des Rhabarbers greifen den Zahnschmelz an und weichen die äußerste Schicht leicht auf. Damit diese nicht der Zahnbürste zum Opfer fällt, sollte man nach dem Rhabarberessen ein bis zwei Stunden mit dem Zähneputzen warten, bis die Spuren der Fruchtsäuren beseitigt sind und der Schmelz im alten Glanz erstrahlt.
● Nachdem man Rhabarber gegessen hat, fühlen sich die Zähne »stumpf« an. Stumpf ist in diesem Fall jedoch die Zunge, deren Geschmacksknospen von Biophenolen (Seite 7 ff.) sanft gegerbt und damit außer Gefecht gesetzt wurden. Auch dieses Gefühl verliert sich innerhalb kurzer Zeit.
● Rotfleischige Rhabarber-Sorten ('Holsteiner Blut') enthalten weniger Fruchtsäuren als grünfleischige und damit auch weniger der giftigen Oxalsäure, außerdem schmecken sie milder (siehe Seite 81).
● In den Blättern schwimmt in der Regel mehr Oxalsäure als in den Stengeln (**Spinat**), im Falle des Rhabarbers sogar deutlich mehr. Deshalb und wegen ihres

38 Inhaltsstoffe

hohen Gehalts an anderen unbekömmlichen Stoffen (z. B. Anthrachinonen) sind **Rhabarberblätter** giftig, nicht jedoch die jungen **Blütenknospen**, die manche Menschen in Salzwasser kochen, mit einer Rahmsoße übergießen und verzehren.

● Junge Blätter horten weniger Oxalsäure als ältere (**Spinat, Mangold**). In den Rüben von **Roten Beten** steckt deutlich weniger als in den säurereichen Blättern.

● Bei **Spinat** steigt der Gehalt bis Juni an und nimmt zum Herbst hin ab. Am wenigsten Oxalsäure enthält im zeitigen Frühjahr geernteter Spinat.

● Wer besonders gehaltvolle Pflanzen (**Rhabarber, Mangold, Spinat, Portulak, Neuseeländer Spinat**) heiß **überbrüht** und das Wasser wegschüttet, vermindert die Menge an Oxalsäure um etwa die Hälfte.

Blausäure – verduftet bei Hitze

Unter den Pflanzen gibt es viele Giftmischer und besonders viele, die Blausäure herstellen. Schnecken, Schafe, Rehe meiden diese unbekömmliche Kost.

Weil man Gifte nicht unbeaufsichtigt lassen soll, zähmen die meisten Pflanzen die zahlreichen blausäurehaltigen Verbindungen mit einem Zucker (Blausäure-Glycoside), einige vertrauen auf Fette. Solange diese Aufpasser ihre Zöglinge an der Leine halten, sind sie harmlos und auch für den Menschen absolut ungiftig. Es gibt nur wenige Stoffe (Enzyme) in der Pflanze, die den Zucker (mit Hilfe von Wasser) wegnehmen und die Blausäure freisetzen können. Diese sind vorsorglich getrennt von dem gezuckerten Gift in einem »Nebenraum« der Zelle untergebracht. Sobald eine Raupe die Zelle anbeißt, treffen alle Beteiligte aufeinander, und in Sekunden-Bruchteilen hat die Raupe den Mund voller Blausäure.

Blausäure steckt in über 2000 Pflanzenarten, aber auch in industrieverschmutzter Luft und Zigarettenrauch. Der Körper muß sich täglich mit kleinen Mengen auseinandersetzen und wird gut damit fertig; er baut es in der Leber ab. In Hungerzeiten allerdings, oder wenn der Organismus durch Krankheit geschwächt ist, klappt die Entgiftung nur zögernd.

Nutzpflanzen enthalten meist deutlich weniger Blausäure als ihre wilden Verwandten. **Bittermandeln** speichern das Gift in konzentrierter Dosis (**Amygdalin**); süße Mandel dagegen sind frei davon, ebenso das häufig zum Backen verwendete Bittermandelöl, das künstlich hergestellt wird.

Holunder hortet in seiner weichen Rinde beträchtliche Mengen (Sambunigrin), in den Blüten befinden sich nur Spuren dieser Verbindung, und in den Früchten nimmt der Gehalt mit zunehmender Reife stark ab. Roh sind die Beeren zwar immer noch unbekömmlich, schon nach dem Verzehr von 5–10 Stück wird einem speiübel; doch beim Erhitzen geht die restliche Blausäure bis auf einen winzigen Rest verloren. Die meisten Menschen vertragen Holundersuppe oder -saft problemlos, empfindliche sollten holundrige Säfte und Speisen jedoch nicht auf nüchternen Magen zu sich nehmen.

Rhabarberblätter sind giftig, die Blütenknospen eine Delikatesse.

Trennen Sie die Beeren vor dem Verarbeiten von den sambunigrinhaltigen Doldenstielen und verwenden Sie nur reife, tiefschwarze Früchte. Das ist bei Kultursorten (z.B. 'Haschberg') leichter getan als bei wildem Holunder. Denn bei den großfrüchtigen Sorten reifen alle Beeren einer Dolde gleichzeitig, bei den Wildformen erst nach und nach, und die Amseln haben meist schon die Hälfte geerntet, bis die letzten Beeren einer Dolde sich schwarz färben.

In der Regel reichern sich Blausäureverbindungen nur in bestimmten Geweben an, z.B. in Hirsepflanzen, während Hirsesamen frei davon sind; das gilt auch für das Fruchtfleisch unserer **heimischen Obstarten**. Die Samen von Aprikosen, Kirschen, Pfirsichen, Äpfeln, Birnen, Pflaumen und Zwetschgen speichern jedoch einen großen Vorrat an Blausäure-Vorstufen (Prunasin), den zwielichtige Personen früher gelegentlich für tödliche Zwecke mißbrauchten. Nur der heimische Kernbeißer, ein Singvogel, läßt sich Steinobstkerne ungestraft schmecken.

Falls Sie gerade nachzählen, wie viele **Kirschkerne** Sie in Ihrem Leben schon verschluckt haben, und dabei sind, blaß zu werden: Dazu besteht kein Grund! Selbst wenn Sie zwanzig Kirschen mit Kern essen, droht keine Gefahr für Leib und Leben. Da die Kerne unverdaulich sind, entledigt sich der Körper ihrer auf dem üblichen Weg, ohne die Giftfracht anzutasten. Ein tödliches Ende nähme es allerdings, wenn Sie die harten Schalen aufbrechen und die weichen Samen essen würden. Es gibt sicher Schmackhafteres als Apfelkerne, doch auch wer diese mitißt und den einen oder anderen Kern zerbeißt, muß nicht um seine Gesundheit fürchten. Die Samen schmecken zwar leicht nach Bittermandeln, doch das Gift von ein paar Kernchen steckt der Körper gut weg. Gesundheitlich unbedenkliche Mengen von Blausäure enthalten außerdem Leinsamen – der Gehalt nimmt beim Lagern ab – sowie Erbsen und Bohnen.

Bambus gehört ebenfalls zu den Giftmischern, und da junge Pflänzchen besonderen Schutz bedürfen, speichert er viel in den Sprossen. Deshalb sind rohe **Bambussprosse** giftig.

Atemlos: Die Zellen ersticken

Wie viel Blausäure die Pflanzen horten, hängt nicht nur von Pflanzenart und -sorte und dem

Unreife Holunderbeeren verusachen Durchfall und Brechreiz.

Viele Tiere verschmähen die blausäurehaltigen Kirschkerne.

Alter des Gewebes ab, sondern u. a. von der Tages- und Jahreszeit, der Nährstoff- und Wasserversorgung, Anbau und Klima. Auch Streß (z. B. Kälte, Trockenheit, Verletzung) kurbelt die Bildung an.

Blausäure bindet Eisen und entzieht es dem Stoff der roten Blutkörperchen (= Hämoglobin), der die Zellen mit Sauerstoff versorgt. Sie blockiert damit die Atmung in den Zellen. Diese bricht schlagartig zusammen, die Zelle erstickt. Vergiften sich Menschen mit Blausäure, riecht ihr Atem nach Bittermandeln (typisch!), sie verspüren ein Kratzen im Hals, sie haben Kopfweh, Angst, Schwindel und sie erbrechen. Der Tod erfolgt durch Atemlähmung.

Giftfrei zubereiten

An chronischen Vergiftungen leiden allenfalls Menschen in einigen afrikanischen Ländern, die sehr große Mengen an blausäurehaltiger Nahrung essen und diese nur nachlässig entgiften.

Normalerweise kennen sie die Tricks, wie man den giftigen Stoff los wird. **Maniok**-Wurzeln (= Cassava) werden nach Entfernen der besonders giftigen Rinde traditionell zu Brei zerstampft und anschließend gründlich gewässert, so daß sich die Blausäure bildet und entweichen kann. Auch **Kochen, Rösten oder Dämpfen treibt das Gift aus.**

Süßkartoffeln kocht man in reichlich Wasser und schüttet die Flüssigkeit anschließend weg. Damit die Blausäure (Siedepunkt 26 °C) ungehindert verdampft und ihre Reise nicht am Deckel endet und sie mit dem Wasser zurück in den Topf tropft, sollte man blausäurehaltige Nahrungsmittel in offenen Gefäßen kochen bzw. den Deckel einige Minuten vor Ende der Kochzeit vom Topf nehmen.

Saponine – bittere Schaumschläger

Im Mittelalter und in Notzeiten wuschen Menschen aus Geldmangel ihre Wäsche mit einem Wurzelabsud des **Seifenkrauts** (*Saponaria officinalis*). Ihre Waschkraft verdankt diese Pflanze den Saponinen (lat. sapo = Seife). Sie bestehen aus einem fettlöslichem »Kopf« und einem langen Schwanz aus verschiedenen Zuckern, der wasserlöslich ist. .

An fettigen Händen perlt Wasser unverrichteter Dinge ab, Wasser und Fett vertragen sich nicht. Nimmt man Seife dazu, bindet das eine Ende das Fett, das andere streckt sich dem Wasser entgegen, und alle zusammen verschwinden heftig schäumend im Ausguß.

Da die seifig-schäumenden Stoffe sehr bitter schmecken, glaubten Biochemiker lange, sie taugten allenfalls zum Wäsche- oder Haarewaschen, in Nahrungsmitteln waren sie dagegen unerwünscht. Noch heute enthalten **Kosmetikartikel** Auszüge aus dem chilenischen **Seifenrinden- oder Quillaybaum** (*Quillaja saponaria*), – sie dienen z. B. als Emulgator in Shampoo, Zahnpasta, Mundwasser. 10–15 % der Quillayrinde (auch als Panamarinde bekannt) bestehen aus Saponinen!

Die Chilenen verwenden Quillay-Auszüge zum Entfernen von Flecken auf Textilien, sie nehmen Quillay-Bäder bei Hautverletzungen, Hautpilzen, chronischen Hauterkrankungen und bei Rheuma. Sie trinken den entzündungshemmenden, schleimlösenden Blättertee bei Erkältungen, Bronchitis, Keuchhusten, Asthma sowie um die Verdauung zu fördern.

In Europa verwenden Kräuterkundige seit Jahrhunderten saponinhaltige Pflanzen wie Seifenkraut oder Ackerstiefmütterchen (*Viola tricolor*) für genau dieselben Zwecke. Ein Tee aus diesen Heilpflanzen lindert die oben genannten Leiden und wirkt außerdem abführend und harntreibend.

Als saponinreich gelten außerdem Primel, Christrose, Roßkastanie (sie enthält Aescin), Süßholzwurzel (Lakritz), Efeu (Hederin), Fingerhut und Bittersüßer Nachtschatten. Die meisten dieser Saponine sind unbekömmlich bis giftig. Efeu- und Primel-Auszüge stecken jedoch in manchen **schleimlösenden Hustenmitteln**.

Viele Saponine zerstören selbst in großer Verdünnung die roten Blutkörperchen. Sobald Blutzellen auf Saponine treffen, verbluten sie und lösen sich in ihre Bestandteile auf. Obwohl der Darm den meisten Seifenstoffen den Zugang zum Blutkreislauf ver-

Hülsenfrüchte beeinflussen den Blutfettspiegel positiv.

wehrt und sie ausscheidet, gelingt es einzelnen, wie dem besonders gefährlichen Cyclamin des Alpenveilchens, die Darmbarriere zu überwinden und eine »blutige Spur der Verwüstung« zu hinterlassen. Deshalb verspeisen nur wenige Lebewesen Alpenveilchen mit Genuß und ohne Reue – dazu zählen die **Larven des Dickmaulrüßlers**. Obwohl die Saponine auch für viele Insektenlarven giftig sind, da sie deren Hormonhaushalt gewaltig durcheinanderbringen. Die sonst nicht sehr wählerische **Pfirsichblattlaus** z. B. rührt – im Gegensatz zu ihrer Verwandten, der **Schwarzen Bohnenblattlaus** – die saponinreichen Blätter von Hülsenfrüchten nicht an.

Was treiben sie im Darm?

Bisher weiß man über die einzelnen Saponine und ihre Eigenschaften recht wenig, solange sie als schädlich galten, beachtete die Wissenschaft sie kaum. Da nur winzige Mengen die Darmwand passieren, beschränkt sich ihre Wirkung vor allem auf den Magen-Darm-Bereich. Erst im Dickdarm zerhacken dort angesiedelte Bakterien einen Teil der Saponine und verdauen einige der Bruchstücke.

Aus Tierversuchen weiß man, daß Quillay-Saponine und eine Reihe anderer den **Cholesterinspiegel senken**.

Cholesterin ist schuld!

An kaputten Herzen, an verkalkten Adern und an manch anderem Übel – so steht es zumindest in den Zeitschriften, die Patienten die Wartezeit verkürzen und auf das Gespräch mit dem Arzt vorbereiten.

Doch ohne Cholesterin bräche der Stoffwechsel zusammen. **Cholesterin** stärkt Nerven und Gehirn, es schützt rote Blutkörperchen, Zellwände und Haut, es kurbelt die Abwehr an und dient als Baustein für verschiedene Hormone sowie Vitamin D und Gallensäuren, die helfen, Fett zu verdauen. Weil der Organismus den Stoff so dringend braucht, verläßt er sich nicht darauf, daß »bei der nächsten Mahlzeit wieder eine Ration geliefert wird«, sondern er stellt etwa 80 % seines Bedarfs selbst her. Enthält das Essen (Fleisch, Eier, Käse, Butter) viel Cholesterin, drosselt er die Eigenproduktion.

Inzwischen verteufeln Mediziner Cholesterin nicht mehr uneingeschränkt. Sie glauben, daß nur bestimmte Cholesterin-Formen ihren Teil zu Herz-Kreislauf-Erkrankungen beitragen. Ob ungesunde Ernährung und Lebensweise die Ablagerung von Cholesterin-Müll in den Blutgefäßen direkt veranlaßt oder ob sie Bakterien fördert, die zu Entzündungen und Verstopfung der Blutgefäße führen, darüber spekulieren die Wissenschaftler noch.

Gallensäuren entstehen aus Cholesterin, sie gelangen über den Gallengang in den Dünndarm. Dort fangen sie in Fettsäuren zerlegte Fette aus der Nahrung ein, machen sie dadurch wasserlöslich und schleusen sie durch die Darmwand. Die meisten Gallensäuren wandern anschließend zurück in Leber, Galle und Dünndarm, und der Kreislauf beginnt von neuem. Wie die Saponine besitzen auch die Gallensäuren ein wasserlösliches (hydrophiles) und ein fettlösliches (hydrophobes) Ende; deshalb ziehen beide Stoffe einander an wie Magneten. Gallensäuren, die in den Armen der Saponine liegen, sind für den Organismus verloren; sie werden zusammen mit ihrem Partner ausgeschieden, und der Körper muß die auf Abwege geratenen Gallensäuren aus seinem Cholesterin-Vorrat ersetzen.

Verschiedene **Saponine binden Cholesterin** oder verhindern, daß dieser Stoff an den Darmzellen andockt. Wieder andere verkuppeln vermutlich frei herumschwirrendes Cholesterin mit bestimmten Ballaststoffen. Dadurch sinkt nicht nur der Cholesterinspiegel, sondern auch das Risiko, an Dickdarmkrebs zu erkranken. Je weniger Gallensäuren und Cholesterin sich frei und ungebunden im Darmbereich aufhalten, desto geringer ist die Gefahr, daß sie oder Bruchstücke von ihnen in **Krebsauslöser** verwandelt werden.

Während krebsauslösende Stoffe die Teilung und das Wachstum von Zellen beschleunigen, verlangsamen Saponine diese Vorgänge. Falls Fehler bei der Zellteilung auftreten (z.B. Mutationen), bleibt den Zellen dadurch mehr Zeit, diese sorgfältig zu reparieren. Auf langsam wachsende Tumore haben Saponine hingegen keinen Einfluß.

Die Abwehr greift ein

● Mäuse, denen Forscher Quillay-Saponine unters Futter mischten, wehrten eindringende Viren innerhalb kurzer Zeit restlos ab.

Wie Saponine das **Immunsystem stimulieren**, weiß man nicht genau. Vermutlich machen sie die Immunzellen in der Darmschleimhaut wild, indem sie sich an deren Zellwände hängen. Außerdem kleben sie an den Darmzellen fest und verursachen winzige Löcher, durch die Stoffe vom Darm ins Blut schlüpfen, denen der Körper normalerweise den Zugang verweigert. Dies wiederum bringt die Abwehr auf Trab.

Die gereizten Nervenzellen in der Darmschleimhaut sowie die winzigen Mengen aufgenommener Saponine geben wohl auch das Signal, vermehrt Schleim in den Bronchien zu bilden und **lindern** somit **Husten und Bronchitis**.

● Saponine wirken gegen Bakterien und Pilze, da sie deren Zellmembranen durchlöchern. Deshalb setzen Kräuterärzte sie gegen **Hautpilze** ein. Ob sie im Magen oder Darm auch auf Mikroorganismen losgehen, ist fraglich. In Labor ließen die untersuchten Saponine die Pilzwände sofort los, sobald man ihnen Cholesterin anbot, und davon gibt es in unserem Verdauungstrakt mehr als genug.

Zahlreiche **Gemüse enthalten Saponine**, meist mehrere – Sojabohnen z.B. fünf verschiedene, deren Menge beim Keimen noch zunimmt. **Hülsenfrüchte** gelten als saponinreich, allen voran Kichererbsen, gefolgt von Sojabohnen, Gartenbohnen, grünen Bohnen, Dicken Bohnen, Luzerne (= Alfalfa), Gartenmelde, Gutem Heinrich, Spinat, Erbsen, Linsen, Roten Rüben, Kartoffeln, Spargel und Knoblauch.

Ein Teil der Saponine geht beim Erhitzen verloren. Deshalb schäumen Bohnenkerne und andere Hülsenfrüchte beim Kochen.

Phytoalexine – auf Abruf bereit

In dem Wort Phytoalexin stecken die griechischen Begriffe für Pflanze und abwehren. Um unnötige Ausgaben für diese »Hilfstruppe« zu vermeiden, bilden Pflanzen sie erst in brenzligen Situationen. Gesundes Gewebe enthält dagegen in der Regel nur geringe Mengen dieser Stoffe.

Allen Phytoalexinen gemeinsam ist, daß sie die Pflanze verteidigen und Mikroorganismen in ihre Schranken verweisen, obwohl sie sehr unterschiedlich aufgebaut sind und deshalb verschiedenen chemischen Stoffklassen angehören. Auch im menschlichen Körper übernehmen sie verschiedene Aufgaben.

Warum bilden Pflanzen diese Stoffe?

● Angriffe von Pilzen, Bakterien, Viren, Insekten u.a. (Diese verursachen die Bildung von Phytoalexinen im engeren Sinne.)

● Verletzung, Trockenheit, Staunässe, Kälte, falsche Lagerung, Transportstreß, UV-Licht, Schwermetalle, Pestizide u. a. (Sie verursachen die Bildung von Streßverbindungen, die häufig ebenfalls zu den Phytoalexinen gezählt werden.)

Es gibt mehrere Hundert dieser Abwehrstoffe, und viele nehmen wir täglich mit der Nahrung auf. Von den wenigsten weiß man allerdings, wie sie wirken. Einige fördern die Gesundheit (Resveratrol im Wein; Quercetin in Wein, Obst und Gemüse; Iso-Flavone in Hülsenfrüchten, Kaffeeund Chlorogensäure in Kartoffeln), andere beeinträchtigen sie. Dazu zählt z. B. das Solanin in Kartoffeln und grünen Tomaten.

Pflanzen unter Streß
Pflanzen, die in Gegenden wachsen, wo Luft, Boden, Wasser erheblich mit Schadstoffen belastet sind, leiden stark unter **Streß** und bilden sehr viele Phytoalexine. Und sie versorgen auch ihren **Pollen** großzügig mit den Schutzstoffen. Diese hochgerüsteten Pollen (z. B. Birkenpollen) sind besonders **aggressive Allergene.**

Ein Gläschen in Ehren

»Rotwein ist für alte Knaben, eine von den besten Gaben«, meinte Wilhelm Busch und vergaß zu sagen, »daß auch viele fröhliche Damen, sich am Rebensaft gern laben«.

Wein ist gesund. Früher verschrieben Ärzte ihren Patienten sogar eine tägliche Ration. Es kommt allerdings auf das Maß an, und das ist von Mensch zu Mensch verschieden; manche Menschen leben gesünder und länger, wenn sie gar keinen Alkohol trinken.

Während man lange glaubte, mäßiger Alkoholgenuß, gleich welcher Art, sorge für ein hohes Alter, weiß man inzwischen, daß Wein sich von den anderen berauschenden Getränken in seiner Wirkung abhebt.

Aus den Beeren in den Wein

Von den über 200 Inhaltsstoffen des Weins ist **Resveratrol** am besten untersucht. Es zählt von seinem chemischen Aufbau her zu den Biophenolen (Seite 7 ff.), aufgrund seiner Aufgabe in den Pflanzen rechnet man ihn zu den Phytoalexinen.

Resveratrol hemmt Pilze und Bakterien und ist giftig für Fische und Mäuse. Weinstöcke und andere Pflanzen lagern den Schutzstoff in totem, verholztem Gewebe (Holz, Rinde, Stengel, Samen), in lebendem reichern sie es nur auf Abruf (Streß) an. In den Schalen der Weintrauben befinden sich häufig große Mengen, um Pilze wie Grauschimmel (*Botrytis*) und andere Eindringlinge abzuwehren.

Blaue Trauben werden im Gegensatz zu weißen mit Schale vergoren. Deshalb enthält roter Wein deutlich mehr Resveratrol und andere Biophenole als weißer. Beim Pressen der Beeren zu Traubensaft bleibt allerdings ein Großteil des Resveratrols in den Schalen zurück.

Reift der junge Wein in Holzfässern, bereichern sie ihn um weitere gesundheitsfördernde Stoffe.

Wer auf Vorrat trinkt, schadet dem Körper!

Resveratrol verhindert, daß die Blutplättchen verkleben; es **schützt** dadurch **vor Thrombose und Herz-Kreislauf-Erkrankungen.** Außerdem beeinflußt es den **Cholesterinspiegel** positiv. Wein hemmt die Bildung von **Nierensteinen,** und er verbessert die Wirksamkeit von **Insulin.**

In Wein, vor allem im weißen, stecken außer Resveratrol bislang unbekannte Stoffe mit hormonartiger Wirkung und solche, die Bakterien abtöten. Indem sie den Speisebrei desinfizieren, beugen sie Magen- und Darm-Verstimmungen sowie Durchfall vor. Damit der **Wein** dies tut, muß man ihn allerdings **zum Essen trinken**, und nicht zwischendurch als Stimmungsmacher oder um das Fernsehprogramm leichter zu ertragen.

In der Fachzeitschrift Obst-Weinbau (19/97) heißt es dazu: »In einer Untersuchung, die amerikanische Forscher an 15 000 Italienern durchgeführt haben, wurde gezeigt, daß diejenigen, die ihren Wein zwischendurch tranken, eine allgemein höhere Anfälligkeit gegenüber verschiedenen

Krankheiten aufweisen und viermal häufiger sterben als diejenigen, die Wein überwiegend zum Essen tranken.«

Was gibt es für einen triftigeren Grund, ab sofort **Wein nur noch zum Essen zu trinken**, als die Drohung, viermal zu sterben! Einmal dürfte den meisten Menschen genügen, und damit dieses Ereignis nicht allzu früh eintritt, sollte man diese Medizin in Maßen genießen.

Zuviel **Alkohol** fördert Herzinfarkt, Schlaganfall, Krebs, er schädigt Bauchspeicheldrüse, Leber und Hirn, und er **lähmt** das Immunsystem. Im berauschten Organismus vermehren sich Krebszellen um ein Vielfaches schneller als im nüchternen Körper (in Tierversuchen wuchsen sie bei 2 Promille im Blut bis zu 40 mal schneller).

Egal, ob Sie weißen oder roten Wein bevorzugen, denken Sie daran, es heißt, **ein** Gläschen in Ehren!

Jährlich eine Traubenkur

Wein gibt es ganzjährig, **reife Trauben** nur während einer kurzen Zeit der Fülle; doch auch sie sind gesund. Nicht umsonst schwören viele Menschen auf ihre jährliche Traubenkur im Herbst. Wegen der vielen Biophenole sollten Sie die **Beeren mit Schale essen**. Am besten schmecken sie aus dem eigenen Garten – voll ausgereift und pestizidfrei.

Pilzgifte – unberechenbar und allgegenwärtig

Die Lebensmittel- und Pharma-Industrie schätzt ihre kleinen Helfer. Sie hält Pilze als Haustiere und diese liefern **Antibiotika** (Penicillin), organische Säuren (z. B. Apfelsäure, Zitronensäure) oder Enzyme, die Eiweiß, Stärke, Fette knacken. **Schimmelpilze** machen Käse wie Camembert, Brie, Gorgonzola, Roquefort erst zu dem, was sie sind.

Weil sie ähnlich wie Pflanzen, die Millionen von Pollen in die Luft schleudern, ihrerseits die Luft mit Millionen von Sporen verpesten, sorgen Pilze bei entsprechend veranlagten Personen für heftige **allergische Reaktionen**, auch wenn UV-Licht einen Teil der Pilz-»Samen« abtötet.

Manche Pilze stellen jedoch Stoffe her, die für Mensch und Tier giftig sind, wobei es schwierig ist, eine Grenze zwischen Giften und Antibiotika zu ziehen. Viele Pilzgifte (**Mycotoxine**) wirken antibiotisch, das heißt gegen Bakterien; sie wirken allerdings auch gegen Menschen. Glück für die Bakterien, denn diese Stoffe mußten als Antibiotika aus- und bei den Pilzgiften einsortiert werden. Selbst unter den Antibiotika gibt es welche, die im menschlichen Organismus mehr tun, als man von ihnen erwartet; auf dem Beipackzettel wird deshalb vor Nebenwirkungen gewarnt.

Giftmischer unter sich

Egal, ob der pilzige Schimmelrasen weiß, blau, rot oder grün schimmert, wattig, bepudert, samtig oder flaumig behaart ist – den zarten Gebilde sehen selbst Fachleute nicht an, ob sie Gifte enthalten. Darüber entscheidet nicht nur die Art, sondern u. a. auch die Tagesform und der Ernährungszustand des jeweiligen Pilzes. Sowohl junge als auch alte, gut und schlecht ernährte Pilze stellen Gifte her, andere benötigen z. B. erst einen Kälte-

Egal ob blau oder weiß – Trauben Marke Eigenbau immer mit Schale essen!

Pilzgifte 45

schock (*Fusarium*). Was genau den Pilz wann veranlaßt, Gifte zu bilden, darüber spekulieren die Forscher noch.

Von Knollenblätter- und Fliegenpilz weiß man seit Jahrtausenden, daß sie giftig sind; daß Schimmelpilze durch ihr Gift Getreide, Gemüse und Obst verseuchen und langfristig der Gesundheit schaden, entdeckte man erst in unserem Jahrhundert.

Zu den gefährlichsten Schimmel-Vertretern zählt der Pilz *Aspergillus flavus*; seine Gifte heißen **Aflatoxine**. Sie zählen sie zu den stärksten Krebsauslösern, die wir kennen. Aflatoxin B_1 verursacht Leberkrebs. Aflatoxine vergiften die Leber, sie verfettet, entzündet sich, die Zellen sterben ab.

Ochratoxin, eines der häufigsten Pilzgifte, schädigt Leber, Niere und Nerven und verursacht zumindest in Tierversuchen Krebs. Gegen die Gifte von Bakterien bildet der Organismus Antikörper, gegen die viel kleineren Pilzgifte fehlt ihm die geeignete Abwehr. Meist wirken sie schleichend und führen zu Spätschäden in zwanzig oder mehr Jahren.

Tückisch an den Pilzgiften und vor allem an Ochratoxin ist, daß sie in sehr vielen Lebensmitteln vorkommen und sich in der Nahrungskette anreichern. Ochratoxin wird von feuchtigkeits- und wärmeliebenden *Aspergillus*- und *Penicillium*-Pilzen gebildet, man findet es im Blut (und vermutlich in der Leber) von nahezu jedem Europäer, wie eine Studie nachwies.

Ochratoxin steckt in Getreide, Kaffee, Wein, Bier, Trockenobst, Kakao (Schokolade), Gewürzen, wobei Getreide, Getreideprodukte, Kaffee und Bier als die Hauptlieferanten für dieses Pilzgift gelten. (Vier Tassen Kaffee täglich liefern bereits Mengen, die man für gesundheitlich bedenklich hält.) Wird verschimmeltes Getreide verfüttert, landen die Pilzgifte in Fleisch (in Innereien, v. a. in der Leber!) und Wurst und damit im Menschen.

Finger weg von verschimmelten Nüssen!

Aspergillus-Pilze, die Aflatoxine herstellen, leben vor allem auf **Nüssen**. Stark gefährdet sind Erdnüsse, Paranüsse und Pistazien(!), aber auch auf anderen tropischen Nüssen, auf Mandeln und Feigen fand man Rückstände.

Wie Untersuchungen an Haselnüssen, Walnüssen und Kastanien ergaben, treten dort selten Aflatoxine auf, was jedoch keineswegs bedeutet, daß man schimmlige Nüsse bedenkenlos essen kann, denn es gibt noch eine Reihe anderer Pilzgifte, nach denen man bisher nicht suchte.

Aflatoxin taucht jedoch in Erdnußbutter und Erdnußschrot auf, das als Tierfutter dient. Man findet es wieder in der Milch (Butter, Quark), in Leber, Nieren, aber auch im Muskelfleisch und im Fettgewebe getöteter Tiere.

Hartnäckige Gifte

Pilze gedeihen bei Temperaturen von 0–40 °C. Kälte (Gefriertruhe) hemmt ihr Wachstum, Hitze (75-100 °C) tötet die meisten ab. Ihre Gifte allerdings sind äußerst hartnäckig, viele widerstehen auch hohen Temperaturen. **Kochen,**

Nüsse werden manchmal von giftigen Schimmelpilzen befallen.

Backen, Dämpfen, Braten zerstört sie nicht, weder Dampfdrucktopf noch Mikrowelle. Die Gifte überleben Auswaschen und Säureangriffe (Essig, Zitronensäure). Nur Laugen und freie Radikale (starke Oxidationsmittel) zerlegen sie in ihre Bestandteile.

Pilze im Garten

Gesunde Pflanzen besitzen ein Schutz- und Abwehrsystem gegen Pilze, eine natürliche Resistenz, die mit dem Alter und der Reife abnimmt. Vor allem gelagertes und damit geschwächtes Obst und Gemüse erliegt schnell den Freßattacken dieser Parasiten. Besonders gefährdet sind verletzte Gartenfrüchte, denn die Wunden öffnen den Schmarotzern Tür und Tor. Ist es erst einmal einem Erreger gelungen, die Abwehr zu überwinden, nutzen dies oft weitere Resteverwerter aus.

Die häufigsten Pilze, die in unseren Breiten Obst und Gemüse befallen, bilden keine Pilzgifte, zumindest fand man bisher keine, weder bei Apfel- oder Birnenschorf, noch bei Echten oder Falschen Mehltaupilzen, noch beim Erreger von Brennflecken an Bohnen, Erbsen noch bei Fäulnispilzen an Obst und Gemüse.

Hier ist Vorsicht geboten

● *Penicillium expansum* und *P. patulum* sind allgegenwärtige Schimmelpilze, die über Wunden eindringen und auch bereits von anderen Pilzen befallene Früchte besiedeln; sie lieben Fruchtsäuren und verursachen Braunfäule an Kern- und Steinobst, vor allem an Äpfeln, Birnen, häufig auch auf Weintrauben; selbst das umliegende, vermeintlich gesunde Gewebe kranker Früchte schmeckt schal-muffig, gärig-schimmlig. Sie bilden erst eingesunkene, weiche Flecken, dann weiße, später grünlichblaue, stark stäubende Pusteln (Grünschimmel). Es entstehen verschiedene Pilzgifte, vor allem Patulin, auch Citrinin.

● In (gekauftem) Apfelsaft findet man Patulin und Aflatoxine; deshalb nur gesundes Obst zu Saft verarbeiten.

● Apfelmus aus fauligem Fallobst verliert durch Kochen und Aufbereiten 90 % seines Patulins. Trotzdem sollte man vorher die faulen Stellen großzügig ausschneiden.

● Während der alkoholischen Gärung (Apfelmost) wird Patulin zersetzt.

● Schwärze-Pilze (*Alternaria*) benötigen viel Feuchtigkeit, sie schmarotzen an Obst und Gemüse und verursachen Hartfäule an Kartoffeln, Schwarzfäule an Möhren und Sellerieknollen, Kelch- und Kernhausfäulen an Apfel und Südfrüchten. Manche Arten produzieren krebserregende Gifte wie Alternariol, Altenuen, Tenuazonsäure.

● *Fusarium*-Pilze verursachen Lagerfäule bei Obst und Gemüse (Kopfkohl). Beim Apfel geht die Infektion oft von der Stiel- oder Kelchgrube aus, auf den verfaulten Stellen erscheint ein weißer, watteartiger Belag (Frucht- und Kernhausfäule).

Fusarium-Pilze bilden Gifte (T-2-Toxin) vor allem bei Temperaturen von 0–12 °C. Bei gelagerten Kartoffeln fand man die Toxine nur im kranken Gewebe, das gesunde war frei davon.

Aprikosen zum Anbeißen – vollreif und ohne Faulstellen.

Marmelade wegwerfen?

● Da man ihnen nicht ansieht, ob sie Gifte enthalten, verschimmelte Lebensmittel grundsätzlich wegwerfen. Der Pilz ist innen oft weiter eingewachsen, als äußerlich sichtbar. Die Gifte dringen auch in gesundes Gewebe ein. Das gilt vor allem für saftiges, weichzelliges Obst und Gemüse (Birnen, Mirabellen, Aprikosen, Pfirsichen, Kirschen, Zwetschgen, Trauben, Tomaten, Gurken) oder Kompott, für Eingekochtes, Säfte, Joghurt und Quark.

Öffnet man **Aprikosen** oder **Pfirsiche**, findet man manchmal **verschimmelte Kerne**. Selbst wenn das umgebende Fleisch gesund aussieht, sollten Sie diese Früchte wegwerfen.
Bei **Äpfeln** genügt es, die **faulen Stellen großzügig auszuschneiden**, da die Gifte im festen, von winzigen Hohlräumen durchsetzten Gewebe nicht wandern.

● Ab einem bestimmten Zuckergehalt bilden die Pilze keine Gifte mehr. **Marmeladen**, die Früchte und Zucker im Verhältnis 1:1 enthalten, liegen im Grenzbereich. Hat der Pilz bereits die gesamte Oberfläche der Marmelade oder des Gelees überzogen oder ist er gar seitlich hinabgewandert, sollten Sie den Inhalt komplett wegwerfen.

● Marmeladen aus sehr zuckerreichen Früchten wie z. B. Aprikosen, die nur kleine schimmlige Stellen aufweisen, kann man retten. Fachleute empfehlen, den flaumigen Schimmel mit einigen Tropfen Alkohol (Schnaps, Rum) zu beträufeln, damit keine Sporen davonstieben. Falls Ihnen dabei die Hand ausrutscht, gießen Sie die Flüssigkeit erst ab, bevor Sie die verschimmelte Marmelade etwa zwei Zentimeter tief ausstechen. Der verpilzte Rum oder Schnaps darf auf keinen Fall auf die vom Schimmel befreite Marmelade rinnen.

● Alle verschimmelten Marmeladen, die mit weniger Zucker als im Verhältnis 1:1 zubereitet wurden oder schimmlige Marmeladen aus »wässrigen« Früchten wie Johannisbeeren unbedingt wegwerfen.

● **Geschrotetes Getreide** oder **Leinsamen** nicht tagelang einweichen, sondern essen, bevor sich Schimmelpilze einnisten. Keimlinge täglich mit frischem Wasser spülen. Falls sie schimmeln, den Schimmel keinesfalls abwaschen, sondern die gesamte Partie wegwerfen.

● Geben Sie Verschimmeltes auf den Kompost, dort wird es von Mikroorganismen zersetzt.

Bio-Anbau stärkt die Abwehrkräfte der Pflanzen, sie wachsen langsamer und bilden dickere Zellwände als mit schnell-löslichem Stickstoff vollgepumpte. Und ihre Schutztruppen (Biophenole) patrouillieren zahlreicher in den Außenschichten, so daß sie Pilzattacken oft schon im Keim ersticken.

So beugen Sie Pilzbefall im Garten vor

● Nicht zu dicht säen oder pflanzen, damit die Pflanzen schnell abtrocknen; zurückhaltend und ausgewogen düngen, rechtzeitig ernten, Fruchtfolge einhalten.

● Empfindliche, wärmeliebende Kulturen wie Tomaten oder Gurken überdachen.

● Verletztes und von Insekten befallenes Erntegut möglichst bald verbrauchen, bevor sich Schimmelpilze einnisten.

Allergene Stoffe – es trifft nicht jeden

Allergie ist eine in zeitlicher, qualitativer und quantitativer Hinsicht erworbene, spezifische Reaktionsveränderung des Organismus auf der Basis einer pathogenen Immunreaktion. Da das außer Fachleuten keiner versteht, halten wir uns lieber an den Duden: Allergie = krankhaftes Reagieren des Körpers auf körperfremde Stoffe.

Nur ausgereiftes Obst ernten, faules und schimmliges sofort aussortieren.

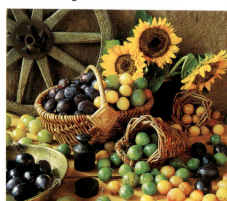

**Der König schrie:
»Er hat mich vergiftet!«**
Das Kunstwort Allergie kam zu Beginn des 20. Jahrhunderts auf. Auch wenn der Begriff noch jung ist, das Leiden ist so alt wie die Menschheit.
Vor über 4000 Jahren starb Pharao Menes am Stich einer Wespe. Kaiser Augustus (63 v. Chr. –14 n. Chr.) regiert das römische Weltreich trotz juckender Haut, triefender Nase, tränenden Augen und heftiger Asthma-Anfälle.
Ein englischer König nutzte seine Allergie sogar für politische Intrigen und um eine unliebsame Person loszuwerden. Auf die Frage, welches Gastgeschenk genehm sei, ließ er einem ihm verhaßten Mann listigerweise ausrichten, er äße nichts lieber als frische Erdbeeren.
Während des Gesprächs kostete er einige der Früchte, lief wenig später puterrot an und japste nach Luft. »Er hat mich vergiftet«, schrie der König scheinheilig und ließ den erschreckten, seine Unschuld beteuernden Mann sofort einkerkern.

Dabei handelt es sich Falle der Nahrungsmittel um Eiweiße, die die Magen-Darm-Schranke passieren und ins Blut gelangen. Dort patroullieren ständig Aufpasser und fischen unerwünschte Eindringlinge heraus. Bei dieser Paßkontrolle der körpereigenen Abwehr läuft bei Allergikern etwas schief. Die Kontrolleure stufen ein Eiweiß fälschlicherweise als gemeingefährlich ein und veranlassen das Immunsystem zu blindwütigen, zerstörerischen Rundumschlägen.
Allergien sind kein Erbstück, sondern sie **entwickeln sich** erst nach und nach. Stammt man allerdings aus einer »allergischen« Familie, ist die Wahrscheinlichkeit hoch, daß man in diese Fußstapfen tritt. Sobald die Belastung mit einem Allergen (= allergieauslösender Stoff) nach Wochen, Monaten, Jahren einen kritischen Wert überschritten hat, läuft das Faß über und das Immunsystem Amok. Dabei kann der kritische Wert je nach Allergen ganz verschieden sein. Je öfter unser Immunsystem ein Allergen präsentiert bekommt, desto wilder gebärdet es sich.

Darauf reagiere ich allergisch!

Während der Körper von Kindern eher gegen Tierisches wie Kuhmilch, Käse, Eier aufbegehrt, rebelliert er bei Erwachsenen häufig gegen Pflanzliches. Nur wissen viele Menschen nicht, wieso der Magen schon wieder drückt und aufgebläht ist. Magen- oder Darm-Verstimmungen, Brechreiz, Juckreiz, Ausschläge, Müdigkeit, Nervosität, Kopfschweh, Schnupfen, Asthma und Herzjagen können viele Ursachen haben.
Selbst seelische Durchhänger, manche Mediziner meinen sogar Depressionen oder gar Schizophrenie, werden mit Ernährung in Zusammenhang gebracht. Als Schuldige vermuten Anhänger dieser Theorie z. B. Weizen, Eier, Schokolade, Rindfleisch oder Kaffee. Außer zu psychischen Leiden sollen diese »**maskierten Allergien**« auch ihren Teil zu **Rheuma** und **Migräne** beitragen.
Weil sie sich hinter vielfältigen Symptomen verstecken, bleiben **Gemüse, Obst, Gewürze als Allergieauslöser** oft unerkannt. Wer im Spätwinter, wenn die Haselnüsse blühen, mehr Taschentücher als gewöhnlich braucht, kann in der Regel auch die Nüsse nicht geniessen, denn das für diese Art typische Eiweiß steckt sowohl im Blütenpollen als auch in der Frucht. Das gilt ebenso für andere Pflanzenarten und deren Verwandte. Viele Pollenallergiker reagieren allergisch auf Kräuter oder Nüsse sowie auf Doldenblütler wie Möhren, Sellerie, Pastinaken und Fenchel.
Außerdem treten häufig **Kreuzreaktionen** auf: Wen Haselnuß, Birke, Erle schon früh im Jahr zum Weinen bringen, der verträgt meist auch keine Äpfel und anderes Kernobst. Gleiches gilt für die Kombinationen
- Beifuß und Sellerie,
- Gräser und Getreide, Hülsenfrüchte
- Chrysantheme und Schafgarbe, Rainfarn, Mutterkraut, Sonnenblume oder Kamille.

Roh gegessen, provozieren besonders **Sellerie** und **Möhren** heftige Reaktionen. Der Körper reagiert zwar nie auf alle Allergieauslöser

Allergene Stoffe 49

Beim Kochen werden häufig die allergieauslösenden Stoffe zerstört.

Als ziemlich hitzestabil gelten die Allergene von Haselnüssen, Sellerie und Lorbeer. Sellerie löste bei Versuchspersonen sogar noch Allergien aus, nachdem er 30 Minuten lang auf 100 °C erhitzt wurde. Wer empfindlich ist, sollte auch auf Sellerieblätter als Suppengrün verzichten.

Eine **Allergie gegen Gewürze** (Nelken, Senfsamen, Pfeffer, Zimt, Beifuß, Chili, Muskat, Kardamom) entwickeln vor allem Personen, die beruflich damit zu tun haben und täglich große Mengen in die Hand nehmen oder die Stäube einatmen. Gleiches gilt auch für junge Spargelsprossen, Artischocken, Tulpen, Sonnenblumen und Primeln.

Nur verzichten hilft

Unsere Abwehr hat ein gutes Gedächtnis. Das ist sinnvoll, um Viren, Bakterien und andere Krankheitserreger zu bekämpfen. Wenn sie in den Körper eindringen, dauert es eine Weile, bis die Abwehr sie identifiziert und zerstört; der Mensch erkrankt währenddessen an Mumps, Masern oder Grippe. Bei erneutem Kontakt steht die passende Abwehr sofort parat – man ist immun. Allergikern macht dieses gute Gedächtnis jedoch das Leben schwer.

Was tun, wenn sich der Körper gegen ein bestimmtes Obst oder Gemüse heftig wehrt? Dann hilft nur eines: **Das Allergen meiden!** Nach jahrelanger Enthaltsamkeit vertragen manche Menschen es wieder in kleinen Mengen.

empfindlich, sondern meist nur auf einzelne – doch wer keinen Sellerie verträgt, verträgt in der Regel auch keine Möhren. Beide gehören zur selben Familie (Doldenblütler), deshalb ähneln sich auch ihre Allergene.

Gekocht oft besser als roh

Eiweiß besteht aus vielen Bausteinen (Aminosäuren), die lange Ketten bilden. Sie sind sorgfältig und auf eine komplizierte Art gefaltet. Manche sehen aus wie eingedellte Bälle mit Rattenschwänzen, andere ähneln winzigen Schlauchboten. Von diesem Muster hängt es ab, ob und wie ein Eiweiß funktioniert und welche Aufgaben es im Organismus erfüllt.

Die meisten Eiweiße werden leicht durch Kochen (durch Hitze, auch durch Säure) zerstört. Denn sobald die sorgfältig aufgebaute und empfindliche Struktur aus den Fugen gerät, verliert das Eiweiß seine Wirkung. Deshalb **vertragen** viele Allergiker **gekochte Äpfel, Möhren, Kiwis besser als rohe.** Je stabiler ein Eiweiß ist, je widerstandsfähiger gegen Hitze oder den ätzenden Magensaft, desto stärker wirkt es als Allergen, da es dann unzerstört und in größerer Menge ins Blut gerät.

50 Inhaltsstoffe

Saure Früchte verstärken den Juckreiz

Ob man ein bestimmtes Obst oder Gemüse verträgt, ist neben der Zubereitungsart manchmal abhängig von Sorte, Reifegrad und Anbautechnik. Es lohnt sich, besonders bei **Äpfeln**, **verschiedene Sorten** zu **probieren**. Der Handel bietet zwar nur wenige an, so daß Allergiker kaum Auswahl haben, doch das Apfelsortiment für den Garten ist groß. Vor allem **säurearme Sorten** wie 'Rote Sternrenette' oder 'Goldparmäne' passieren die körperlichen Abwehrkontrollen bei manchen Allergikern problemlos.

Das gleiche gilt auch für **säurearme Tomaten**, wozu vor allem viele der **gelben oder weißen Sorten** zählen.
● **Grüne Apfelsorten** verursachen häufiger Allergien als rote. Dies hat eventuell mit dem Reifegrad und dem Anbausystem zu tun. Gerade unreife oder künstlich nachgereifte (notgereifte) Äpfel können heftige Reaktionen auslösen. Die Ware im Handel stammt häufig aus Intensivkulturen mit hohem Dünger- und Pestizideinsatz.
● 'Golden Delicious'-Äpfel aus französischem Intensivanbau kamen jahrelang grün geerntet in die Supermärkte, von golden keine Spur. Goldgelb ausgereift, schmeckt diese Sorte jedoch köstlich, braucht dazu aber einige Wochen mehr Herbstsonne, als es unser Klima bietet.

> Gelegentlich löst sich eine **vermeintliche Obstallergie** in Wohlgefallen auf, nachdem der Patient den Ratschlag seines Arztes befolgt: **Äpfel, Trauben & Co.** unbedingt **gründlich waschen**, um eventuell anhaftende Pollen und Pilzsporen sowie andere Allergene und bei gekauften Früchten möglichst viele Pestizide und sonstige Fremdstoffe zu entfernen!

Sauer macht nicht immer lustig

Wer kennt sie nicht – mitten im Winter die Gier nach Obst, nach Orangen oder saftig sauren Äpfeln, kurz bevor die Grippeviren die Oberhand gewinnen? Dahinter steckt das Immunsystem, das Vitamin C anfordert.
Viele Menschen essen an solchen Tagen ein Pfund Orangen oder 'Boskoop'-Äpfel, oder sie trinken einen Liter Apfel-, Johannisbeer- oder Orangensaft. Andere würden das zwar gerne tun, aber die **Fruchtsäuren**, zu denen auch die Ascorbinsäure (= Vitamin C) gehört, bescheren ihnen einen Juckreiz besonderer Art und vielleicht sogar Durchfall. Sie vertragen diese Früchte nur in kleinen Mengen oder gar nicht. Welche der organischen Säuren für die Beschwerden verantwortlich sind, weiß man

Grüne Apfelsorten zählen häufiger zu den Allergieauslösern als rote.

Allergene Stoffe

nicht. Meist lösen Erdbeeren, Rhabarber, Trauben, aber auch Tomaten, Spinat oder Mangold bei sensiblen Menschen diese unangenehmen Reaktionen aus.

Essen, was schmeckt

Zum Glück beschränkt sich der Amoklauf des Abwehrsystems auf einzelne Nahrungsmittel. Weil Obst und Gemüse das Immunsystem stärken, sollte der Allergiker möglichst viel und abwechslungsreich von all den Arten essen, die er gut verträgt. Und zwar der Gesundheit zuliebe frische, voll ausgereifte, pestizidfreie Ware aus dem eigenen Garten mit der ganzen Palette an Inhaltsstoffen. Bevor Sie nach dem Motto »Obst und Gemüse hält jung und gesund« Ihren Garten plündern und kiloweise Erdbeeren, Walnüsse oder Gelbe Rüben verschlingen – eines sollten Sie wissen: **Nicht auf die Menge kommt es an, sondern auf die Mischung**. Bitte Maß halten! Den Körper nicht mit sehr großen Portionen einer Obst- oder Gemüseart überfordern. Dies ist gerade für Allergiker besonders wichtig, sonst essen sie sich unter Umständen statt ewiger Gesundheit eine neue Allergie an. Und weil rohes Obst, Gemüse und Getreide viele Allergene enthält, sollte man sich **nicht ausschließlich** von **Rohkost** ernähren, sondern manches auch kochen, backen oder sonstwie verarbeiten.

Nicht hinter jedem Magengrummeln steckt eine Allergie
Wer Topinambur oder Zwiebeln nicht verträgt, leidet nicht unbedingt an einer Allergie, sondern hat meist nur mehr oder weniger lautstarke Verdauungsprobleme. An einer Allergie dagegen ist immer das Immunsystem beteiligt!

Obst und Gemüse aus dem Garten schmeckt besser und ist gesünder als Supermarkt-Ware.

Mit Obst und Gemüse gesund durch den Winter

Pflanzen sind nach der Ernte nicht tot, sie veratmen Sauerstoff zu Kohlendioxid, bauen Inhaltsstoffe ab, um und auf und verströmen Wärme. Dabei verbrauchen sie Energie. Hitze, Kälte, Verletzungen und anderer Streß bringen den Stoffwechsel auf Touren und zehren an den Reserven. Schon das Abschneiden der Wurzeln oder Blätter beim Ernten führt zu hektischer Betriebsamkeit im Erntegut. Das **Streßhormon Ethylen**, ein sich blitzschnell ausbreitendes Gas, überflutet das Gewebe und überträgt den Streß auch auf benachbartes Obst und Gemüse, wodurch deren Reife beschleunigt wird. Früchte (Obst, Gurken, Paprika, Tomaten, Auberginen u. a.) gasen ebenfalls Ethylen aus. Deshalb müssen **Obst und Gemüse in getrennten Räumen aufbewahrt** werden. Da Ethylen sich auch in Betonwänden festsetzt, sollte man Apfelkeller nicht im folgendem Jahr zur Gemüselagerung nutzen.

Was passiert mit den Inhaltsstoffen?

Auf dem Lager werden **Faserstoffe** ab-, **Aromastoffe** dagegen oft noch aufgebaut (Zwiebeln, Meerrettich, Petersilienwurzel, Äpfel).
● Die **Glucosinolate** in Kohlgewächsen nehmen zu.
● Der Gehalt an **Biophenolen** sinkt während der Lagerung um etwa 50 %.
● Der **Vitamin-C-Gehalt** nimmt um 20–50 % ab. Nur Zwiebeln und anderes sprießende Gemüse bilden beim Austreiben neues Vitamin C.
● Gelagerte Möhren verlieren etwa 10 % ihrer **Carotine**.
● **Nitrat** wird bei hohen Temperaturen, Sauerstoffmangel oder Verletzungen zu Nitrit umgewandelt, bei niedriger Temperatur (unter 5 °C) eingebaut und entschärft. (Gelagerter Chinakohl enthält nach einem Monat 16 % weniger, nach vier Monaten knapp 50 % weniger Nitrat.)

Organisch gedüngtes, langsam gewachsenes Obst und Gemüse ist **besser lagerfähig**, da es stärkere Zellwände (mehr Ballaststoffe) besitzt als mit schnell löslichem Stickstoffdünger aufgezogenes.

Gartenfrüchte schonend behandeln

● Gemüse und Obst enthalten viel Wasser und sind deshalb leicht verderblich (Schimmel, Fäulnis). Deshalb **nicht nach Regentagen** ernten, vor der Ernte nicht wässern oder danach einige trockene, sonnige Herbsttage abwarten.
● **Ernten und lagern Sie vorsichtig!** Obst und Gemüse nicht werfen, stoßen, drücken und nicht längere Zeit in großer Hitze oder Kälte stehen lassen; außerdem kein gefrorenes Gemüse ernten!

Bitte beachten: Obst nach Sorten getrennt ernten und lagern.

Ernten und Lagern

- Zum Einlagern von Gemüse eignet sich ein feuchter, kühler Keller. Ist die Luft sehr trocken, schlägt man **Wurzelgemüse** (Möhren, Sellerie, Pastinaken, Rote Bete) in feuchten Sand ein, um es vor dem Austrocknen zu schützen. Kohlköpfe, Steckrüben, Chinakohl und Wirsing legt man auf Holzregale, ohne daß sie sich berühren. Wer Gemüse und Salate im Frühbeet einschlägt oder in einer Erdmiete aufbewahrt, sollte Boden und Seitenflächen mäusesicher mit engmaschigem Draht auslegen.
- **Möhren, Pastinaken, Sellerie** und anderes **Lagergemüse nicht waschen**, da sie sonst faulen. Der anhaftende dünne Erdfilm schützt vor dem Austrocknen.
- Die **Blätter** von **Winterrettichen, Gelben** und **Roten Rüben** abdrehen, nicht abschneiden!
- **Kopfkohl, Wirsing, Chinakohl, Zuckerhut** und **Porree** mit Wurzeln einlagern.
- **Stein-** und **Beerenobst** und andere, stark wasserhaltige Obstarten eignen sich nicht zum Lagern. Zwetschgen, Mirabellen, Kirschen, Himbeeren, Johannisbeeren friert oder kocht man ein oder trocknet sie. Mit Stiel geerntete Süßkirschen halten, kühl aufbewahrt, einige Tage; entstielte Früchte faulen oft innerhalb kurzer Zeit, ausgehend von der Wunde, die der Stiel hinterlassen hat.
- **Walnüsse** nicht von den Bäumen schlagen (so etwas tut man nicht!), sondern die abgefallenen täglich aufsammeln. Um zu verhindern, daß Regen und Herbstfeuchte Pilze fördern und die Kerne verderben, trocknet man die Nüsse möglichst schnell – im Heizungskeller oder auf der Fußbodenheizung einlagig ausbreiten, öfter wenden! An sonnigen Tagen ist dies im Freien möglich; die Nacht sollten sie jedoch nicht draußen verbringen. Verzichten Sie auf den veralteten Brauch, die Nüsse zu waschen. Dies fördert Schimmelpilze und mindert die Qualität der Kerne. Sobald die Nüsse nach einigen Tagen völlig trocken sind, füllt man sie in Körbe oder grob gewebte Jutesäcke und bewahrt sie an einem trockenen Ort auf. Plastikeimer oder -säcke sind ungeeignet.

Äpfel – vom Baum ins Winterquartier

- Äpfel lösen sich leicht vom Baum, wenn sie »zeitig« sind. (Das gilt auch für Birnen.) Wartet man zu lange mit der Ernte, fallen die Früchte ab, weil die Zellen nahe am Stiel absterben und der Frucht den Halt nehmen. Bei vielen Sorten erkennt man die Pflückreife auch an den braun gefärbten Kernen.
- 'Klaräpfel' verschwinden oft bereits in saftig-saurem Zustand in hungrigen Mägen, denn sie sind die ersten Äpfel, die reifen. Sie lassen sich nicht lagern, sondern werden bald mehlig. Ein Buschbaum von dieser Sorte sowie von anderen Sommersorten wie 'Delbarestivale' und 'James Grieve' genügt deshalb im Garten. Nur diese frühen Sorten kann man sofort nach dem Pflücken essen, die später reifenden Lagersorten sind zunächst hart und schmecken wegen ihrer vielen Gerbstoffe herb-sauer. Sie benötigen noch einige Wochen oder Monate, um ihr Aroma zu bilden. Außerdem pendelt sich erst mit der Zeit das Zucker-Säure-Verhältnis auf einen angenehmen Geschmack ein.

> **Gute Lageräpfel sind**
> 'Berlepsch', 'Boskoop', 'Ontario', 'Pinova', 'Pilot' (hält bis Juni).

- Früher pflückte man Lagerobst bei abnehmenden Mond. Warten Sie nach Regentagen einige sonnige Tage ab, um zu ernten. Die Früchte müssen trocken sein. Die Äpfel nicht mit den Fingernägeln verletzen, nicht werfen, nicht von einem Behälter in den anderen kippen. Druckstellen faulen als erstes. Nehmen Sie sich ein Vorbild an den Profis, die mit Handschuhen ernten und die Früchte in gepolsterte Kisten legen.
- **Sonnenfrüchte** halten besser, da sie eine dickere Schale haben als Schattenfrüchte. Sorten, die ihre Haut mit Wachs beschichten

Äpfel richtig aufbewahren: einlagig ausbreiten, der Stiel weist nach oben.

54 Ernten und Lagern

(z. B. 'Gravensteiner', 'Brettacher', 'Jonagold') halten ebenfalls lange.
● Kranke, verletzte und sehr große Früchte bald verbrauchen, sie eignen sich nicht zum Lagern.
● Die Ernte eine Nacht lang im Freien auskühlen lassen, dann an einen kühlen Ort einräumen. Einlagig, nach Sorten getrennt und mit dem Stiel nach unten auslegen. Besonders **kostbare Sorten** wie den 'Weißen Winterkalvill' wickelt man in Seidenpapier.
● **Sommersorten** sollte man nicht im Lagerraum unterstellen, da sie das Altern der **Winteräpfel** beschleunigen (Ethylen).
● Die Lagerräume müssen sauber sein. Regale mit heißer Seifenlauge gründlich reinigen, faule Altlasten vom Vorjahr entfernen.
● Profis lagern in Klimakammern, wo sie Sauerstoff, Kohlendioxid, Temperatur und Luftfeuchte genau regeln können. Der niedrige Sauerstoffgehalt dort ist tödlich für Menschen, und selbst die Äpfel fallen in einen Dämmerschlaf.

Bewahren Sie Ihre Äpfel am besten bei 3–6 °C auf, und sorgen Sie für hohe Luftfeuchte (90 %). Dies erreichen Sie, indem Sie den Erd- oder Betonboden befeuchten oder aufgestellte Ziegelsteine ab und zu mit Wasser besprühen.
● Ist das Lager sehr trocken, tütet man kleine Mengen Äpfel (2–5 kg) in einen Folienbeutel ein und verschließt ihn fest. So wird Sauerstoff verbraucht und Kohlendioxid entsteht – beides verzögert das Altern und Austrocknen. Um zu verhindern, daß sich Kondenswasser bildet, läßt man die Äpfel lose erst einige Tage im Lagerraum abkühlen. Nach ein bis zwei Wochen sticht man mit einer Stopfnadel jeweils zwei Löcher pro Kilo Äpfel in den Beutel, damit überschüssiges Kohlendioxid entweichen kann.
● Die Räume regelmäßig lüften. Außerdem auf **Mäuse** und **Kellerasseln** achten, die die Früchte von der Blüte her anfressen und damit Fäulnispilzen das Eindringen erleichtern.

Gemüse kistenweise verpackt; bei den Möhren fehlt die oberste Sandschicht.

> **Mäuse vertreiben**
> Farnkraut-Wedel halten Mäuse und andere Tiere von gelagertem Obst und Gemüse fern.

Kartoffeln richtig lagern

Beim Roden von Kartoffeln läßt es sich nicht vermeiden, daß Knollen angehackt werden. Da verletzte, kranke oder angefressene Knollen leicht faulen und benachbarte im Lager anstecken, sollte man die beschädigten getrennt von den gesunden lagern und bald verbrauchen.
Kleinere Verletzungen heilen und verkorken, wenn man die Knollen etwa eine Woche lang nach der Ernte dunkel und warm (14–18 °C) aufbewahrt. Anschließend lagert man sie bei Temperaturen um 5 °C. Ist es kälter, bauen die Knollen nach und nach ihre Stärke in Zucker um, um sich auf den Frost vorzubereiten. Zu kalt gelagerte Kartoffeln schmecken daher süß. Sinken die Temperaturen nicht zu lange und nicht zu tief unter den Gefrierpunkt, bilden die Knollen aus dem Zucker wieder Stärke.

> **Wichtig: Kartoffeln absolut dunkel lagern**, sonst vergrünen sie (**Solanin!** Siehe Seite 29 ff.). Auch nicht tagelang in der hellen Küche liegen lassen. **Kräuter** (Pfefferminze, Thymian, Lavendel, Salbei usw.) sowie **Knoblauch** verhindern das Austreiben und **schützen vor Lagerkrankheiten**.

Schonend konservieren und verarbeiten – den Sommer einfangen

Einsäuern

Wie alt Witwe Bolte geworden ist, wissen wir nicht. Obwohl Max und Moritz sie nach Kräften ärgerten, war sie sicherlich bis ins hohe Alter körperlich und geistig rüstig – denn sie aß regelmäßig Sauerkraut. »Wer aus Kohl eine Medizin machen will, verarbeitet ihn zu Sauerkraut«, heißt es im Volksmund. Sebastian Kneipp meint: »Sauerkraut ist ein richtiger Besen für Magen und Darm, nimmt die schlechten Säfte und Gase fort, stärkt die Nerven und fördert die Blutbildung.«

Damit der Besen ordentlich kehrt, sollte das Sauerkraut roh gegessen werden; es müssen keine großen Portionen sein, täglich zwei, drei Gabeln voll genügen. Wenn Sie es kochen, dann nicht länger als 20–30 Minuten. Täglich davon essen, das gilt auch für Joghurt und all die anderen milchsauer vergorenen Lebensmittel.

Gesunder Genuß

Milchsauer einlegen gehört zu den ältesten Methoden, um Nahrungsmittel für Winter und Notzeiten aufzubewahren. Dabei gehen im Gegensatz zu anderen Verfahren kaum wichtige Inhaltsstoffe verloren, ihr Wert steigt sogar, und das vergorene, angenehm säuerlich würzig schmeckende Gemüse ist leichter verdaulich und bekömmlicher (z. B. Hülsenfrüchte) als unvergorenes.

● Vergorenes Gemüse enthält u.a. die Vitamine B_1, B_2, B_6, B_{12} (Spuren), C, D, E, Folsäure, außerdem Mineralstoffe (Natrium, Kalium, Calcium, Eisen, Magnesium), Flavonoide, Ballaststoffe, Enzyme.

Außerdem spalten die Mikroorganismen Eiweiß (Proteine) und zerlegen es in seine leicht verdaulichen Einzelteile (Aminosäuren). Sie knabbern Zucker aus den harten Zellwänden, machen diese weich und bereiten sie auf eine magenfreundliche Art auf.

Zwar zerfällt beim Zerkleinern des Gemüses einiges an Vitamin C, doch während der **Gärung** wird neues gebildet. Die Milchsäure schützt es vor Zerstörung, so daß **länger gelagertes, vergorenes Gemüse fast so viel Vitamin C enthält wie frisches**.

Wie Untersuchungen der Landesanstalt für Ernährung in München ergaben, nimmt der Gehalt an **Oxalsäure** während des Vergärens deutlich ab, der **Nitrat**gehalt sinkt geringfügig. Da die Mikroorganismen Zucker und Stärke nahezu komplett abbauen und das vergorene Gemüse deshalb den Blutzuckerspiegel kaum beeinflußt, eignen sich diese Speisen gut für Diabetiker.

● Milchsäure und Ballaststoffe sorgen für eine gute Verdauung. Die **Milchsäurebakterien** fördern den Aufbau einer gesunden Darmflora und helfen bei Darm-

So entsteht Sauerkraut: Spitzkohl hobeln und in den Gärtopf füllen.

entzündung und Durchfall. Sie klammern sich an den Haltegriffen der Darmwand fest, so daß andere Bakterien keine freien Plätze mehr finden. Sobald sie sich eingenistet haben, geben sie Stoffe (Bacteriocine) ab, die verwandte Arten vertreiben; sie stellen außerdem Wasserstoffperoxid her, ein hochwirksames Gift für Mikroorganismen.

● Milchsäurebakterien »versauern« anderen Bakterien das Leben, weil sie selbst zwar gerne in Säure schwimmen, die meisten ihrer Verwandten jedoch nicht. Wo Milchsäurebakterien siedeln, haben »**Bauchweh-** und **Durchfallbakterien**« wenig Chancen. Ihrem Einfluß ist es zu verdanken, daß sich nur die 400–500 im Darm heimischen Arten vermehren können (z. B. wenn nach Einnahme von Antibiotika die Darmflora stark geschädigt ist) und Krankheitskeime das Nachsehen haben.

● Lebende **Milchsäurebakterien** (in Joghurt, Gemüse) **beugen Krebs vor**. Sie **stärken** das **Immunsystem,** bringen die Tumorabwehr auf Vordermann, hemmen und **binden krebsauslösende Stoffe** im Darm.

● Da die Bakterien aber nur einschreiten können, wenn sie bei Gefahr vor Ort sind, ist es wichtig, **milchsauer Vergorenes regelmäßig** zu **verzehren**, um Krebs vorzubeugen. Es hilft wenig, Sauerkraut oder saures Mischgemüse einmal im Monat pfundweise zu essen. Beginnen Sie nach dem **Motto: nicht immer, aber immer öfter!** Am besten täglich!

Natürlich vergären mit heimlichen Helfern

Viele Mikroorganismen haben sich darauf spezialisiert, Zucker, Stärke oder Zellulose zu verdauen und beziehen daraus ihre Energie. Als Abfall entsteht bei manchen Hefenpilzen (Bier, Wein, Most-)Alkohol, den, wenn man nicht aufpaßt, Bakterien in Essig umwandeln.

Die verschiedenen zucker- und stärkefressenden Milchsäurebakterien bilden Milchsäure, sie sind überall. Ob Mensch, Tier oder Pflanze, alle sind von einem dichten Bakterienfilm eingehüllt. Deshalb vergären die Bakterien das Gemüse auch ohne fremde Hilfe. Solange sie im Warmen sitzen und genug Futter haben, vermehren sie sich schnell und verhindern, daß andere Mikroorganismen – Fäulnisbakterien, Schimmelpilze – das Gemüse besiedeln und zersetzen. In der sauren Brühe (pH 4,1) können sich die Konkurrenten nicht entwickeln, außerdem finden sie kaum mehr Nahrung, da fast alle Zucker verbraucht sind.

Milchsauer vergären bedeutet, daß man Lebensmittel (Gemüse, Milch) mit Hilfe von bestimmten Mikroorganismen haltbar macht. Man benötigt keine Energie, nur ein Gefäß, Gemüse und etwas Salz, das zu Beginn der Gärung unerwünschte Mikroben hemmt. Geübte Küchenleute, die sehr, sehr sauber arbeiten, vermindern die Salzmenge oder verzichten manchmal sogar völlig auf Salz und verwenden des guten Geschmacks wegen viele Kräuter. Die Gärung benötigt Wärme (20–22°C) und verläuft in zwei Phasen:

1. Vorgärung

Beim Stampfen des geraspelten Gemüses platzen die Zellen, außerdem entweicht Luft. Zunächst arbeiten vier bis sechs Tage lang sauerstoffliebende Mikroorganismen im Gefäß, dann geht ihnen die Luft aus. Sie produzieren Kohlendioxid, Wasserstoff und ein bißchen Methan.

2. Hauptgärung

Nachdem aller Sauerstoff verbraucht ist, beginnen die Milchsäurebakterien und verschiedene Hefepilze ihr Werk. Sie bauen Zucker und Stärke ab (diese besteht aus langen, verzweigten Zuckerketten). Dabei entsteht vor allem Milchsäure und Kohlendioxid (in Wasser gelöst = Kohlensäure), aber auch das wichtige Vitamin B_{12} und außerdem Vitamin C.

Daneben bilden die Milchsäure-Spezialisten Enzyme sowie Aroma- und Geschmacksstoffe (Essigsäure, Alkohole, Ester). Damit sich diese Nasen- und Gaumenschmeichler entwickeln, genügen gegen Ende der Gärphase Temperaturen von 15–18°C.

Nach acht bis zehn Tagen bringt man das Gefäß in den Keller und läßt dort das Gemüse **nachgären**. Schon nach 10–14 Tagen haben die Mikroorganismen ihre Arbeit erledigt und »lehnen sich entspannt zurück«. Innerhalb der nächsten vier bis sechs Wochen treffen sie nur noch vereinzelt auf Zucker und Stärke und verwandeln sie in Milchsäure. Man merkt dies daran, daß keine Blasen mehr aufsteigen und daß das Gemüse angenehm säuerlich riecht. Wenn es dagegen nach Essig riecht, haben die Essigbakterien gesiegt.

Was eignet sich zum Einsäuern?

Frühkohl und anderes **frühes Gemüse vergärt schneller** (innerhalb 2–3 Wochen) als Spätsorten, sie werden ebenso wie Gurken oder Paprika weich und sollten bald verzehrt werden. Milchsauer vergorenes **Spätgemüse** dagegen hält bis zur nächsten Ernte. Verwenden Sie zum Einsäuern Gemüse aus dem eigenen Garten oder aus dem Bioladen. **Düngen**

Rote Rüben: Einsäuern verleiht ihnen ein feinmildes Aroma.

Sie zurückhaltend, denn nicht die großen Exemplare mit aufgeblähten Zellen ergeben die beste Qualität, sondern die etwas kleineren, ausgeglichen ernährten. Gurken z. B. müssen fest und knackig sein.
● **Überdüngtes Gemüse** enthält viele Stickstoff-Verbindungen, wenig Zucker und reichlich Wasser, so daß es zu Fehlgärungen kommt. Es ist leicht am unangenehmen Geruch zu erkennen.
● **Mit Pestiziden behandeltes Gemüse** neigt zum Faulen, da an ihm nur wenig Milchsäurebakterien haften.
Weil länger anhaltender Regen einen Teil der Bakterien von den Blättern wäscht, wartet man mit der **Ernte** einige sonnige, trockene Tage ab, um den verbliebenen nützlichen Helfern Zeit zu geben, sich zu vermehren.

Gärgefäße

Die Römer verwendeten **Tontöpfe**, später säuerte man in **Steingutgefäßen** oder **Holzfässern** ein, heute gibt es Gärtöpfe (aus Steinzeug) in verschiedenen Größen (7,5–40 l) zu kaufen. Sie sind glasiert und dadurch leicht zu reinigen. Mehrere kleine haben sich als praktischer erwiesen als ein großer, weil man dann öfter neu ansetzen und die Gemüsearten getrennt einsäuern kann. Außerdem trainieren bereits die leeren Töpfe Arm-, Bauch- und Rückenmuskulatur kräftig. Einen gefüllten 60-l-Topf von der Stelle zu bewegen, brächte vermutlich selbst Herkules aus der Puste und spätestens auf der Kellertreppe aus dem Schritt. (Für diese gewichtigen Gärtöpfe gibt es fahrbare Untersätze, Treppen steigen können sie allerdings nicht.)
Leere Gärtöpfe unbedingt **peinlich sauber, trocken und luftig aufbewahren,** also nicht im feuchten Keller zwischen Kartoffeln und Sellerieknollen.
Für den Anfang und um kleine Mengen einzusäuern, genügen **Einmach-** oder dichtschließende **Schraubgläser.**
Test für Schraubgläser auf Dichtigkeit: etwas heißes Wasser einfüllen, Deckel festschrauben, Glas auf den Kopf stellen.

Milchsauer einlegen im Gärtopf

● Topf gründlich mit heißem Wasser reinigen.
● Das zerkleinerte Gemüse schichtweise (etwa jeweils 5 cm) einfüllen, Salz (1–1,5%) und die Gewürze gleichmäßig untermischen.
● Jede Lage mit dem Holzstampfer kräftig verfestigen, damit die Zellen platzen und Saft austritt.
● Topf nur zu $4/5$ füllen, um Platz für Gärgase und Schaum zu lassen; dann mit den beiden halbkreisförmigen Steinen das Gemüse beschweren, damit es nicht nach oben schwimmt. Die Steine müssen 3 cm unterhalb der Flüssigkeit liegen. Fehlt Saft, mit handwarmem, abgekochtem Wasser auffüllen.
● Rinne oben am Gärtopf gründlich reinigen, Deckel aufle-

gen und die Rinne mit Wasser füllen. Die bei der Gärung entstehende Kohlensäure entweicht blubbernd.
● Gefäß 8–10 Tage warm stellen (20–22 °C), anschließend etwa vier Wochen an einem kühlen Ort nachreifen lassen.
● Wasser in der Rinne regelmäßig überprüfen, bei Bedarf nachfüllen. Falls durch den Unterdruck im Topf der Wasserfilm in der Rinne kaum sichtbar ist, den Deckel leicht hin und her schieben – nicht heben! –, dann strömt das Wasser zurück.
● Der Deckel sollte möglichst 4 Wochen geschlossen bleiben, damit keine Luft und unerwünschte Bakterien eindringen und Kohlensäure entweicht, weil es durch den Sauerstoff zu Fehlgärungen kommt.

Milchsauer einlegen in Gläsern

Gläser sind ideal für den kleinen Haushalt und um verschiedene Gemüse getrennt einzusäuern.
Da Gläser auf Stampfen sehr sprunghaft reagieren, ist es besser, das Gemüse in einem Topf oder einer Schüssel zu stampfen oder mit den Händen zu bearbeiten, bis Saft austritt und erst danach in Gläser zu füllen. Vorher die Gefäße mit kochendem Wasser ausschwenken (Gläser vorwärmen oder zunächst nur halb mit kochendem Wasser füllen, da das Glas sonst springt).

Wie wird es verwendet?
Milchsaures Gemüse ißt man pur oder mit Öl angemacht, solo oder gemischt mit frischem Gemüse. In gekochte Speisen (Suppen, Eintöpfe) gibt man das gesunde Gärgut erst kurz vor dem Servieren.

Das heiße Wasser ausgießen, gestampftes Gemüse mit einem Holzlöffel fest in die Gläser drücken, einen Rand von mindestens 3 cm frei lassen. Falls der Saft das Gemüse nicht bedeckt, mit lauwarmem, abgekochtem Wasser aufgießen. Deckel zum Schrauben fest anziehen, den von Einmachgläsern mit einer Klammer befestigen. Um die lichtempfindlichen Vitamine zu schonen, Karton, dunkles Tuch oder dunkle Folie über die Gläser legen. Wenn im Glas Luftblasen aufsteigen, nimmt alles seinen gewünschten Gärgang. Während der Gärung entsteht im Glas Unterdruck, der den Deckel ansaugt und das Eindringen von Luft verhindert. Dunkel und kühl aufbewahrt, hält das Gärgut bis zur nächsten Saison.
Vorsicht beim Öffnen! Manchmal spritzt und sprudelt die Kohlensäure heftig heraus. (Rote-Bete-Saft verziert in Sekunden Hemd, Schürze und Tapete mit einem aparten Muster!)

Gemüse zum Einsäuern
Blumenkohl, Brokkoli, Chinakohl, Mairüben, Kohlrabi, Steckrüben, Radieschen, Rettich, Teltower Rübchen, Weiß-, Blaukraut, Wirsing, grüne Bohnen (gekocht), Dicke Bohnen (gekocht), Erbsen (gekocht), Gurken, Kürbis, Zucchini, Lauch, Zwiebeln, Knoblauch, Möhren, Pastinaken, Sellerie, Paprika, Peperoni, Tomaten, Rote Bete

**Einsäuern von Bohnen:
Die Hülsen zerkleinern und schichtweise einfüllen.**

Kräuterzweige wie Bohnenkraut oder Thymian zugeben.

Jede Lage mit Holzstampfer oder Handrücken gut festdrücken.

Tips und Tricks

● Wie heftig Sie stampfen müssen, hängt von der Festigkeit des Gewebes ab. **Weiß- und Rotkohl** widersteht ziemlich lange kräftigen Schlägen, bis der Saft quillt.
● **Möhren, Sellerie, Rote Bete** sollte man zwar fest ins Gefäß drücken, aber nur leicht stampfen.
● Empfindliche Gartenfrüchte wie **Gurken, Bohnen, Zwiebeln, Paprika, Tomaten, Kürbis** werden nicht geschlagen, sondern nur mit Salzwasser übergossen.
● **Holzstampfer** eignen sich besser als solche aus Metall, da die Fruchtsäuren das Metall lösen, was einerseits gesundheitlich bedenklich ist, andererseits den Geschmack beeinträchtigt. Bei kleinen Gefäßen, deren Inhalt auf einmal verbraucht wird, ist es nebensächlich, aber für große Töpfe, deren Inhalt nach und nach verzehrt wird, sollten Sie Holzlöffel zum Abschöpfen verwenden.
● Weiches Gemüse in Gläsern braucht etwa sechs, festeres im Gärtopf etwa acht Wochen vom Ansetzen bis zur Genußreife.
● **Lagern** Sie das Vergorene bei 0–10°C. Wärmer aufbewahrt, gärt es ganz sachte vor sich hin. Je länger es lagert, desto weicher wird es – Sauerkraut z. B. auch saurer.
● Sobald in das Gärgefäß Luft eindringt – beim Entnehmen einzelner Portionen ist das nicht zu vermeiden –, belebt der Sauerstoff erstarrte und erstickte Hefen und sie vermehren sich an der Oberfläche der Lake. Dort bilden diese »Kahmhefen« einen schmierigen weißen Belag, die **Kahmhaut**. Schöpfen Sie die zusammenhängende Schicht mit einer Kelle ab, wischen Sie die Gefäßinnenwand mit einem nassen, heißen Tuch aus, und bewahren Sie **angebrochene Gläser oder Töpfe am besten im Kühlschrank** auf. Dort halten sie etwa vier, fünf Wochen, vorausgesetzt, das Gemüse ist immer von Gärsaft bedeckt.
● **Milchsäurebakterien** gibt es auch zu kaufen, dies ist aber bei den kleinen Gemüsemengen, die im Haushalt verarbeitet werden, nicht nötig. Die Gartenfrüchte enthalten genügend Bakterien, um die Gärung in Gang zu bringen.
● Nachdem das erste Glas mit milchsauer vergorenen Möhren oder mit Mischgemüse geleert wurde, schüttet man **die Lake** nicht auf den Kompost, sondern benutzt sie, um die neue Partie damit zu beimpfen. Dann verläuft die Gärung schneller.
Frisch verwendet, steckt am meisten Kraft in ihr, in Flaschen gefüllt und kühl gelagert (Kühlschrank, Keller), hält sie sich etwa ein Vierteljahr.
● Wer der Natur und Gärung nicht traut oder auf schnelle Ergebnisse wartet, kann milchsauer vergorenes Gemüse (auch Saft oder Molke) kaufen und mit einem Teil der Flüssigkeit den neuen Ansatz starten. Das funktioniert aber nur mit rohem Saft. In gekochtem Sauerkraut- oder pasteurisiertem Rote Bete-Saft schwimmen lediglich tote Bakterien.
● Auf den **Blättern** von Himbeere, Brombeere, Schwarzer Johannisbeere, Weißkraut, Wirsing, Meerrettich und Reben tummeln sich viele Milchsäurebakterien. Sie enthalten außerdem Stoffe, die das Wachstum von Schimmelpilzen bremsen. Man kann mit ihnen die **Gefäße auslegen** und das **Gärgut abdecken**. Verwenden Sie nur saubere, ungespritzte Blätter, und waschen Sie sie zuvor kurz ab.
● Mit **Gewürzen** lassen sich Aroma und Geschmack beliebig variieren: Zwiebel, Knoblauch, Dill-, Kümmel-, Fenchelsamen, Koriander, Senfkörner, Wacholderbeeren, Lorbeer (Blätter und Samen), Pfefferkörner, Chili, Peperoni (frisch oder getrocknet), Bohnenkraut, Thymian, Estragon, Majoran, Oregano.
Beispiel: Gurken mit Pfefferkörnern, Fenchelsamen, einem Thymianzweig und Zwiebeln würzen.

Wenn die Gärung fehlschlägt
Wenn das vergorene Gemüse schleimt und unangenehm riecht (Buttersäure) oder wenn die Oberfläche schimmelt, dann sollte es auf den Kompost wandern und nicht auf den Tisch.
Fehlgärungen verursachen:
● Luftzutritt
● zu wenig Salz, so daß Hefen überhandnehmen und es zu alkoholischer Gärung und Fäulnis kommt (zu wenig gesalzenes Sauerkraut wird weich)
● überdüngtes/gespritztes Gemüse
● beschädigte Gefäße oder Deckel, (spröde) Gummiringe
● nicht peinlich reine Gefäße, Deckel, Gummiringe
● zu niedrige Temperatur zu Beginn der Gärung.

Tiefgefrieren

Einfrieren schont die Inhaltsstoffe. Zucker, Stärke, Eiweiß, die meisten Vitamine, Mineralstoffe und Biophenole sind nach dem Auftauen fast vollzählig wie am Tag vor der großen Kälte vorhanden. Stärkehaltiges Gemüse wie Erbsen, Bohnen und Mais sehen nach der Eiskur aus, als kämen sie frisch aus dem Garten, und sie schmecken auch so.

Bei manchen Gemüsen leiden jedoch Form, Farbe und Geschmack. Stark wasserhaltige mit weichem Gewebe, wie Gurken oder Tomaten verlieren völlig ihre Fassung ob dieser Behandlung.

Je schneller Obst und Gemüse nach der Ernte **in der Gefriertruhe** verschwinden, **desto weniger Inhaltsstoffe gehen** in der Zwischenzeit **verloren**. Schon einige Stunden Zwischenlagerung im Kühlschrank kostet viele Vitamine und andere wertvolle Stoffe. Gewisse Verluste (Vitamin C, B-Vitamine, Mineralstoffe) muß man hinnehmen – sei es beim Waschen, Schneiden, Blanchieren.

Auf Eis gelegt

Sinkt die Temperatur, verlangsamen sich die Stoffwechselprozesse, bei Mensch, Obst und Gemüse genauso wie bei den Fäulniserregern. **Mikroorganismen** verfallen ab −10 °C in Kältestarre, ab −18 °C auch **Enzyme**, zumindest jene, die Eiweiß zerlegen; die Fettspalter unter ihnen geben erst bei −40 °C auf. Deshalb verlieren fetthaltige Lebensmittel bei längerem Aufenthalt in der Tiefkühltruhe viel an Geschmack und Qualität, sie werden ranzig.

Sowohl Mikroorganismen als auch Enzyme benötigen Wasser; sobald es zu Eis erstarrt, müssen sie »Urlaub beantragen« oder ganz abtreten. In Zellen jedoch, die viele Mineralien speichern, gefriert der Zellsaft nicht. Trotz Kälte und Eis wachsen Hefen und Schimmelpilze bei Minusgraden in Zeitlupe weiter, und auch die Enzyme lassen sich in ihrem Arbeitseifer nicht völlig stoppen. Je nachdem, wie lange sie kälteschlafen, verlieren eingefrorene Gartenfrüchte 5–60 % ihres **Vitamin-C-Gehalts**. In Beeren und sonstigem Obst ist das Vitamin erstaunlich stabil, da Fruchtsäuren und andere Stoffe es vor unliebsamen Kontakten schützen.

Kälte lockert die Ketten, die **Eisen** im pflanzlichen Gewebe binden. Deshalb ist es in tiefgefrorenem Gemüse fast doppelt so gut verfügbar wie in frischem. Auch die B-Vitamine profitieren von der Kälte.

Auch an Zellulose und Eiweiß geht die Kältestarre nicht spurlos vorüber, der Frost knackt sie, so daß Speisen **leichter verdaulich** sind als vorher; auch **blähendes Gemüse wird dadurch bekömmlicher** (Kohl, Hülsenfrüchte, Pilze).

Richtig schockgefrieren

Obst und Gemüse besteht zu 80–90 % aus Wasser. Sinkt die Temperatur nur langsam, so wie

Auf Alufolie sollte man beim Einfrieren von Früchten verzichten.

die Pflanzen es aus dem Garten kennen, pumpen sie möglichst viel Wasser aus den Zellen, um sie vor dem Eistod zu schützen. **Zwischen den Zellen bilden sich Eiskristalle**, und zwar bei Temperaturen von −0,5°C bis −5°C. Je langsamer das Gewebe durchfriert, desto länger haben die Eiskristalle Zeit zum Wachsen. Sie wachsen und wachsen, bis ihre Spitzen die Zellwände durchbohren und der Zellsaft ausläuft. Beim Auftauen verwandeln sich die Erdbeeren dann in eine breiige Masse, die im eigenen Saft schwimmt.

Bei Temperaturen von −25°C bis −40°C bilden sich nur winzige Eiskristalle, und die Zellen bleiben intakt. Um die Qualität zu erhalten, sollte dem Gefriergut die Wärme rasch entzogen werden, die Fachleute sprechen von Schockgefrieren.

Pro Stunde dringt die Kälte nur etwa 0,5–1 cm ins Gewebe vor. Deshalb: **Nicht zu viele Portionen auf einmal in den Gefrierschrank legen** und, falls möglich, vorher die Temperatur senken (Superfrost-Taste!).

Geräte und Gefäße

● Wer einen Garten besitzt, für den lohnt sich in der Regel die Anschaffung eines Gefrierschranks oder gar von zwei **Kühltruhen**, um Obst und Gemüse getrennt von den anderen Lebensmitteln aufzubewahren. Es kommt darauf an, wie viele Personen von den eiskalten Vorräten zehren.

● Im **Kühlschrank** eingebaute Zwei- oder Drei-Sterne-Gefrierfächer eignen sich lediglich zum Zwischenlagern von Tiefgefrorenem, da die Enzyme in dieser »warmen« Umgebung munter weiterarbeiten. Nur **Gefrierfächer mit vier Sternen** senken die Temperatur auf −18°C und halten diese konstant, so daß dort Gemüse und Obst mehrere Monate unbeschadet überstehen.

● Als **Behälter für Gefriergut** werden meist **Gefrierdosen** oder **Gefrierbeutel** verwendet. Beide bestehen aus Kunststoff, der selbst bei großer Kälte seine Geschmeidigkeit behält. Ungeeignet dagegen sind herkömmliche, dünne Haushaltsbeutel oder Plastiktaschen aus dem Supermarkt. Auch die gerne benutzten Joghurt-, Margarine- und Quarkbecher werden spröde und brechen. Deshalb ist es besser, sie nach einem Einsatz auszurangieren.

● Die **Gefriergefäße sollten luftdicht abschließen**, um Qualitätsverluste zu vermeiden. Einerseits schützt der Deckel den Inhalt vor Verderb, andererseits verhindert er, daß die Aromastoffe auf Wanderschaft gehen. Denn dann schmeckt das Kohlgemüse nach Schnitzel und Spargel nach Brokkoli.

● Aus den gefüllten Gefrierbeuteln muß man die **Luft herausdrücken** – manche saugen sie mit einem Strohhalm ab oder tauchen den Beutel in Wasser, das das Gas hochpreßt –, denn der Sauerstoff setzt einigen Vitaminen zu. Und er isoliert die Gartenfrüchte vor der Kälte und verzögert so das Tiefgefrieren.

● **Verzichten Sie auf Aluminiumgefäße oder -folie**, um Obst oder Gemüse einzufrieren. Die **Fruchtsäuren lösen** das Metall, was den Geschmack verändert, die Gesundheit beeinträchtigt und manche Inhaltsstoffe zerstört.

Richtig blanchieren

● Ob man Gemüse vor dem Einfrieren blanchiert, hängt davon ab, wie lange es im Gefrierschrank bleibt. Wenn Sie es innerhalb von vier Wochen in der Küche verwenden, erübrigt sich diese Prozedur.

Beim **Blanchieren** wird das Gemüse kurz (2–10 Minuten) in kochendes Wasser getaucht. Die Hitze zerstört viele Enzyme; die meisten erschlaffen bei 50–55°C, sowie die etwas hartnäckigeren Mikroorganismen und schützt damit das Gewebe und besonders Vitamine vor weiterem Zerfall. Dafür muß man den Verlust einiger Vitamine und Mineralstoffe in Kauf nehmen (15–50%).

Gemüse hält länger, wenn man es vor dem Einfrieren blanchiert.

Blanchierter Spinat bei −18 °C gelagert, verliert nach drei Monaten 10 % Vitamin C, nicht blanchierter 80 %. Spinat, 15 Stunden im Kühlschrank bei 5 °C aufgehoben, verliert dagegen 76 % Vitamin C, 22 % Vitamin B_1, 25 % Vitamin B_2.
● Geben Sie das Gemüse in einem Drahteinsatz oder einem Sieb in das sprudelnde Wasser (nicht salzen!). Bereits eine Minute nach dem Eintauchen muß das Wasser wieder kochen, deshalb sollte man weder Topf noch Wassermenge zu knapp bemessen (500 g Gemüse auf 3 l Wasser). Schwenken Sie das Gemüse einige Male im Topf umher. Anschließend schreckt man es in kaltem Eiswasser ab, läßt es gut abtropfen und füllt es in Gefrierbeutel oder -dosen.
● Frieren Sie Obst und Gemüse möglichst kurz nach der Ernte ein, um die Wertstoffverluste so gering wie möglich zu halten.
● Verwenden Sie nur einwandfreie Ware. Das Obst oder Gemüse putzen, kurz waschen und bei Bedarf klein schneiden.
● Teilen Sie große Mengen auf, und **frieren Sie sie portionsweise ein.** Denn es hat wenig Sinn, acht Portionen Blumenkohl in einem Beutel zu füllen, wenn Sie nur drei oder vier auf einmal verwerten können.
● Damit das Obst oder Gemüse schnell durchfriert, streicht man die Beutel zu möglichst flachen Päckchen und friert **nicht zu große Mengen auf einmal** ein. Das heißt, man sollte Erbsenbeete oder Johannisbeersträucher nach und nach abernten.

● Erdbeeren, Himbeeren, Brombeeren und andere **Früchte für Obstböden und Desserts einzeln** auf ein Backblech oder Kuchengitter legen und **einfrieren.** Sobald die Früchte angefroren sind, nach etwa 2–3 Stunden, diese in einen Beutel füllen. Das vorgefrorene Obst behält seine Form und klebt nicht zu einem Brei zusammen wie im Beutel gefrostete Früchte.
● **Beschriften Sie alle Packungen:** Inhalt, Datum, eventuell Menge (z. B. 4 Portionen oder 300 g). Gefroren sieht vieles anders aus als frisch, und schon mancher hat Erdbeeren mit Himbeeren oder Suppe mit Apfelbrei verwechselt. Menschen, die gerne den Überblick behalten, führen ein Gefrierheft. Dort notieren sie, wann was in welcher Menge eingelagert wurde, wann entnommen. Das erspart langes Suchen und Wühlen, vorausgesetzt das Heft wird von allen, die Zugang zu diesen Vorräten haben, sorgfältig geführt.
● **Marmelade** schmeckt frisch gekocht am besten. Machen Sie es wie die Profis von den Marmeladefabriken: Frieren Sie die Früchte (Erdbeeren, Johannisbeeren, Himbeeren, Brombeeren, Zwetschgen, Aprikosen), das Obstmus oder den Fruchtsaft ein, und kochen Sie portionsweise je nach Bedarf. Auf diese Weise können Sie Misch-Marmeladen von Früchten herstellen, die zu unterschiedlichen Zeiten reifen, z. B. Holunder und Apfel. Weil Marmeladen und Gelees nicht lange in den Regalen stehen, benötigen sie außerdem weniger Zucker zum Konservieren.

Richtig auftauen

● Gemüse und Obst sollten nicht länger als ein Jahr in der Truhe verbringen, Gemüsepüree und Obstmus etwa neun Monate, fertige Gemüsegerichte oder obstige Süßspeisen etwa drei Monate. Je weniger Zeit die Nahrungsmittel dort lagern, desto höher ist ihr Nährwert.
● Die Kälte tötet Mikroorganismen und Enzyme nicht, sondern versetzt sie lediglich in Kältestarre. Sie bauen auch in der Eistruhe ab und um, allerdings sehr sehr langsam. Doch beim Auftauen erwachen ihre Lebensgeister, deshalb sollte das **Obst und Gemüse bald verzehrt** werden und nicht noch Tage im Kühlschrank verbringen.
● Gefrorenes Gemüse aus der Gefriertruhe nehmen und **sofort verarbeiten.** Je nachdem, worum es sich handelt und was man damit vorhat, gibt man es entweder in siedendes Wasser (z. B. Blumenkohl, Brokkoli) oder in die Suppe oder dämpft es in Fett oder Öl an (z. B. Wirsing, Meerrettich). Beachten Sie, daß **gefrorenes Gemüse um etwa ein Drittel weniger Garzeit** braucht als frisches. Salatgemüse wie geraspelte Möhren legt man in eine Schüssel, übergießt das eisige Gemüse mit Salatsoße und mischt öfter durch, damit es schneller taut.
● Auch **Küchenkräuter** fügt man gefroren den Speisen zu, z. B. Petersilie, Schnittlauch in die Suppe, Dill in den Salat. So leiden Aroma und Inhaltsstoffe am wenigsten.

Einmal aufgetaut, schimmeln und faulen die feuchten Kräuter bald, wenn sie in der warmen Küche liegen.

Zum Einfrieren eignen sich:
Obst: Apfelmus, Aprikosen, Brombeeren, Ebereschen, Erdbeeren, Heidelbeeren, Himbeeren, Holunder, Johannisbeeren, Kirschen, Kiwis, Mirabellen, Pfirsiche, Pflaumen, Rhabarber (auch als Kompott), Sanddorn, Stachelbeeren, Zwetschgen, Haselnüsse und Walnüsse (gerieben) sowie Obstmark und -säfte
Gemüse: Blumenkohl, Bohnen, Brokkoli, Dicke Bohnen, Erbsen, Grünkohl, Gurkenscheiben, Kohlrabi, Lauch, Mangold, Möhren, Spargel, Spinat, Tomatenpüree, Zucchinischeiben, Zuckermais
Kräuter: Petersilie, Dill, Schnittlauch, Majoran

Einkochen

Ob Sie Einkochen, Einmachen oder Einwecken – es ist dasselbe. Erst seit etwa 200 Jahren kennt man diese Art des Konservierens. Napoleons Soldaten lebten auf ihren Eroberungszügen von Salzfleisch und Brot, eine sehr einseitige Kost, weshalb die französische Regierung einen Preis ausschrieb zu dem Thema: Lebensmittel haltbar machen.
Der Konditor Nicolas François Appert füllte Gemüse, Obst u.a. in Flaschen, verkorkte sie und sterilisierte sie in kochendem Wasser. Er gewann den Preis und gründete 1812 seine eigene Konservenfabrik.

Die Hitze tötet die meisten Mikroorganismen und Enzyme ab. Beim Kochen dehnen sich Luft und Flüssigkeit aus, ein Teil verdunstet. Sobald das Glas abkühlt, entsteht ein Unterdruck, so daß die Außenluft den Deckel auf das Glas preßt und damit luft- und mikrobenfest verschließt.

Schimmelpilze bilden besonders widerstandsfähige Sporen, mit deren Hilfe sie ungünstige Zeiten und selbst Temperaturen von 90 °C und mehr überstehen. Um auch diese Dauersporen auszuschalten, kocht man eiweißhaltiges Gemüse wie Erbsen oder Bohnen zwei Tage später erneut ein, nachdem die Sporen gekeimt und damit hitzeempfindlich sind. (Schonender geht man allerdings mit diesem Gemüse und seinen Inhaltsstoffen um, wenn man es tiefgefriert.)

Auf Fett, Zucker, Stärke und Mineralstoffe hat die hohe Temperatur fast keinen Einfluß. Vor allem das die Lagerung beeinträchtigende, besonders hitzeempfindliche Enzym-Eiweiß und einige Vitamine dagegen leiden.

Vitamin-Verluste beim Einkochen:
Vitamin B_1	Obst bis 35 %
	Gemüse bis 60 %
Vitamin C	Obst bis 40 %
	Gemüse bis 60 %
beta-Carotin	Obst bis 40 %
	Gemüse bis 20 %

Immerhin **etwa die Hälfte** oder sogar mehr **dieser Vitalstoffe bleiben erhalten**.

Wie viel verloren geht, hängt ab von der Temperatur, der Dauer

Wichtig: Beim Einkochen ist auf peinliche Sauberkeit zu achten.

der Kochzeit und der Lagerung. Manches Obst (z. B. Erdbeeren) verliert beim Einwecken Geschmack, Farbe und Festigkeit. Es sollte deshalb besser in der Tiefkühltruhe überwintern.

Gut zum Einkochen eignen sich Kürbisse, Aprikosen, Heidelbeeren, Mirabellen, Kirschen, Zwetschgen, Äpfel und Birnen.

1 x 1 des Einkochens

● Sie benötigen Einmachgläser und dazu passende Gummiringe. Alte Gummis sind oft ausgeleiert, spröde und luftdurchlässig und müssen aussortiert werden. Außerdem reißen sie gerne beim Versuch, die Gläser zu öffnen, so daß man auf Spezialwerkzeug (Drahtschlinge) angewiesen ist. Sowohl Deckel als auch Gläser dürfen weder Sprünge noch Scharten aufweisen, die dazugehörigen Klammern müssen straff sitzen. Besonders zu empfehlen sind die neuen Einweckgläser, deren Deckel wie ein flacher Stöpsel bis hinunter zum Sud in das Glas hineinreicht und so die Luft verdrängt.
● Wenn Sie Schraubgläser verwenden, achten Sie darauf, daß die Deckel unbeschädigt sind.
● Gläser gründlich reinigen, Gummis und Schraubdeckel in heißem Wasser auskochen.
● Obst wird roh einkocht, Gemüse roh oder blanchiert, wobei blanchiertes beim Lagern weniger Farbe verliert. Zudem paßt mehr davon ins Glas.

● Obst und Gemüse waschen, putzen, eventuell schälen (Äpfel, Birnen, Pfirsiche), zerkleinern. Kirschen, Mirabellen, Zwetschgen, Renekloden ganz einwecken, nicht entsteinen. Rhabarber in etwa 2–3 cm lange Stücke schneiden, vertrocknete Blüten und Stiele bei Stachelbeeren entfernen.
● In die Gläser schichten, etwa 2 cm Rand lassen, anschließend randvoll mit Sud übergießen, damit keine Luft im Glas bleibt. Obst oder Gemüse, das nicht von Sud bedeckt ist, verfärbt sich während des Lagerns.

Obstsud: Zucker in Wasser auflösen (50–150 g Zucker auf 1 l Wasser, ersatzweise 100–200 g festen Blütenhonig; man kann stattdessen auch Birnendicksaft verwenden. Die Menge hängt von Ihrem Geschmack ab und davon, wie süß das verwendete Obst ist)
Obst (Zwetschgen, Birnen, Äpfel, Mirabellen) würzt man mit einigen Stückchen Zimtstange und ganzen Nelken, nach Belieben Ingwer dazwischen streuen.
Gemüsesud: 10 g Salz auf 1 l Wasser
Essiggurken-Sud: Wasser und Essig (1:1) mit Salz aufkochen. Gewürze: Lorbeerblätter, Dill-Samendolden, Möhren, Zwiebeln, Tomaten, Paprika
Gurken oder Zucchini süßsauer: Wasser (2 l), Essig (1 l), Zucker (250 g), Salz (70 g) und Gewürze

● Verschütteten Sud von den Rändern sauber abwischen und die Gläser fest verschließen. Wer keinen Einkochtopf besitzt, benutzt einen großen Kochtopf. Da die Gläser nicht direkt auf dem Topfboden stehen dürfen – sie zerspringen sonst – legt man zuunterst einen Metall- oder Holzrost oder ein zusammengefaltetes Geschirrtuch. Die gefüllten, gleich großen Gläser gerade hineinstellen, so daß sie weder sich noch die Wände berühren, lauwarmes Wasser eingießen, bis sie zu 3/4 unter Wasser stehen.
● Halten Sie die vorgeschriebenen Kochzeiten genau ein, damit der Inhalt nicht zu weich wird. Wenn Sie kleine Gläser (200 g, 250 g) verwenden, verkürzt sich die Einmachzeit um etwa 10 Minuten.
Die Gläser aus dem Wasser nehmen und auskühlen lassen, der Luftdruck preßt die Schraubdeckel nach einiger Zeit mit einem hörbaren »Plopp« nach innen.
● Die Gläser beschriften und kühl, trocken und dunkel bei 10–16 °C lagern.
Auch wenn der Strom ausfällt, diese Vorräte halten jahrelang. Sie verlieren allerdings nach einigen Jahren an Geschmack, Farbe, Festigkeit und Inhaltsstoffe und schmecken am besten während der ersten beiden Jahre.
● Überprüfen Sie regelmäßig Ihr Eingemachtes, ob die Deckel noch fest sitzen. Ist der Inhalt von offenen oder geschlossenen Gläsern stark verfärbt, matschig, trüb und riecht er untypisch: unbedingt wegwerfen!

Einkochen

Sterilisierdauer in Minuten	
Gemüse bei 100 °C, Obst bei 80 °C	
Erbsen	120
Sellerie	110
Gemüse (Bohnen, Spargel)	90
Tomaten	30
Gurken (bei 90 °C)	25
Zucchini (in Scheiben, bei 90 °C)	10
Pilze	60
Birnen	30
Mirabellen	30
Apfelmus, Äpfel	20–30
Rhabarber, Stachelbeeren (grünreif)	20
Zwetschgen, Kirschen	20
Johannisbeeren, Himbeeren	10–15

Vitamine schonen – heiß einfüllen

Diese Methode eignet sich **nur für Obst**. Es wird kurz erhitzt und heiß in Gläser gefüllt. Dies schont Inhaltsstoffe, Geschmack, Aroma und Farbe. Außerdem lassen sich auf diese Weise auch kleine Mengen verarbeiten. Heiß Eingefülltes hält etwa ein Jahr, es schmeckt wie frisches Kompott.

Besondere Gerätschaften benötigt man hierfür nicht, nur frisch geerntetes, gesundes Obst, etwas Zucker oder Honig, gründlich gereinigte Gläser und einen Herd.

● Damit die Gläser beim Einfüllen des heißen Obstes nicht springen, muß man sie vorwärmen. Man legt ihnen entweder einen dicken Spüllappen unter und füllt sie halbvoll mit fast kochendem Wasser, später das Wasser ausgießen und sofort das kochendheiße Obst einschichten. Oder man stellt die Gläser in einen Topf mit heißem Wasser und befüllt sie dort.

● Das Obst waschen, putzen, zerkleinern. Den gewürzten Obstsud (Rezept siehe Seite 64) erhitzen, das Obst (Menge passend für ein Glas) in den kochenden Sud geben und 2–3 Minuten kochen (Kirschen, Stachelbeeren, Johannisbeeren, Heidelbeeren, Brombeeren nur 1 Minute).

● Die Früchte aus dem Sud nehmen und sofort in das vorgewärmte Glas füllen (2 cm Rand lassen), mit Zucker- oder Honigwasser randvoll aufgießen, eventuell verkleckerte Ränder säubern und das Glas sofort fest verschließen (mit Schraubdeckel oder Glasdeckel, Gummiring und Klammer). Das nächste Glas nach demselben Verfahren füllen.

● Öfter kontrollieren, ob die Deckel fest sitzen. Andernfalls das geöffnete Glas im Kühlschrank aufbewahren und den Inhalt bald verzehren.

Entsaften

Fruchtsäfte ersetzen kein Obst, weil sie nur dessen wasserlöslichen, den leicht verdaulichen Teil enthalten (Vitamine, die meisten Mineralstoffe, einen Teil der Pektine, der Farbstoffe, Fruchtzucker, Säuren und ungebundene Aminosäuren). Ihnen fehlen die Stoffe, die in der Schale und im festen Teil des Fruchtfleisches sitzen (Ballaststoffe, Stärke, Fette, Carotinoide, Vitamine u. a.).

Fruchtsäfte aus eigener Produktion, verdünnt mit Mineralwasser, sind ein **idealer Durstlöscher,** im Gegensatz zu vielen gekauften, überzuckerten Fruchtsäften.

Säfte aus eigener Herstellung, mit Wasser verdünnt, sind gute Durstlöscher.

Konservieren und verarbeiten

Es dauert eine Weile, bis sich die Geschmacksnerven von süß auf natur umstellen, doch hat man sich erst einmal daran gewöhnt, verzichtet man freiwillig auf dieses Zuckerwasser.

Besonders harmonisch schmeckende Säfte mit einem ausgeglichenem Zucker-Säure-Verhältnis erhalten Sie, wenn Sie Obstarten mischen: Apfel mit Quitte, Schlehe oder Birne; Äpfel liefern die Säure, Birnen die Süße, und beide zusammen einen guten Geschmack. Gut ergänzen sich auch Himbeeren, Erdbeeren und Johannisbeeren oder Rote, Weiße und Schwarze Johannisbeeren.

Zum Entsaften eignet sich vor allem Obst, das in so großen Mengen anfällt, daß es Kühltruhe, Dörrgerät und Gläservorrat überfordert. In manchen Jahren hängt der Kirschbaum brechend voll, in anderen Jahren tragen Johannisbeeren und Himbeeren besonders reichlich.

1 x 1 des Entsaftens

● **Nur unbeschädigte Flaschen** verwenden. Sie dürfen keine Sprünge aufweisen oder Kerben an der Öffnung.

● **Sehr sauber arbeiten**, Flaschen gründlich reinigen, mit klarem Wasser nachspülen, Verschlüsse (Schraubdeckel, Gummikappen) auskochen.

● **Flaschen vorwärmen**, indem man sie bis gut zur Hälfte mit heißem Wasser füllt.

● **Frische**, mit dem elektrischen Entsafter gewonnene Säfte schmecken hervorragend. Sie halten aber nur zwei Tage im Kühlschrank. Um den Saft haltbar zu machen, muß man ihn auf 80 °C erhitzen und heiß in Flaschen füllen. Diesen Arbeitsschritt spart, wer einen Dampfentsafter benutzt.

● **Dampfentsafter** lassen sich leichter reinigen als die elektrischen Kollegen und eignen sich, um größere Mengen (ab 5 kg) zu entsaften. Der Entsafter besteht aus drei Teilen: zuunterst ein Wassertopf, darauf sitzt der Topf zum Auffangen des Saftes – er wird mit Hilfe eines Schlauches abgelassen –, oben der Siebeinsatz mit den Früchten. Der Wasserdampf bringt die Zellen zum Platzen, und die Flüssigkeit läuft kochendheiß in den Safttopf.

● **Fallobst** möglichst täglich sammeln und verarbeiten, faule Früchte großzügig ausschneiden. Geerntete Früchte nicht lange zwischenlagern, sondern bald nach der Ernte entsaften.

● Die Früchte waschen, Äpfel, Birnen, Quitten grob zerkleinern (vierteln oder achteln). Beerenobst (Johannisbeeren, Stachelbeeren) wird weder entstielt noch zerteilt.

Zum Entsaften eignen sich:
Apfel, Quitte, Birne, Kirsche, Johannisbeere, Himbeere, Brombeere, Stachelbeere, Berberitze, Holunder, Kornelkirsche, Sanddorn, Schlehe

● Den heißen Saft aus dem Schlauch direkt in die vorgewärmten Flaschen randvoll fül-

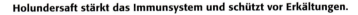
Holundersaft stärkt das Immunsystem und schützt vor Erkältungen.

len. Sofort die Schraubdeckel fest schließen oder Gummikappen überstülpen. Die Flaschen auf ein Tuch oder Holzbrettchen stellen, mit einem Geschirrtuch abdecken und langsam abkühlen lassen. Stellt man die heißen Flaschen auf das kalte Fensterbrett aus Stein oder eine kalte Herdplatte, besteht die Gefahr, daß das Glas zerspringt. (Ein Erlebnis, das man sein Leben lang nicht vergißt – es passiert deshalb in der Regel nur ein einziges Mal.)

Holunder entsaften
Beeren von den Dolden abzupfen. Die Stengel enthalten **Sambunigrin**, einen Stoff, der **Blausäure** abspaltet, sobald er und sein Abbau-Enzym mit Wasser zusammentreffen. Auch in reifen Beeren stecken winzige Mengen, roh gegessen lösen sie Brechreiz und Übelkeit aus. Sambunigrin wird durch hohe Temperaturen zerstört. Blausäure verdampft bei Hitze (Siedepunkt 26 °C).
Deshalb nur reife, tiefschwarze Beeren entsaften (Kochzeit mindestens 60 Minuten), fünf Minuten vor dem Abfüllen des Safts, den Deckel des Entsafters öffnen, damit die Blausäure entweicht und sich nicht am kühlen Deckel niederschlägt.

Kochzeiten im Entsafter
Äpfel, Birnen, Quitten: 60–90 Minuten
Kirschen, Beerenobst: 50–60 Minuten
Je nach Obstart ergibt jede Füllung etwa 3–4 l Saft.

Damit man sich beim Einfüllen nicht die Finger verbrennt, stellt man die vorgewärmten Flaschen in einen Becher. Er sollte nicht zu weit sein, damit die Flasche darin nicht zu sehr herumrutscht.
● Füllen Sie den Saft bevorzugt in dunkle Glasflaschen ab, um den Inhalt vor Licht zu schützen. Die Flaschen beschriften, stehend, dunkel und kühl aufbewahren, der Saft hält etwa zwei Jahre lang.
Gemüsesäfte verderben schneller. Um die Inhaltsstoffe zu retten und weil sich Möhren, Sellerie, Rote Rüben ohne großen Aufwand schonend lagern lassen, sollte man Gemüsesäfte immer frisch zubereiten.

Gewürzpunsch mit Früchten
2 l schwarzen Tee (nicht zu stark), 1/4 l Schwarzer Johannisbeersaft, 0,75–1 l Apfel-Quittensaft, Gewürze: 6–10 ganze Nelken, eine Zimtstange grob zerbrochen, 3–6 Kardamom, 2–3 Sternanis 2–3 Äpfel kleinschneiden und in den heißen Punsch geben.
Stellen Sie Honig (oder braunen Kandiszucker) bereit, damit jeder nach Belieben süßt.

Bowle – alkoholfrei
1 kg Früchte (Erdbeeren, Himbeeren oder beides), Saft einer Zitrone, 1–1,5 l heller Fruchtsaft (Apfel, Birne, Rote Johannisbeere), 1–2 Flaschen Mineralwasser Nach Belieben mit einigen Blättchen Zitronenmelisse würzen.
Die sauberen Früchte und alle Zutaten bis auf das Mineralwasser in eine Glasschüssel geben, 2–3 Stunden ziehen lassen. Kurz vor dem Servieren mit dem gut gekühlten Mineralwasser auffüllen. (Wer stilles, kohlensäurearmes Wasser verwendet, verzichtet auf das kräftige Perlen.)

Marmelade kochen

Es gibt verschiedene Methoden, um Obst und Gemüse haltbar zu machen: zuckern, salzen, in Essig oder Alkohol einlegen, trocknen, erhitzen, tiefgefrieren. Beim Marmelade-Kochen bedient man sich gleich zweier dieser Konservierungs-Methoden: dem Zuckern und dem Erhitzen. Hitze tötet die meisten Mikroorganismen ab und zerstört das Enzym-Eiweiß, das zwar die gelagerte Marmelade nicht verderben, aber Geschmack, Aroma, Farbe, Vitamine u. a. ab- und umbauen würde. Während des Kochens dicken die Früchte ein, da Wasser verdunstet. Einen großen Teil des restlichen Wassers binden Zucker und Geliermittel (Pektin) und entziehen damit den Mikroorganismen den wichtigen Lebenssaft.
Nach **hitzeempfindlichen Vitaminen** (C, B_1) sollte man in Marmelade nicht suchen. Schon bei der Zubereitung gehen 40 % des Vitamins C verloren und 10–35 % des Vitamins B_1. Der reichlich enthaltene Zucker verdünnt die Früchte und ihre Inhaltsstoffe zusätzlich. Früchte, die von Natur aus viel zu bieten haben, retten einen Teil der Inhaltsstoffe in die Marmelade. **Hagebutten-Marmelade** enthält etwa 50 mg% Vita-

Eine Mischfrucht-Marmelade, die schmeckt: Eberesche und Birne.

min C, das ist soviel wie in 100 g frischen Orangen. Hagebutten-Marmelade trägt zwar sein Scherflein dazu bei, einen Teil des Vitamin-C-Bedarfs zu decken, doch sollten wir das nicht überbewerten. 100 g Orangen zu essen, fällt leichter als 100 g Hagebutten-Marmelade.
Auch in Marmelade von Roten Johannisbeeren, Kirschen und Himbeeren findet man noch Spuren von Vitamin C, nur in Gelees sucht man nach diesem empfindlichen Vitamin meist vergeblich. **Je frischer und rascher das Obst verarbeitet wird, desto mehr der wichtigen Stoffe bleiben erhalten.**
Viele Flavonoide sind erstaunlich hitzestabil, ebenso die meisten Farb-, Aroma- und Geschmacksstoffe. Außerdem enthalten diese süßen Brotaufstriche Fruchtzucker und Fruchtsäuren. Ernährungswissenschaftler würden den Zuckeranteil gerne vermindern, doch erst wenn das Verhältnis von Früchten zu Zucker 1:1 beträgt, werden Schimmelpilze und Hefen am Wachsen gehindert, und das Fruchtmus bleibt lange haltbar. Der Zucker sorgt zudem dafür, daß der Sauerstoff beim Kochen schneller entweicht. Wenn Sie weniger Zucker (ersatzweise Honig, Apfel- oder Birnendicksaft) verwenden, verdirbt die Marmelade schneller als klassisch hergestellte, außer Sie sterilisieren oder frieren sie ein.

● Kochen Sie Marmelade **nur in Edelstahl- oder unbeschädigten emaillierten Töpfen.** Aus Aluminiumtöpfen lösen die Fruchtsäuren Metall, was Geschmack und Gesundheit beeinträchtigt.
● Weil die kochende Mamelade sehr heftig aufwallt, sollte man einen ausreichend hohen Topf verwenden.
● Gelierzucker besteht aus Zucker, Zitronensäure und Pektin. **Pektine** sitzen in den Zellwänden der Pflanzen, sie saugen wie ein Schwamm Wasser auf und halten sie dadurch stabil und elastisch. Die Pektine in Geliermitteln stammen aus Zitronenschalen oder Apfeltrester.

> Wie schnell Marmelade oder Gelee geliert, hängt ab vom **Säure-Pektin-Verhältnis**. Äpfel, Quitten, Johannisbeeren, Stachelbeeren, Rhabarber und Zitronen enthalten von Natur aus viele Pektine, sie eignen sich gut zum Mischen mit pektinarmen Früchten wie Erdbeeren, Kirschen, Birnen, Holunder.

● Es gibt verschiedene **Gelierzucker** und **Geliermittel** (Pulver, flüssig). Wer »Gelierzucker extra« benutzt, benötigt nur die halbe Menge Zucker. In der Vollwertküche werden vor allem die Geliermittel **Fruchtgel**, **Konfigel** und das aus Rotalgen gewonnene **Agar-Agar** verwendet. Sie enthalten keine Puffersalze, Konservierungsstoffe und Antioxidantien wie »Gelierzucker extra«.
● Beachten Sie die auf den Packungen angegebenen Kochzeiten. Sie betragen zwischen 10 Sekunden und 4 Minuten.
● Nie mehr als 1 kg Früchte auf einmal verarbeiten.

Marmelade kochen

- Wer ganze Früchte zu Marmelade kocht, wiegt die entsprechende Menge Gelierzucker am Abend ab und vermischt die Früchte mit dem Zucker; über Nacht einwirken lassen und am nächsten Morgen kurz aufkochen.
- **Gelierprobe:** Mit dem Kochlöffel etwas Gelee auf eine gekühlte Untertasse geben. Das Gelee ist fertig, wenn es binnen kurzem eine Haut bildet, die sich mit dem Finger oder Stiel des Kochlöffels kräuselnd zusammenschieben läßt.
Bleibt die Probe flüssig, das Gelee noch eine Minute kochen, anschließend erneut testen.
- **Schöpfen Sie den Schaum ab**, bevor Sie das Gekochte in Gläser füllen, und essen Sie die abgeschöpfte, geschäumte Marmelade als erstes.
- Gelee oder **Marmelade heiß in peinlich saubere, vorgewärmte Gläser füllen** und diese **sofort** mit Schraubdeckeln oder feuchtem Cellophanpapier und Gummiringen **verschließen**.
- Sehr zu empfehlen vor dem Verschließen: den heißen Inhalt mit einem passend zurecht geschnittenen Stück **Butterbrotpapier abdecken**, das in hochprozentigen Alkohol getaucht wurde. Es **schützt vor dem Austrocknen und vor Schimmelpilzen**.
- Während der folgenden Tage dicken Gelee und Marmelade noch nach. Man sollte beides in der warmen Küche auskühlen lassen (mit einem Geschirrtuch abdecken und während dieser Zeit, falls nötig, nur sanft bewegen; auf keinen Fall schütteln, da der Inhalt sich sonst wieder verflüssigt).
- Die **Gläser beschriften** (Fruchtart, Datum), dunkel und trocken bei 10–20 °C aufbewahren.

Schimmelt die Marmelade, so wurde sie nicht sauber zubereitet, nicht luftdicht verschlossen oder zu feucht gelagert. Bei Marmeladen oder Gelees, die zu gleichen Teilen aus Zucker bestehen und nur leicht verschimmelt sind, entfernt man diese Stellen großzügig, der Rest kann unbedenklich gegessen werden. Alle anderen Marmeladen, die weniger Zucker enthalten – wegwerfen!

Oma hat das so gemacht:

Zwetschgen-Mus
2,5 kg Zwetschgen, 350 g Zucker, 1/2 Tasse Essig, Zimtstange grob zerbrochen
Zutaten in einen großen Topf geben, über Nacht ziehen lassen.
Am nächsten Morgen so lange einkochen, bis die Flüssigkeit verdunstet ist. Heiß in Gläser einfüllen, Butterbrotpapier in Schnaps oder Rum tränken, auf die Marmelade legen, Gläser mit Schraubdeckel oder Cellophan und Gummiring verschließen.
Kühl gelagert hält das Mus etwa vier Wochen. Wer es länger aufheben möchte, muß die Gläser sterilisieren (80 °C, 15 Minuten) oder einfrieren.

Quitten-Gelee
1 l Quittensaft, 1 kg Gelierzucker, 1 Vanille- oder 1 Zimtstange
Saft in den Zucker einrühren, Gewürz zugeben, den Topf erhitzen und den Inhalt 2 Minuten sprudelnd kochen lassen. Gewürz herausnehmen, Gelee heiß in Gläser füllen, mit alkoholisiertem Papier abdecken und Gläser fest verschließen.

Erdbeer-Marmelade – roh gerührt
500 g Erdbeeren, 500 g Gelierzucker, Saft einer Zitrone

Warum Marmelade keine Marmelade ist
Der EU verdanken wir, daß unsere Marmeladen **Konfitüren** heißen.
Marmalade bedeutet im Englischen Orangen-Marmelade; Marmeladen aus anderen Früchten heißen *jam*. Nach dem Willen der EU bleibt der Begriff Marmelade auch bei uns den Citrus-Marmeladen vorenthalten, alle sonstigen gezuckerten Fruchtaufstriche sind Konfitüren.
Das Wort Konfitüre stammt wie das Wort **Gelee** (= erstarrt) aus dem Französischen und bedeutet »zubereitet«. *Marmelada* ist ein alter portugiesischer Begriff, darin steckt das Wort *marmelo* (Honigapfel = Quitte). Als wir uns den Begriff und das dazugehörige Rezept um 1600 von den Portugiesen ausliehen, war Marmelade nichts anderes als Quittenmus.

70 Konservieren und verarbeiten

Die hocharomatischen Quitten ergeben ein besonders edles Gelee.

Erdbeeren grob zerkleinern, den Zucker und Zitronensaft nach und nach zugeben und mit dem elektrischen Rührgerät so lange rühren (auf höchster Stufe 20–30 Minuten), bis sich der Zucker vollständig aufgelöst hat. Die Marmelade in ein Schraubglas füllen, fest verschließen. Kühl und trocken aufbewahrt, hält sich diese Marmelade ein paar Monate lang.

Roh gerührte Marmeladen
Sie schmecken aromatischer als gekochte, sind jedoch nicht so fest. Besonders flüssig, allerdings auch gesünder, sind sie, wenn man wenig Zucker auf ein Pfund Früchte verwendet (z. B. 100 g Zucker oder 100–150 g festen Honig).
Mischt man einige kleingehackte oder pürierte Trockenfrüchte unter, saugen sie das Wasser auf und verdicken die Marmelade. Diese zuckerarmen Marmeladen halten nur 8–10 Tage im Kühlschrank.

Hagebutten-Marmelade stellt man aus **Fruchtmark** her. Die Hiffen waschen, Stiel und Blütenreste abschneiden, knapp mit Wasser bedecken und weichkochen, durch ein feines Sieb passieren, damit Schalen, Kerne und der sie umgebende Haarfilz zurückbleiben. Klebt die Masse zu sehr im Sieb, mit etwas kochendem Wasser verdünnen und weiter durchpassieren. Das so gewonnene Fruchtmark mit Honig oder Zucker zu Marmelade kochen. Ist das Fruchtmark sehr konzentriert, verdünnt man es mit kochendem Wasser.

Trocknen

Leider gerät die alte Kunst des Dörrens bei uns immer mehr in Vergessenheit. Seit Jahrtausenden nutzen Menschen weltweit die Kraft von Sonne und Wind, um Fleisch, Fisch, Getreide, Obst, Gemüse, Pilze und Kräuter haltbar zu machen.
In der Restwärme des Backofens trockneten an trüben Herbst- und kalten Winterabenden Hutzeln und Kletzen und durchzogen das ganze Haus mit ihrem Duft. Außer Birnen dörrten unsere Vorfahren auch gerne Zwetschgen und Apfelringe, auf dem Kachelofen sorgten Apfelschalen und Quittenscheiben für angenehme Gerüche und vorweihnachtliche Stimmung.

Ohne Wasser kein Leben

Diese Art des Konservierens beruht auf einem einfachen Trick: Warme Luft entzieht dem Gewebe Wasser und damit den Mikroorganismen die Lebensgrundlage. Die unermüdlich auf-, ab- und umbauenden Enzyme sitzen ebenfalls fast auf dem Trockenen, führen ihre Arbeit zwar pflichtbewußt, allerdings stark eingeschränkt fort.
Ein Teil des Wassers (8–20 %) ist im Gewebe so fest gebunden, daß es während des Darrens nicht verdampft. Optimal getrocknete Früchte haben etwa 13–14 % Restfeuchte. Bakterien verdursten, sobald der Wassergehalt unter 35 % sinkt, viele Schimmelpilze geben erst bei 14 % auf.
Industriell hergestelltes Trockenobst enthält meist 20–30 % Restfeuchte, es ist eigentlich nur angetrocknet und muß zusätzlich chemisch konserviert werden: Aprikosen sind geschwefelt, Pflaumen mit Sorbinsäure behandelt.
Schwefel bleicht dunkle Früchte und schützt vor Verbräunungen, und es zerstört Vitamin B_1, verursacht Übelkeit, Kopfweh, Durchfall sowie bei entsprechend sensibilisierten Personen heftige allergische Reaktionen.
Weil der Stoffwechsel auf geringer Flamme weiterläuft und weil (Sonnen-)Licht und Sauerstoff auf das Gewebe einwirken, verändert sich das Trockengut farblich, geschmacklich und geruchlich. Für einige Vitamine bedeutet dies fast das Aus.

Trocknen 71

Trockenobst – eine gesunde, mineralstoffreiche Knabberei.

Vitamin-Verluste bei Trockenobst:	
Vitamin B$_1$	20–30 %
Vitamin B$_2$	10–20 %
Vitamin C	50–70 %

Gemüse verliert noch mehr Vitamine, da es säureärmer ist. Deshalb sollte man nur einen kleinen Teil der Ernte für gemütliche Knabberstunden trocknen und den Großteil milchsauer vergären oder einlagern. Das kostet weniger Energie und Arbeit, außerdem gewinnt das Vergorene an wertvollen Inhaltsstoffen – und sauer hält gesund. Doch wer täglich zwei Äpfel ißt, etwas Sauerkraut und auch sonst Obst und Gemüse kräftig zuspricht, ist auf die verschwundenen Vitamine nicht angewiesen. Frisch enthält Obst und Gemüse zwischen 80 und 90 % Wasser. Während es verdunstet, schrumpft das Gewebe beträchtlich und konzentriert den Inhalt zu einer geballten Ladung an Mineralstoffen, Energie, Ballaststoffen, Carotinoiden, Flavonoiden und Aroma. Getrocknete Früchte liefern – bezogen auf die Menge – vier- bis fünfmal soviel Energie wie frische, sie schmecken süßer, Gemüse und Kräuter würziger.

Obwohl natürlich die Lagerdauer stark mitbestimmt, wie viele Inhaltsstoffe abgebaut werden, hat auch die **Dörr-Temperatur** einen beträchtlichen Einfluß. Um schonend zu trocknen, sollte man für Obst und Gemüse Temperaturen zwischen 30–60 °C wählen und den zarten Kräutern wegen der ätherischen Öle nur 30–35 °C Wärme zumuten.

Wo kann man dörren?

● Ganz früher zog man das Dörrgut an Schnüren auf oder legte es auf Horden aus, um es an einem schattigen Platz im Freien zu trocknen. (Licht zerstört Inhaltsstoffe und Farbe). Doch da auf die Sonne in unseren Breiten kein Verlaß ist, darrten die Menschen bald ihr Erntegut auf dem Speicher, dem Kachelofen oder im Herd.

● Sofern sie sauber, staubfrei, warm und gut durchlüftet sind, eignen sich **Dachböden** vor allem **für Teekräuter** oder **Pilze**. Hängen Sie die selbstgebastelten, mit Fliegengitter bespannten Dörrmatten an Schnüren oder Drähten so am Dachbalken auf, daß Sie bequem arbeiten können, ohne sich zu bücken oder auf den Zehenspitzen zu stehen. Oder Sie legen die Gitter auf Holz- oder Metallböcke. Sehr große Kräutermengen bringen Sie in Holzregalen unter, in die Lattenroste übereinander eingeschoben werden.

● Wichtig: **Lüften Sie regelmäßig,** damit die feuchte Luft abzieht!

Trocknen auf dem Dachboden?

Dies gelingt mit Obst und Gemüse nur in subtropisch heißen Sommern, wie sie in 100 Jahren einmal vorkommen. In den restlichen 99 Jahren schimmelt das Dörrgut, weil es nicht schnell genug trocknet.

● Auf dem abgestaubten **Kachelofen** und auf **Heizkörpern** kann man kleine Mengen an Obst und Gemüse trocknen oder Apfel-, Orangenschalen, Quittenscheiben auslegen, um den Raum zu beduften. Sie verleihen auch Tee oder Punsch eine feine Note. Weil die Wärme nachts meist gedrosselt wird, brauchen Zwetschgen und anderes dickleibige Obst dort etwa acht Tage, bis es gedörrt ist.

● **Backofen** oder **Dörrgerät** trocknen am schnellsten, da sie die Temperatur konstant halten. Bevor Sie sich für den Herd entscheiden, prüfen Sie mit einem Thermometer, ob Ihr Backofen sich auf niedrige Temperaturen (40–50 °C) einstellen läßt.

● **Mikrowellenherde** eignen sich nicht zum Trocknen. Selbst auf niedriger Stufe eingestellt (300 Watt), verdampfen bei Kräutern 90 % der ätherischen Öle. Werden sie dagegen drei Stunden bei 50 °C im Backofen getrocknet, gehen 15 % verloren.

● **Backbleche** blockieren die Luftzirkulation und sind deshalb weniger empfehlenswert als Roste, wo die Luft frei zirkuliert. Oft ist man jedoch auf die Bleche angewiesen. Heute sind sie meist beschichtet; legen Sie sie trotzdem mit Butterbrot- oder Backpapier aus. Ganz besonders wichtig ist dies bei Aluminiumblechen! Auch auf den Rosten trennt man das Obst durch eine Schicht Backpapier vom Metall, denn die **Fruchtsäuren** greifen das Metall an, was nicht nur auf Apfelscheiben schwarze Streifen hinterläßt und einen metallenen Geschmack. Einzig auf Holzrosten darf das Obst ohne trennende Papierschicht trocknen.

● Ideal zum Dörren sind **Heißluftherde**, wo man problemlos zwei, drei Bleche oder Roste übereinander einschieben kann. Bei den anderen Backöfen funktioniert das nur, wenn man die Tür einen Spalt offen stehen läßt, damit die feuchte Luft aus dem Ofen entweicht.

● Wer viel trocknet, wird sich bald daran stören, daß die Backröhre über längere Zeit blockiert ist. Der Kauf eines Dörrgerätes lohnt schon bei kleineren Mengen. Es benötigt weniger als 0,5 m² Platz und trocknet mehrschichtig. Da das Dörrgut auf den oberen Gittern langsamer trocknet als das auf den unteren, sollte man ab und zu die Reihenfolge wechseln.

Vorbereiten zum Dörren

● Obst und Gemüse an trockenen, sonnigen Tagen ernten. »Verregnetes« fault leicht und braucht lange zum Trocknen.

● Nur frisches, gesundes, ungespritztes, reifes Obst und Gemüse dörren. **Fallobst eignet** sich zum Entsaften, aber **keineswegs zum Trocknen**.

● Damit Apfelringe, Birnenschnitze, Aprikosen oder anderes hellhäutige Obst hell bleiben, taucht man es sofort nach dem Zerschneiden kurz in verdünntes Zitronen- oder Salzwasser (5 ml Zitronensaft oder 5 g Salz / 0,5 l).

● Gut ausgereiften **Äpfeln** sticht man nach dem Waschen das Kerngehäuse aus und schneidet sie in möglichst gleich dicke Scheiben (0,5 – 1,0 cm) oder in Schnitze.

● Werfen Sie die **Schalen** nicht weg! Manche Menschen heben auch das Apfel-**Kerngehäuse** auf. Getrocknet läßt sich aus diesen Resten ein schmackhafter Winter-Tee überbrühen, eventuell verfeinert mit etwas Zimt oder Anis.

Mit oder ohne Schale
Zahnärzten ist es lieber, wenn man Äpfel oder Birnen vor dem Trocknen schält, da die Schale sehr zäh wird und die Mundmuskulatur sowie Plomben stark beansprucht. Außerdem benötigt der Schalenbereich mehr Zeit zum Dörren als das weiche Fruchtfleisch, das zudem stärker schrumpft, weshalb vor allem Birnenschnitze getrocknet fast nur aus Schale bestehen. Andererseits sitzen **in und direkt unter der Schale sehr viele wertvolle Inhaltsstoffe**. Probieren Sie aus, wie Sie's am liebsten mögen!
Vorschlag: Säuerliche Apfelsorten mit dicker Haut schälen, da sie gedörrt sehr sauer schmecken. Süßere, weichschalige Sorten ungeschält verarbeiten.

So wird im Backofen getrocknet.

Trocknen

Auf eine Schnur aufgezogene Apfelringe trocknen rasch.

● Viele **Apfelsorten** reifen erst auf dem Lager und schmecken frühestens ab Januar, Februar, so daß die Trockensaison bis in den Spätwinter anhält.

● Gut trocknen lassen sich spätreifende **Zwetschgen** vom Sortentyp 'Hauszwetschge'. Sortieren Sie kleine Früchte aus, und verarbeiten Sie diese zu Marmelade. Nur große Zwetschgen eignen sich zum Trocknen, vor allem wenn man sie nicht entsteint. Kleinere bestehen nach dem Darren oft nur aus Haut und Kern, wobei sich der Kern nur widerwillig oder überhaupt nicht von der Haut löst. Schneller trocknen und anschließend leichter essen lassen sich halbierte Zwetschgen. Und sie haben noch einen Vorteil: Sie sehen auf den ersten Blick, ob sich der Pflaumenwickler eingenistet hat. Madige Zwetschgen wegwerfen.

● Um sich das mühsame Abzupfen der **Holunderbeeren** zu ersparen, dörrt man die ganzen Dolden. Getrocknet, fallen die Beeren fast von alleine ab.

● Die einen schwärmen für getrocknete **Erdbeeren** und lutschen sie wie Bonbons, andere meinen, sie schmecken fade. Es kommt auf die Sorte an, »Wasser-Erdbeeren« werden auch durch Trocknen nicht aromatischer. Wählen Sie Sorten wie 'Florika', ein Elternteil von ihr ist die Walderdbeere, und diese bürgt für Geschmack.

● **Bohnen** sollte man vor dem Trocknen blanchieren, damit sie Farbe und Aroma behalten. Wer möchte, kann auch anderes **Gemüse** blanchieren.

● Von **Kräutern** zupft man entweder die Blättchen ab (Majoran, Oregano) oder trocknet sie mitsamt Stengel und rebelt die Blätter nach dem Trocknen ab. Oder man bindet sie zu Sträußchen und hängt sie kopfüber an einen warmen, schattigen Ort.

● Das **Trockengut** einer Partie sollte **einheitlich groß und dick** sein, damit es gleichmäßig dörrt. Sonst kann es passieren, daß die Ränder strohtrocken sind und die Mitte noch saftig.

● Legen Sie das Trockengut **immer einlagig** aus (niemals übereinander!), mit der **Schnittseite nach oben** und um Platz zu sparen eng aneinander. Die Stückchen dürfen sich fast berühren, da sie bald schrumpfen und dadurch gegenseitig auf Abstand gehen.

Schonend und richtig Dörren

● Wie lange das Dörren dauert, hängt ab von Fruchtart, Sorte, Erntetermin, dem Wetter im Verlauf des Jahres und besonders kurz vor der Ernte, von Luftfeuchte und Temperatur im Trockenraum, von Größe und Dicke des Trockenguts, dem Wassergehalt ... Es ist unmöglich, genaue Zeiträume anzugeben. Nach eigener Erfahrung dauert das Trocknen meist bis zu einem Drittel länger als in den Anleitungen der Dörrgeräte aufgeführt, vor allem in den oberen, kühleren Etagen.

● Wird bei zu hoher Temperatur (60–70 °C) angedörrt, bersten die Zellen und der Saft quillt aus Zwetschgen, Sauerkirschen und anderen saftigen Früchten. Bei Temperaturen von 20 °C und weniger verdunstet das Wasser zu langsam, und das Dörrgut fängt an zu schimmeln. Wegwerfen!

● Wichtig ist, daß die feuchte Luft abziehen kann, sonst dauert das Trocknen sehr lange und die Früchte drohen zu verderben.

● Stellen Sie das Dörrgerät in einen Raum mit niedriger Luftfeuchte, also nicht in Bad oder Küche oder in ein Zimmer, wo sehr viele Blumen stehen.

● Überprüfen Sie Ihr Erntegut während des Trocknens regelmäßig auf Schimmelbefall. Die Früchte müssen außerdem gewendet und die Gitter ab und zu umgeschichtet werden. Wenn Sie zum Dörren Bleche verwenden, sollten sie das Obst öfter umdre-

hen, weil sich auf der Unterseite die Feuchtigkeit hält.
● Wann das Dörrobst genug geschwitzt hat, verrät Ihnen die Fingerprobe. Lassen Sie einige Früchte abkühlen, denn die warmen Früchte sind sehr weich und biegsam, was einen höheren als den tatsächlichen Wassergehalt vortäuscht. Das Obst soll elastisch sein, aber sich auf Druck nicht weich matschig anfühlen. Brechen Sie eine Probe an der dicksten Stelle durch, um zu sehen, ob sie innen noch feucht ist. Danach folgt die Mundprobe.

Gut aufbewahrt!

Dörrobst braucht zwar weniger Platz als frisches, aber einen sehr trockenen (weniger als 60 % Luftfeuchte). In der Küche sollte nur der wöchentliche Mundvorrat aufbewahrt werden.
Um den Abbau der Inhaltsstoffe zu verlangsamen, lagert man das Dörrobst dunkel und kühl (Frost schadet nicht) und natürlich mäusesicher.
● Lassen Sie das Dörrgut vor dem Verpacken abkühlen.
● Ungeeignet sind Blech- oder Aluminiumdosen, da die Fruchtsäuren das Metall angreifen und lösen; dies beeinträchtigt Farbe, Geschmack und Ihre Gesundheit.
● Wer luftdicht schließende Blecheimer besitzt, bedeckt Boden und Wände mit Küchenpapier, bevor er das Obst einfüllt.
● Als Behälter eignen sich Schraubgläser, Plastikdosen oder Keramikgefäße mit Deckel. Dicht schließende Schraubgläser sind vor allem wegen der Dörrobstmotte zu empfehlen.
● Folienbeutel, Papiertüten, Baumwoll- und Leinensäckchen sind ungeeignet. Zum einen ziehen die dort aufbewahrten Früchte Feuchtigkeit an; zum anderen besteht bei allen die Gefahr, daß sich Dörrobstmotten einnistet.
● Vermerken Sie auf jedem Gefäß, was es enthält und wann es eingefüllt wurde.
● Schimmeln Trockenfrüchte, wurden sie zu kurz getrocknet oder im Lagerraum ist die Luft zu feucht.
● Kontrollieren Sie Ihr Trockengut gelegentlich. Fühlt es sich weich und feucht an, oder ist es sogar mit Wassertröpfchen benetzt, muß es unbedingt nachgedörrt und anschließend an einem trockeneren Ort verwahrt werden. Auch die Behälter gut reinigen und vor allem austrocknen.
● Getrocknetes Obst oder Gemüse hält mehrere Jahre, es verliert aber mit der Zeit an Geschmack und gesundheitlichem Wert. Nach einem Jahr, spätestens nach zwei Jahren, sollte es verbraucht sein oder kleingehackt als Vogelfutter verwendet werden.
● Wer Birnen, Zwetschgen oder Apfelringe nur halb dörrt, weil er lieber Weiches knabbert oder sie im Früchtebrot uneingeweicht verbacken will, muß dieses Trockenobst im Gefrierschrank aufbewahren. Wärmer gelagert, schimmelt es binnen kurzem.

> **Was kann man dörren?**
> **Obst:** Äpfel, Aprikosen, Birnen, Erdbeeren, Heidelbeeren, Kirschen, Mirabellen, Pflaumen, Renekloden, Rhabarber, Trauben, Zwetschgen
> **Gemüse:** Bohnen, Erbsen, Suppengemüse, Blumenkohl, Lauch, Sellerie, Möhren, Paprika, Peperoni, Fleischtomaten, Zucchini, Gurken, Kohlrabi

Würz-, Tee- und Duft-Kräuter trocknen

Gut zum Trocknen eignen sich würzige oder stark duftende Kräuter wie Bohnenkraut, Liebstöckel, Majoran, Oregano, Pfefferminze, Rosmarin, Salbei, Thymian, Zitronenverbene *(Aloysia triphylla)*. Zitronenmelisse zum Beispiel verliert getrocknet viel an Aroma. Dill, Petersilie, Schnittlauch friert man besser ein.
Schnell trocknen die Blütendolden des **Holunders**, die einen wirksamen Tee gegen Erkältungen liefern.

Nach dem Trocknen bewahrt man die Kräuter dunkel auf.

Trocknen

- Die Blütenköpfe der **Ringelblume** benötigen etwas mehr Zeit, man kann aber auch die schmalen Zungenblüten abzupfen. Diese sind im Nu trocken. Ringelblumen enthalten viele Flavonoide und ergeben einen kräftigenden, schweißtreibenden Tee.
- Mit seinem betörendem Aroma erinnert getrockneter **Lavendel** mitten im Winter an sonnigere Zeiten. Die stark duftenden Sträußchen kann man auch ins Badewasser hängen, um nach einem anstrengenden Tag zu entspannen.
- **Kräuter** an einem sonnigen Tag **am späten Vormittag oder am frühen Nachmittag ernten**, wenn der Wassergehalt am geringsten und die Konzentration an ätherischen Ölen am höchsten ist.
- **Duftsträuße** bündeln und sie **kopfüber** an einem schattigen, trockenen, luftig warmen Ort (Schuppen, Speicher) aufhängen. Würzkräuter trocknen mit oder ohne Stengel auf dem warmen Dachboden (Fenster öffnen, bei Gewitterregen schließen), im Dörrgerät oder Backofen bei etwa 30 °C. Einige Male wenden. Sobald sie in den Händen bröseln, werden sie in Papiertüten oder Schraubgläser gefüllt, trocken und dunkel aufbewahrt.

Die Motte im Dörrobst

Sie kann zur Plage werden, denn sie frißt sich überall durch (Plastik, Papier, Staniol), um zu ihrem Futter zu gelangen. Die Larven der **Dörrobstmotte** lieben fast alle Lebensmittel (Haferflocken, Reis, Nüsse, Nuß-Schokolade) und verschmutzen sie mit ihrem Kot und ihren Gespinsten.
Bemerkt man den Befall rechtzeitig, sortiert man die zwei, drei angefressenen Zwetschgen oder durch Gespinste verklumpten Apfelringe mitsamt ihren tierischen Untermietern aus. Stärker befallene Partien müssen weggeworfen werden. Damit die Falter nicht durchs geöffnete Fenster wieder zufliegen (sie fliegen auf Licht), legt man die gut verschlossene Packung zehn Tage in die Gefriertruhe. Das tötet Eier, Larven und Motten oder man hängt Lockstofffallen auf (im Bio-Laden oder in Drogerien erhältlich). Lagern Sie Ihre Vorräte unbedingt kühl, unter 10 °C vermehren sich die Tiere nicht mehr. Allenfalls die Eier überleben.

Immer häufiger: die Dörrobstmotte.

Am besten Sie sperren die Motten aus. Die Deckel von Schraubgläsern müssen fest verschlossen sein, da sich die Larve sonst den Windungen entlang ins Glas quetscht. Oder Sie verwenden Einmachgläser, legen zwischen Glas und Deckel einen neuen Gummring und befestigen den Deckel zusätzlich mit einer straff sitzenden Klammer.

Kräuter verleihen Essig oder Öl ein feinwürziges Aroma.

Obst, Gemüse und Kräuter – gesund aufgetischt

Joghurt mit Knoblauch

Zutaten: 250–300 g Joghurt, 2–5 Knoblauchzehen, 200 g Salatgurke, frisch gemahlener Pfeffer, Schnittlauch

Zubereitung: Gurke kleinschneiden, Knoblauch durch die Knoblauchpresse drücken, beides mit dem Joghurt vermischen, würzen. Vor dem Servieren etwa eine Stunde durchziehen lassen.

Paßt gut zu Pellkartoffeln.

Variationen: 200 g Quark und 200 g Joghurt mischen; statt Knoblauch und Gurke, Radieschen und Schalotten zugeben.

Gemüsesuppe der Saison

Zutaten: Gemüse nach Belieben, Gemüsebrühe
Gewürze: Pfeffer und Muskat (beide frisch gemahlen), Schnittlauch, Petersilie oder Basilikum

Zubereitung: Das kleingeschnittene Gemüse nach und nach in die kochende Gemüsebrühe geben, etwa 10 Minuten bei mittlerer Hitze köcheln lassen. Garzeiten beachten (Reihenfolge der Zugabe: zuerst Bohnen, Knollensellerie, Petersilienwurzel, dann Gelbe Rüben, Kartoffeln, Kohlrabi, Blumenkohl, Rosenkohl, Brokkoli, später Erbsen, Lauch, Zwiebeln, Knoblauch, zuletzt Blattgemüse wie Spinat, Wirsing, Kraut, Chinakohl). Das Gemüse nicht zu lange kochen, es sollte noch Biß haben. Anschließend würzen und die Kräuter zugeben.

Variationen: Zwiebeln und Knoblauch kurz in Öl andünsten, dann die Brühe auffüllen; oder pro Person ein rohes Ei in die Suppe geben, diese verlorenen Eier 3–4 Minuten ziehen lassen.

Besonders gut schmeckt diese Suppe mit viel jungem Gemüse, etwa kleinen Möhren mit Laub, Salatrauke, zartem Kohlrabi, in Streifen geschnittenen jungen Kohlrabiblättern, jungen Erbsenschoten und Schalotten, Lauch, Kartoffeln.

Für eine **Herbstsuppe:** Weißkraut, Wirsing, Rosenkohl, Zwiebeln, Lauch, Kräuter (Schnittlauch oder Petersilie) verwenden.

Suppe aus frischen Tomaten

Zutaten: 800 g Tomaten, 2 Zwiebeln, Öl, 1/4 l Gemüsebrühe
Gewürze: Thymian, Oregano, frisch gemahlener Pfeffer, Paprika, (nach Belieben Knoblauch), frischer Schnittlauch

Zubereitung: Tomaten waschen, vierteln, kleingeschnittene Zwiebeln in wenig Öl andünsten, Tomaten dazugeben, nach etwa 10 Minuten mit Gemüsebrühe ablöschen.

Mit Thymian, Oregano, Pfeffer, Paprika würzen, die Suppe kurz aufkochen und durch ein Sieb passieren, mit viel frischem Schnittlauch garnieren.

Variationen: Mit Sahne oder Kresse-Keimlingen verfeinern; wenn man die Tomaten vorher enthäutet, braucht man die Suppe nicht durchzupassieren (Tomaten kurz in heißes Wasser tauchen, die Haut abziehen, die Früchte halbieren und den grünen Stielansatz entfernen); 400 g Brokkoli in wenig Gemüsebrühe garen und in die fertige Suppe geben.

Kalte Gemüsesuppe

Zutaten: 400 g Tomaten, 1 Salatgurke, 1 junge, zarte Zucchini, 1 rote und eine gelbe Paprikaschote, 3 Schalotten, 4 Knoblauchzehen, Salz, frisch gemahlener Pfeffer, Basilikum, 2–3 EL Olivenöl, 3 El Kräuteressig

Zubereitung: Gemüse putzen und kleinschneiden, zusammen mit den Gewürzen im Mixer pürieren, zwei Stunden in den Kühlschrank stellen. Mit Basilikum oder Kirschtomaten garnieren. Wer die Suppe flüssiger mag, gibt beim Pürieren etwas Wasser zu, wer sie sämiger bevorzugt, püriert etwas altes (Vollkorn-)Toastbrot mit.

Pikanter Auflauf

Zutaten: 700 g mehlig kochende Kartoffeln, 700 g Brokkoli, 2–3 Zwiebeln, Petersilie, 100–200 g geriebener Gouda, Gewürze (Salz, frisch gemahlener Pfeffer, Muskat, Kräuter der Saison)

Zubereitung: Pellkartoffeln kochen, Auflaufform fetten, kleingehackte Zwiebeln glasig dünsten, Petersilie und geputzten Brokkoli zugeben, kurz andämpfen.

Kartoffeln schälen, in 0,5 cm dicke Scheiben schneiden, den Boden der Auflaufform dachziegelartig damit belegen, Brokkoli einfüllen und mit den restlichen Kartoffeln bedecken.
Im Backofen bei 200 °C 30 Minuten backen.
Vor dem Servieren dick mit Schnittlauch bestreuen.

Kartoffelgratin

Zutaten: 1 kg Kartoffeln, 1/2 l Milch, 1 Becher süße Sahne, Salz, frisch gemahlener Pfeffer, Muskat, Thymian.
Zubereitung: Kartoffeln schälen, in dünne Scheiben hobeln, in eine gefettete Auflaufform dachziegelartig einschichten, würzen, erst die Sahne zugeben, dann mit Milch aufgießen, bis die Kartoffeln knapp bedeckt sind.
Bei 50–60 Minuten 180 °C überbacken.
Variationen: Keine Sahne, sondern nur Milch verwenden; oder Knoblauch, dicke Zwiebelringe, Karottenscheiben, Sauerkraut dazwischenschichten, oben mit Käse abdecken.
Beilage: Grüner Salat mit Radieschen oder geraspelte Möhren.

Kartoffel-Knoblauch-Püree

Zutaten: 700 g mehlig kochende Kartoffeln, 1 Knoblauchzwiebel, 20 g Butter, 1/4 l heiße Milch, frisch gemahlener Pfeffer
Zubereitung: Pellkartoffeln kochen, schälen, heiß in die Presse füllen und zerdrücken, kalte Butter und die kochendheiße Milch nach und nach mit dem Schneebesen (Mixer) unterrühren.
Variationen: Knoblauchfreunde geben den gesamten (oder einen Teil) zerquetschten Knoblauch roh unter das Pürree, die anderen kochen ihn kurz in Wasser oder Gemüsebrühe weich.
Beilage: Paßt gut zu Salat oder Kräuterquark.

Kartoffelpuffer

Zutaten: 800 g Kartoffeln, 50–100 g geriebener Käse (z. B. Emmentaler), 3 Schalotten oder Lauchzwiebeln, 2 Eier, Schnittlauch oder Oregano, Salz, frisch gemahlener Pfeffer
Zubereitung: Schalotten in Ringe schneiden, Kartoffeln raspeln, mit Vollkornmehl bestäuben, das die Flüssigkeit aufsaugt. Kartoffelmasse mit geriebenem Käse, verquirlten Eiern und Kräutern mischen, salzen, pfeffern.
In einer Pfanne Öl erhitzen, einen großen Eßlöffel voll Pufferteig in das heiße Öl geben, flachdrücken und beidseitig goldgelb backen.
Variationen: Geraspelte Möhren, in Scheiben geschnittenen Lauch, Zucchini oder Keimsprosse zugeben oder statt Kartoffeln und Käse Teig aus Vollkornmehl und Eiern herstellen. Oder: Puffermasse in eine gefettete Auflaufform füllen, mit geriebenem Käse bestreuen, etwa 40 Minuten im Backofen bei 200 °C goldgelb backen.
Beilage: Grüner Salat, Feldsalat oder eine Portion milchsauer vergorenes Mischgemüse.

Eintopf mit Sauerkraut

Zutaten: 3 Zwiebeln, 400 g Möhren, 400 g Kartoffeln, 200–300 g rohes Sauerkraut, Gewürze (nach Belieben Oregano, Thymian, Majoran), frisch gemahlener Pfeffer, Salz
Zubereitung: Zwiebeln in dünne Ringe schneiden, Möhren raspeln, Kartoffeln hobeln (etwa 3 mm dick) schneiden, Sauerkraut grob hacken.
In einem breiten Topf oder einer großen Pfanne mit Deckel die Zwiebeln in Öl kurz andünsten, Möhren, Sauerkraut und reichlich frische Kräuter zugeben, 2–3 Minuten weiterdünsten, mit den Kartoffelscheiben abdecken, mit frischen Kräutern bestreuen, salzen, pfeffern und etwa 30 Minuten bei geschlossenem Deckel fertig garen lassen.

Zucchini-Auflauf

500 g Zucchini, 500 g Tomaten, 2 Schalotten, 300 g geriebener Käse, Gewürze (Thymian, Oregano, Majoran), Salz, frisch gemahlener Pfeffer.
Zubereitung: Zucchini und Tomaten in Scheiben schneiden, eine Auflaufform einfetten und abwechselnd mit einer Schicht Zucchini, einer Schicht Tomaten belegen; jede Schicht salzen, pfeffern und mit Käse und Kräutern bestreuen. 20–30 Minuten bei 180 °C goldgelb backen.
Variationen: Statt mit Käse mit gekochtem Reis und Tomaten abdecken.

Überbackener Brokkoli

Zutaten: 800 g Brokkoli, 2 Lauchstangen, 1 Zwiebel, 200 g saure Sahne, 100 g geriebener Käse, Salz, frisch gemahlener Pfeffer, Muskat

Zubereitung: Brokkoli und Lauch putzen, Brokkoli in wenig Gemüsebrühe 5 Minuten dünsten, Zwiebelringe und in 1 cm dicke Scheiben geschnittenen Lauch zugeben und weitere 5 Minuten garen.
Das Gemüse salzen, pfeffern, Muskat reiben und darauf verteilen. Alles Gemüse in eine gefettete Auflaufform geben, die Hälfte des geriebenen Käses darüber streuen, mit der Sahne aufgießen, den restlichen Käse darüber verteilen und bei 180 °C für 20 Minuten überbacken.
Vor dem Servieren mit Petersilie oder Schnittlauch bestreuen.

Variationen: Mischgemüse verwenden, z. B. 400 g Brokkoli und 400 g Blumenkohl oder 400 g Steckrüben.

Wirsing-Risotto

Zutaten: 200 g Reis, 800 g Wirsing, 2 Zwiebeln, Thymian, Petersilie

Zubereitung: Reis in Gemüsebrühe zusammen mit zwei oder drei Zweigen Thymian kochen, den Wirsingkopf vierteln, hobeln (in 0,5–1 cm breite Streifen), in Gemüsebrühe garen, einen Eßlöffel Butter, den Reis (ohne die Thymianzweige) und reichlich frische Petersilie unter den Wirsing mischen.

Sahnekarotten

Zutaten: 500 g Möhren, 3 Schalotten, 1 Becher süße Sahne, frisch gemahlener Pfeffer, Petersilie

Zubereitung: Möhren in nicht zu dünne Scheiben hobeln, Zwiebeln in Ringe schneiden, Möhren und Zwiebeln in einer Pfanne kurz andünsten, pfeffern, süße Sahne zugeben, 5 Minuten bei kleiner Hitze ziehen lassen, mit Petersilie bestreuen.

Variationen: Kleingeschnittene Zwiebelschlotten (Blätter) oder Kresse-Keimlinge verwenden.

Möhrenpfannkuchen

Zutaten: 250 g Weizenvollkornmehl, 4 Eier, 3–4 Schalotten, 200 g Möhren, etwa 3/8 l Milch (oder Mineralwasser), frisch gemahlener Pfeffer, Muskat

Zubereitung: Mehl, Eier, Milch und Muskat mit dem Schneebesen verrühren, Schalotten in dünne Ringe schneiden, Möhren grob raspeln und unter den Teig heben. In der Pfanne in heißem Öl ausbacken.

Variationen: Andere Gemüsearten verwenden, z. B. Fenchel, Brokkoli, Spinat, Zucchini.

Gemüsereis

Zutaten: Gemüse der Saison (z. B. 200 g Erbsen, 200 g Möhren, 100 g Fenchel), 200 g Naturreis, Salz, frisch gemahlener Pfeffer, Gewürze (z. B. Majoran, Petersilie, Schnittlauch)

Zubereitung: Reis in Gemüsebrühe kochen, Gemüse kleinschneiden und separat weichkochen, den fertigen heißen Reis und das Gemüse mischen, mit frischen Kräutern bestreuen.

Gemüsepfanne

Zutaten: 700–1 000 g Gemüse der Saison (z. B. Blumenkohl, Brokkoli, Karotten, Schalotten, Fenchel, Knoblauch, Zucchini, Lauch, Erbsen, Keimlinge), Gewürze (nach Belieben Curry, Cayennepfeffer, Sojasauce, saure Sahne und Muskat), frische Kräuter

Zubereitung: Gemüse kleinschneiden – es sollte jeweils ungefähr gleich dick sein –, Möhren raspeln, Olivenöl in der Pfanne erhitzen, das Gemüse zugeben, würzen, etwa 10 Minuten unter ständigem Rühren bei mittlerer Hitze garen. Das Gemüse muß noch bißfest sein.
Mit frisch gemahlenem Pfeffer, Salatrauke, Kresse-Keimlingen, Korianderblättern, Petersilie oder Schnittlauch würzen.

Variationen: Fischfilet (Rotbarsch, Seelachs) auf das Gemüse legen, es gart innerhalb von etwa 5 Minuten bei geschlossenem Deckel. Pfeffern und mit Dill oder Petersilie bestreuen.

Frühlingsgemüse

Zutaten: 500 g grüner Spargel, 500 g junge Möhren, 2 Kohlrabi, 3 Mairübchen, 3 Schalotten, Muskat, frisch gemahlener Pfeffer

Zubereitung: Gemüse putzen (Spargel, Mairüben, Kohlrabi schälen, die Gelben Rüben unter Wasser gründlich abbürsten), kleinschneiden, die Schalotten in Öl andünsten, das Gemüse zugeben, mit Gemüsebrühe aufgießen, bis es knapp bedeckt ist, Muskat über das Gemüse reiben, auf kleiner Flamme fertig garen. Vor dem Servieren pfeffern und nach Belieben frisches, klein geschnittenes Grün untermischen (Salatrauke, Stielmus, Kresse-Keimlinge, Zwiebelschlotten, Petersilie, Schnittlauch, Radieschen, rohe, geraspelte Möhren).
Beilage: Paßt gut zu Reis.

Herbstgemüse

Zutaten: 500 g Kartoffeln, 400 g Lauch, 4 Schalotten, 200 g Möhren, 200 g Wirsing, Kümmel, frisch gemahlener Pfeffer, Muskat, frische Kräuter
Zubereitung: Kartoffeln schälen, würfeln, in kaltes Wasser legen, Lauch und Zwiebeln in dicke Ringe schneiden, Zwiebeln in Butter andünsten, Kartoffeln und Kümmel zugeben, mit Gemüsebrühe aufgießen, köcheln lassen, nach 10 Minuten die grob geraspelten Möhren und den Lauch zugeben, nach weiteren 5 Minuten den in Streifen geschnittenen Wirsing. Noch etwa 5 Minuten garen, bis die Kartoffeln weich sind. Großzügig mit Petersilie, Schnittlauch oder Kressekeimlingen bestreuen.
Variationen: Mit saurer Sahne verfeinern. Falls Sie keine geraspelten, sondern in Scheiben geschnittene Möhren verwenden, diese gleichzeitig mit den Kartoffeln zugeben.

Bohnenkern-Salat

Zutaten: 300 g Bohnenkerne, 2 Zweige Bohnenkraut, 5 Knoblauchzehen, Lorbeerblatt, Salz, 3 Schalotten, frischen Rosmarin oder Thymian, Salz, frisch gemahlener Pfeffer, Rotweinessig, Olivenöl
Zubereitung: Bohnenkerne über Nacht einweichen, am nächsten Tag das Wasser abschütten und die Kerne in Gemüsebrühe zusammen mit den Gewürzen weichkochen. Die Kerne ohne Flüssigkeit und die in Ringe geschnittenen Zwiebeln in eine Glas- oder Porzellanschüssel geben, salzen, pfeffern mit Essig übergießen, die Kräuter zugeben und alles mischen; 1–2 Stunden ziehen lassen, das Öl kurz vor dem Servieren zugeben.
Variationen: Die weichgekochten Kerne in der Gemüsebrühe pürieren und zu Suppe verarbeiten, oder die Kerne durch ein Sieb passieren, um die Schalen zurückzuhalten.

Kräutersalat

Zutaten: Kopfsalat, nach Belieben Dill, Zwiebelschlotten, junge Borretsch- und Knoblauchblätter, Petersilie, Gartenkresse, 3–4 Blättchen Zitronenmelisse, Salatrauke, 2–3 junge Kohlrabiblätter, Kapuzinerkressen- und Borretschblüten, Blütenblättchen (Zungenblüten) von Ringelblumen
Zubereitung: Kopfsalatblätter waschen, zerteilen, das Gartengrün kleinschneiden, in eine Glas- oder Porzellanschüssel geben, mit wenig Essig (oder Zitronensaft) und Öl anmachen, gut durchmischen, mit den Blüten verzieren.

Zwiebelkuchen

Teig: 400 g Weizenvollkornmehl, 1 Päckchen Hefe, 1 TL Zucker, 1 gestrichener TL Salz, 4 EL Öl, etwa 1/4 l lauwarme Milch
Zubereitung: 1500 g Zwiebeln, 5 EL Kümmel, frisch gemahlener Pfeffer, Salz Zwiebeln in Ringe hobeln, in Öl andünsten, Kümmel zugeben, salzen, pfeffern, auf den dünn ausgerollten Hefeteig legen, im Ofen goldgelb backen (etwa 40 Minuten bei 200 °C).
Variationen: Mit saurer Sahne und verquirltem Ei verfeinern.

Bratäpfel

Zutaten: Mittelgroße bis große Äpfel (z. B. 'Landsberger Renette', 'Boskoop', 'Gravensteiner', 'Oldenburg')
Zubereitung: Äpfel waschen, abtrocknen, nebeneinander in einen flachen Topf geben, Deckel auflegen und die Äpfel auf kleinster Stufe je nach Sorte und Größe 30–45 Minuten garen. Rechtzeitig von der Herdplatte nehmen, da sie sonst anbrennen. Auf dem Kachelofen brauchen die Äpfel viel länger, bis sie durch sind. Bestreuen Sie die hellbraunen, noch warmen Äpfel mit Zimt – sie zergehen auf der Zunge!

Die Obstarten

Geißblattgewächse

Schwarzer Holunder
(Sambucus nigra)

Er wird in manchen Gegenden Fliederbeere genannt, hat jedoch nichts zu tun mit dem Gemeinen Flieder *(Syringa vulgaris)* oder dem Sommerflieder *(Buddleja davidii)*. Neben Wildformen führen die Baumschulen Sorten, die besonders große Beeren tragen. Während wilder Holunder sich gut in eine Hecke einfügt, sollten die Sorten einen Platz im Obstgarten erhalten. Die großen Blütendolden öffnen sich erst im Juni, nachdem die Gefahr der Spätfröste vorüber ist. Holunder ist selbstfruchtbar. Er neigt jedoch dazu, bei naß-kalter Witterung im Frühsommer einen Teil der noch winzig-kleinen Beeren abzuwerfen (»Verrieseln«). Die Sorte 'Haschberg' ist dafür nur wenig anfällig.

Holunderblütentee wirkt schweißtreibend und fiebersenkend.

Anbauen: Er bevorzugt nährstoffreiche, humose Böden und einen sonnigen Standort. Mulchen, im Frühjahr mit Kompost düngen.

Ernten, Verwerten: Die Beeren färben sich schwarz, bevor sie voll ausgereift sind, Ernte im September, die Dolden mit der Schere abschneiden. Vorsicht: Der Saft hinterläßt violettschwarze Flecken auf der Kleidung!

Rinde, Stiele und Kerne enthalten Sambunigrin, das Durchfall und Erbrechen verursachen kann; deshalb nicht zu viele Beeren roh essen. In vollreifen Früchten findet man nur noch Spuren dieses Stoffes; außerdem wird er durch Kochen zerstört. Früchte vor dem Verarbeiten zu Gelee, Mus, Kaltschale oder Saft von den Dolden trennen. Holunderkücherl: Blütendolden waschen, in Pfannkuchenteig tauchen und ausbacken.

Vorbeugen, Heilen: Der Saft beugt Erkältungen vor, Tee aus Holunderblüten gilt als schweißtreibend und hilft bei fiebrigen Infekten.

Inhaltsstoffe: Vitamin C, Vitamin B, Carotine, Mineralstoffe, in den Blüten ätherische Öle, Flavonoide, Schleimstoffe.

Heidekrautgewächse

Heidelbeere
(Vaccinium corymbosum)

Die großbeerigen Gartenheidelbeeren ('Bluetta', 'Bluecrop', 'Berkeley') stammen von amerikanischen Wildarten ab. Ihr Saft ist farblos, die Frucht innen grünweiß – im Gegensatz zu den blauschwarz durchgefärbten, aromatischeren Beeren unserer heimischen Art *(Vaccinium myrtillus)*. Die amerikanischen Sorten wachsen bis zu 2 m hoch. Heidelbeeren sind selbstfruchtbar, es empfiehlt sich jedoch, zwei oder mehrere Sorten zu pflanzen.

Anbauen: Bevorzugt humose, feuchte Standorte; benötigt viel Feuchtigkeit und Sonne, damit die Früchte voll ausreifen. Pflanzung im Abstand von 1,5–2,0 m. Auf kalkhaltigen Böden kümmern die Büsche und tragen kaum Früchte; in diesem Fall ist es besser, sie in großen Gefäßen (15–20 l) zu ziehen, die man ebenerdig in den Boden eingräbt. Pflanzen mit Laubkompost, Nadelstreu oder Sägespänen dick mulchen (10 cm hoch), mit Regenwasser gießen (kalkarm), im

Amerikanische Kulturheidelbeeren bilden mächtige Büsche.

Winter alte, abgetragene Triebe entfernen und die Sträucher auslichten.
Ernten, Verwerten: Die Beeren voll ausreifen lassen; sie reifen von Juli bis September und schmecken süßer als die Beeren der heimischen Art. Büsche während der Erntezeit mit Netzen vor Vögeln schützen. Nach etwa 8–10 Jahren kommen die Büsche in den Vollertrag.
Heidelbeeren schmecken am besten frisch sowie als Kuchen, Kompott oder Saft; man kann sie auch einwecken oder einfrieren.
Vorbeugen, Heilen: Lindern Durchfall, wirken beruhigend auf Magen und Darm, schützen vor Herz-Kreislauf-Erkrankungen, senken hohen Blutdruck.
Inhaltsstoffe: Vitamin C (16 mg%), Vitamin B, Carotine, Mineralstoffe, Fruchtsäuren, Pektine, Flavonoide.

Knöterichgewächse

Rhabarber
(Rheum rhabarbarum)

Das Wort Rhabarber heißt soviel wie »Barbar von Rha« oder (frei übersetzt) »Fremder aus dem Wolgagebiet«. Der Fremde ist erst seit dem 18. Jahrhundert in Europa eingebürgert. Ob man ihm dem Obst oder, wie in Deutschland, dem Gemüse zuordnet, ist der frostharten Staude egal. Im Herbst sterben seine Blätter, nur der Wurzelstock überwintert. Rhabarber stellt keine besonderen Ansprüche an Boden und Klima, auf schweren, nassen Böden fault das fleischige Wurzelwerk leicht. Nach 7–10 Jahren, wenn der Ertrag nachläßt, teilt man die Rhabarberstöcke und weist den Wurzelstücken einen neuen Platz im Garten zu.
Ein Verwandter, der Medizinal-Rhabarber *(Rheum palmatum)* mit seinen tief eingeschnittenen Blättern, wird schon seit 5 000 Jahren medizinisch (Abführmittel) genutzt.
Anbauen: Teile der Wurzelstöcke (Klumpen) pflanzen und etwa eine Handbreit hoch mit Erde bedecken. Pflanzung im Frühjahr oder Herbst möglich; da der Rhabarber frosthart ist, empfiehlt sich die Herbstpflanzung. Abstände 1 m zwischen den Pflanzen, zwischen den Reihen 2–3 m. Reichlich Kompost und Gesteinsmehl ins Pflanzloch geben, alljährlich im Frühjahr mit Kompost düngen. Anfangs regelmäßig jäten, bei Trockenheit gießen. Im Profianbau entfernt man die Blütenstiele bodentief, damit die Pflanze keine Kraft vergeudet. Grüne Sorten sind wüchsiger, haben dickere Blattstiele und mehr Säure (Oxalsäure) als rotfleischige Sorten ('Holsteiner Blut'), die milder schmecken. Zwei (bis vier) Stauden reichen, um eine vierköpfige Familie mit frischem Rhabarber zu versorgen.
Ernten, Verwerten: Erste Ernte im zweiten Jahr nach der Pflanzung bis Ende Mai, ab dem dritten Jahr bis Ende Juni. Man zieht die Stiele leicht drehend aus dem Wurzelstock; nicht schneiden, damit keine Stummel stehen bleiben. Frühere Ernte kann man durch Abdecken der Stauden im Spätwinter erzielen.
Die Blätter sind giftig, die Blütenknospen eßbar (wie Brokkoli oder Blumenkohl als Gemüse zubereiten). Die Stengel geschält oder ungeschält in Stücke schneiden, Kuchen damit belegen oder zu Kompott oder Marmelade verarbeiten, eventuell gemischt mit Erdbeeren. Kompott paßt gut zu Quark, Joghurt, Vanillesoße, Grieß-, Reisbrei und anderen Milchspeisen, weil sie Oxalsäure binden. Rhabarber nur in Glas- oder Porzellanschüsseln aufbewahren, da die Säure Metalle angreift. Nicht in Metalltöpfen kochen! Nicht in Plastikfolie verpacken, damit Ethylen entweichen kann, sonst schrumpeln und altern die Stengel.
Vorbeugen, Heilen: Wirkt erfrischend, durstlöschend und abführend.
Inhaltsstoffe: Vitamin C (10 mg%), Vitamin B, Mineralstoffe, viele Fruchtsäuren (u. a. Oxal-, Äpfel-, Citronensäure).

Ölweidengewächse

Sanddorn
(Hippophaë rhamnoides)

»Hippophaë« bedeutet »glänzendes Pferd«, da kleinasiatische Völker die Beeren ihren Pferden unters Futter gemischt haben und die Tiere sichtlich »aufblühten«. In der Antike glaubte man, daß wer Sanddorn ißt, nie krank wird und ewig lebt. Die bedornten Sträucher sehen mit ihrem bizarren Wuchs, den silbrigen Blättern

und leuchtend orangen Beeren dekorativ aus. Sanddorn wächst wild an den Küsten der Nord- und Ostsee und in den Alpentälern (bis 1200 m). Er ist zweihäusig, die unscheinbaren, frostharten männlichen und weiblichen Blüten sitzen auf verschiedenen Pflanzen. Im Garten lohnt sich der Anbau von ertragreichen Fruchtsorten mit sehr hohem Gehalt an Inhaltsstoffen.
Sorten: 'Hergo', 'Frugana'; für den Hausgarten besonders geeignet sind 'Dorana' (schwachwachsend, bildet wenig Ausläufer, enthält sehr viel Vitamin C, mittelgroße Beeren, dichter Behang, Früchte lassen sich relativ gut pflücken), 'Leikora' (wächst stark, große, fest sitzende Beeren).
Anbauen: Benötigt viel Licht und einen gut durchlüfteten Boden, denn seine Wurzeln leben in enger Gemeinschaft mit Strahlenpilzen, die die Pflanze mit Stickstoff versorgen und die in verdichteten, nassen Böden ersticken. Sanddorn gedeiht auch auf mageren, trockenen Böden, da die Wurzeln Wasser noch aus 3 m Tiefe holen. Viele Wurzeln verlaufen auch dicht unter der Oberfläche; werden sie verletzt, treiben sie aus – deshalb Baumscheibe nicht hacken.
Eine männliche Pflanze ('Pollmix') genügt, um 5–10 weibliche zu bestäuben. Da der Wind einen Großteil des Pollens transportiert ist, beim Pflanzen auf die Windrichtung achten.
Ernten, Verwerten: die Beeren reifen, je nach Sorte, von August bis Oktober; sie sitzen an kurzen Stielchen fest am Zweig. Man schneidet die Beerchen einzeln mit der Schere ab oder den gesamten Fruchtzweig. Die Zweige einen Tag lang in die Tiefkühltruhe legen, die gefrorenen Beeren lassen sich dann leicht abklopfen. Die Früchte enthalten sehr hohe Mengen an Vitamin C, welches das Verarbeiten und Lagern dank der vielen Flavonoide gut übersteht. Man kann die Beeren roh verzehren, sie schmecken wegen des hohen Vitamin-C-Gehalts aber sehr säuerlich – daher zu Mus oder zusammen mit anderem Obst (Birnen) zu Marmelade verarbeiten oder unter Milch, Quark, Grießbrei mischen.
Vorbeugen, Heilen: Regelmäßig gegessen (2–3 Eßlöffel Saft oder Mus täglich, pur oder unter Joghurt gemischt und mit Honig gesüßt), beugt Sanddorn Bluthochdruck sowie Herz-Kreislauf-Erkrankungen vor, er wirkt entzündungshemmend und antibakteriell, stärkt Magen und Darm, beugt bestimmten Krebsarten vor und schützt bis zu einem gewissen Grad vor radioaktiver Strahlung. Das Öl wird äußerlich angewendet bei verletzter, verbrannter, verstrahlter Haut und Geschwüren. Sanddorn enthält verschiedene Stoffe mit tumorhemmenden Eigenschaften und wird seit langem angewandt, um das Immunsystem zu stärken.
Inhaltsstoffe: Vitamin C (400–1 200 mg%), Vitamin E, sehr viele Carotinoide, Mineralstoffe, Fruchtsäuren, sehr viele Flavonoide.

Rosengewächse

Apfel
(Malus x domestica)

Keine Obstart bietet ein solch reichhaltiges Sortiment an Sorten – es gibt mehrere hundert Apfelsorten. Sie reifen von Juli bis Oktober. Die Blütezeit erstreckt sich sorten- und witterungsabhängig etwa über vier Wochen. Äpfel sind selbstunfruchtbar, die Sorten bestäuben sich gegenseitig, weshalb man mindestens zwei pflanzen muß. Nicht jede Sorte eignet sich als Pollenspender! Auch Bäume, die im Umkreis von 100 m stehen, tragen zur Bestäubung bei. Wenn sich bei Apfel oder Birne zirka 5% der Blüten zu Früchten entwickeln, erwartet der Obstbauer eine Vollernte. Etwa im Juni wirft der Baum all jene Früchte ab, die er nicht ernähren kann (Junifruchtfall). Manche Sorten werfen zuviel, andere zu-

Sanddornbeeren strotzen vor »gesunden« Inhaltsstoffen.

Apfel

Wer täglich einen Apfel ißt, erspart sich manchen Besuch beim Arzt.

wenig Ballast ab. Sorten, die dazu neigen, sich zu übernehmen ('Berlepsch', 'Goldparmäne'), setzen im folgenden Jahr weniger Blüten und Früchte an (Alternanz). Bei reichem Behang sollte man Ende Juni einen Teil der Früchte entfernen.

Sorten: 'Klarapfel' (früheste Sorte, zunächst säuerlich, später leicht mehlig, auf trockenen Böden mehltauanfällig),
'Delbarestivale' (saftig, sehr aromatisch, wenig anfällig für Schorf und Mehltau),
'James Grieve' (sehr saftig, säuerlich-aromatisch, sehr guter Geschmack, robust, anspruchslos),
'Jakob Fischer' (saftig säuerlich aromatisch, anspruchslos),
'Cox Orange' (hervorragender Geschmack, saftig, anfällig für Schorf, Mehltau, Blutläuse, Apfelwickler, braucht gute Böden und gleichmäßige Feuchtigkeit),
'Prinz Albrecht von Preußen' (saftig, süßsäuerlich, wenig anfällig für Schorf, auch für höhere Lagen, nicht für trockene Standorte geeignet, robust),
'Landsberger Renette' (ausgereifte Früchte süßsäuerlich, weich, in höheren Lagen unempfindlich gegen Schorf),
'Berlepsch' (sehr guter Geschmack, wenig anfällig für Schorf und Mehltau),
'Boskoop' (feinwürzig säuerlich, braucht feuchte, kalkhaltige Böden, guter Backapfel),
'Weißer Winterkalvill' (ausgereifte Früchte sehr feines, köstliches Aroma, Weinbauklima, braucht beste Pflege, für fortgeschrittene Apfelgärtner),
'Ontarioapfel' (säuerlich-herb, auf trockenen Böden anfällig für Mehltau).
'Pilot' (guter Geschmack, wenig anfällig für Schorf und Mehltau),
'Pinova' (widerstandsfähig gegen Schorf und Mehltau,

Anbauen: Der Apfel bevorzugt nährstoffreiche, humose, gut durchlüftete Böden, kommt jedoch auch auf weniger guten zurecht; schwere, lehmige Erde verbessert man mit Kompost oder Gründünger. Mitteleuropäische Winter überstehen die Bäume meist problemlos, robuste Sorten wachsen bis in 800 m Höhe. Wichtig ist ein sonniger Standort, denn nur Sonnenäpfel reifen voll aus und bilden ihr typisches Aroma.
Bäume im Frühjahr mit Kompost versorgen, mit Stickstoff überdüngte sind anfällig für Pilze (u. a. Mehltau). Ab Juni mulchen (Grasschnitt, samenloses Jätegut, Beinwell, Ringelblumen). Mulchen ist besser als Hacken, denn kleinwüchsige Bäume (auf schwachwachsenden Unterlagen) wurzeln sehr flach.
Der Schnitt hängt von der Baumform und von der Unterlagensorte ab. Zweige, die drei Jahre und älter sind, entfernen, ebenfalls kranke und zu dicht stehende junge Triebe sowie alle Zweige, die nach innen wachsen.
Besonders in warmen, trockenen Sommern treten Apfelwickler auf, ihre Larven sind die »Würmchen« in den Früchten. Alles Fallobst einsammeln und vernichten; Nisthilfen für Vögel aufhängen. Ab Ende Mai Fanggürtel aus Wellpappe um die Stämme legen (20–30 cm über dem Boden).
In nassen Jahren leiden anfällige Sorten stark unter Schorf, befallene Blätter weisen braune, abgestorbene Flecken auf, die Früchte haben oft zusätzlich grindige Wunden und Risse, stark befallene Äpfel verkrüppeln. Auch auf gelagerten Äpfeln wächst der Pilz weiter. Vorbeugend resistente Sorten pflanzen ('Rewena', 'Retina', 'Reglindis', 'Remo', 'Renora', 'Resi', 'Releika').

Ernten, Verwerten: Die Früchte des 'Klarapfels' reifen bereits im Ende Juli. Nur die frühen Sorten bilden am Baum ihr volles Aroma, können also sofort gegessen werden. Die meisten Sorten müssen nach der Ernte einige Zeit nachreifen (Lageräpfel).

Vorbeugen, Heilen: Äpfel sind gesund, sie helfen bei Durchfall, Verstopfung und Bluthochdruck,

sie stärken Haut, Herz, Magen, Zahnfleisch, Nerven, beugen Herz-Kreislauf-Erkrankungen vor.
Inhaltsstoffe: Vitamin C (20 mg%), Vitamin B, Carotine, Mineralstoffe, Fruchtsäuren, Pektine, viele Flavonoide.

Aprikose
(Prunus armeniaca)

In Österreich heißen sie Marillen und wachsen, als Spalier gezogen an vielen Hauswänden. Die Aprikose stammt aus der zentralasiatischen Steppe, wo es nur zwei Jahreszeiten gibt: eiskalte Winter und heiße Sommer. Sie blüht bereits im März, während andere Obstgehölze der sonnigen Witterung nicht trauen und bis Mai warten. Deshalb erfrieren in unseren Breiten die Aprikosenblüten und jungen Früchte häufig. Die meisten Sorten sind selbstfruchtbar.
Sorten: 'Ungarische Beste', 'Mombacher Frühe', 'Nancy-Aprikose' (über 200 Jahre alte Sorte, relativ anspruchslos und widerstandsfähig, sehr gutes Aroma).
Anbauen: Bevorzugt lockere, humose, nährstoffeiche, gleichmäßig feuchte Böden und einen warmen, sonnigen Standort; Südlagen sind weniger geeignet, da sie einen frühen Austrieb fördern. Solange sich die Bäume in Winterruhe befinden, ertragen sie selbst starke Fröste problemlos; frostgefährdet sind sie jedoch im Spätwinter, wenn der Saft nach einigen sonnigen Tagen bereits wieder zu zirkulieren beginnt. Ende Februar / Anfang März die Bäume mit Schilf- oder Strohmatten abdecken (gelingt besonders leicht bei Spalierbäumen), um den Austrieb zu verzögern. Im Frühjahr mit halbreifem Kompost düngen, ab Juni die Baumscheibe mulchen. Unter Dachvorsprüngen wachsende Spalierbäume regelmäßig gießen. Bei Trockenheit Aprikosen auch nach der Ernte ein- bis zweimal gründlich wässern, um den nächstjährigen Ertrag zu sichern. Aprikosen – wie alles Steinobst – nach der Ernte schneiden, da die Wunden im Sommer schneller verheilen als im Winter. Anfällig für den *Monilia*-Pilz; er dringt über Blüten und Wunden ein, zunächst sterben die Blüten und verbräunen, später ganze Astpartien. Befallene Zweige 20 cm ins gesunde Holz abschneiden.
Ernten, Verwerten: Die Früchte reifen im Juli, August; nicht zu früh ernten, damit sie ihr volles Aroma entfalten.
Frisch schmecken die Früchte am besten, behalten aber auch getrocknet oder zu Marmelade, Kompott und Kuchen verarbeitet ihr typisches Aroma.
Vorbeugen, Heilen: Stärkt die Augen und das Immunsystem, schützt vor manchen Krebsarten und verlangsamt das Altern (Carotine).
Inhaltsstoffe: Vitamin C, Vitamin B, sehr viele Carotine, Mineralstoffe, Fruchtsäuren, Flavonoide.

Birne
(Pyrus communis)

Birnen blühen etwas früher als Apfelbäume. Naß-kalte Witterung während der Blütezeit verhindert eine optimale Befruchtung ebenso Spätfröste. Sie sind selbstunfruchtbar, deshalb mindestens zwei Sorten pflanzen. Nicht jede Sorte eignet sich als Pollenspender!
Sorten: 'Frühe von Trévoux' (fein würzig, widerstandsfähig),
'Clapps Liebling' (August, anspruchslos, wird schnell überreif),
'Williams Christ' (hervorragender Geschmack, für warme Lagen, wird schnell überreif, ideal zum Einwecken),
'Gute Luise' (sehr guter Geschmack, schorfanfällig),
'Gellerts Butterbirne' (sehr guter Geschmack, schorfanfällig, ansonsten robust),
'Boscs Flaschenbirne' (schmelzend saftig, liebt warme Lagen, anspruchslos),
'Köstliche von Charneux' (guter Geschmack, braucht feuchte, nährstoffreiche Böden, schorfanfällig, ansonsten robust),
'Conference' (guter Geschmack, robust, wenig schorfanfällig, gut lagerfähig),

Das zarte, saftige Fleisch der Birnen zerschmilzt auf der Zunge.

'Alexander Lucas' (guter Geschmack, bis Januar lagerfähig), 'Vereinsdechant' (saftig, sehr guter Geschmack, liebt warme Lagen, gute Böden, anspruchsvoll), 'Gräfin von Paris' (reift nur in günstigen Lagen, bei Vollreife saftig-süß, gut lagerfähig, liebt Wärme und guten Boden, in regenreichen Gebieten schorfanfällig).

Anbauen: Birnen benötigen viel Sonne und wärmere, windgeschützte Standorte als Apfelbäume; sie vertragen Trockenheit besser, da sie eine tiefreichende Pfahlwurzel besitzen. Dies gilt für starkwüchsige Bäume, die auf einer Birnenunterlage wachsen. Schwachwüchsige sind auf Quittenunterlagen veredelt und dadurch etwas frostanfällig; sie wurzeln flach und benötigen mittelschwere, nährstoffreiche, vor allem gut durchlüftete, humose Böden. Auf schweren, verdichteten, nassen Böden bleichen die Blätter aus (Chlorose), ebenso auf stark kalkhaltigen. In rauheren Gegenden Birnen an einer warmen Wand als Spalier ziehen. Späte Sorten entwickeln nur in klimatisch günstigen Regionen (Weinbauklima) ihr volles Aroma. Naß-kaltes Wetter ein bis zwei Monate vor der Ernte ist schuld, wenn die Früchte trocken-fade schmecken und das Fruchtfleisch von harten Klümpchen (Steinzellen) durchsetzt ist. Ab Juni Boden mulchen, Mulch kurz vor der Blütezeit entfernen, damit die dunkle Erde sich schnell erwärmt. Dies kann die Blüten vor Frost schützen. Im Frühjahr mit Kompost düngen.

Ernten, Verwerten: Frühe Sorten ('Frühe von Trévoux', 'Clapps Liebling') reifen im August, späte ('Alexander Lucas', 'Gräfin von Paris', 'Pastorenbirne') erst im Oktober. Birnen sind nicht so lange lagerfähig wie Äpfel. Sie enthalten etwa genausoviel Zucker wie diese, jedoch weniger Säure und schmecken deshalb süßer.

Birnen eignen sich gut zum Einwecken, Dörren, für Kompott (Zimt und Nelken nicht vergessen!). Reine Birnenmarmelade schmeckt fade und flach, deshalb mit aroma- oder säurereichen Früchten (Holunder, Brombeere, Kiwi) mischen.

Inhaltsstoffe: Vitamin C, Vitamin B, Mineralstoffe, Fruchtsäuren, Biophenole.

Brombeere
(*Rubus* spec.)

Die großfrüchtigen Sorten kamen Mitte des 19. Jahrhunderts aus USA nach Europa. Sie blühen spät im Mai bis zum August und sind selbstfruchtbar.

Sorten: 'Theodor Reimers' (stark bestachelt, Beeren mit sehr gutem Aroma, robust, hohe Erträge, auch für leichte Böden), 'Black Satin' (stachellos, hohe Erträge, säuerlich-aromatischer Geschmack, Beeren fäulnisanfällig), 'Thornless Evergreen' (stachellos, mittelgroße, feste Früchte), 'Wilsons Frühe' (aufrecht wachsende, robust, wenig frostempfindlich, mäßiger Geschmack).

Anbauen: Brombeeren kommen auf jedem Gartenboden zurecht, lieben gleichmäßige Feuchte, vertragen jedoch keine stauende Nässe; auf sehr trockenen Böden bleiben die Beeren klein und saftarm. Sie bevorzugen einen sonnigen, windgeschützten Standort. Pflanzung im Frühjahr an ein Spalier, Boden dick mulchen. In strengen Wintern erfrieren die Ruten, treiben im Frühjahr jedoch neu aus. Es dauert allerdings ein Jahr, bis sie wieder tragen. In Gegenden mit starken Winterfrösten bindet man die Ranken los und überwintert sie, gut abgedeckt, am Boden.

Anfang März schneiden, bevor die Ranken austreiben. Je nach Sorte alle Ruten bis auf 4–7 kräftige Jungtriebe entfernen. Im Sommer die Seitentriebe auf 1–2 Knospen einkürzen.

Ernten, Verwerten: Etwa eine Woche, bevor sie ihr volles Aroma entwickeln, färben sich die Früchte schwarz. Sie sind erst reif, wenn sich der weiße Zapfen in den Beeren blauviolett färbt.

Vorbeugen, Heilen: Brombeeren wirken blutbildend und magenstärkend; Tee aus den gerbstoff-

Oft verkannt: die gesundheitliche Wirkung von Brombeeren.

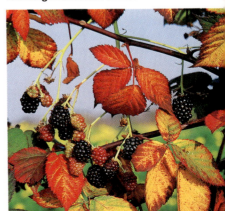

reichen Blättern hilft gegen Durchfall und bei leichter Blinddarmreizung.
Inhaltsstoffe: Vitamin C und B, Carotine, Mineralstoffe, Fruchtsäuren, Pektine, Biophenole.

Erdbeere
(Fragaria x ananassa)

Früher baute man in den Gärten die heimische Walderdbeere *(Fragaria vesca)* an, die zwar aromatische, aber nur kleine Früchte trägt. Erst als sich in der Bretagne zufällig eine nord- und südamerikanische Erdbeerart kreuzten, entstanden die Urahnen unserer großfrüchtigen Gartenerdbeere. Erdbeeren sind selbstfruchtbar, die Früchte fallen größer aus, wenn mehrere Sorten zusammen stehen.
Sorten: 'Korona' (früh),
'Senga Sengana' (mittelfrüh),
'Elsanta' (mittelspät),
Tenira' (mittelspät),
'Mieze Schindler' (spät, sehr alte Sorte, guter Geschmack, benötigt Befruchtersorte, da sie nur weibliche Blüten trägt),
'Ostara' (immertragende großfrüchtige Sorte; die ersten Blüten entfernen; fruchtet von Juni bis zu den ersten Frösten).

Frische, dunkelrote Erdbeeren – wer greift da nicht gerne zu?

Die Sorte 'Florika' ist eine Kreuzung aus Garten- und Walderdbeere mit einem hervorragendem Aroma. Sie wuchert innerhalb von 1–2 Jahren das Beet vollständig zu (Erdbeerwiese), braucht deshalb keinen Mulch und außerdem weil sie robust und genügsam ist, weder Pflanzenschutz noch Pflege außer einer spätsommerlichen Kompostdüngung. Die Blütenstände stehen über dem Laub, trocknen schnell ab, was Pilzsporen und Schnecken das Leben erschwert.
Anbauen: Erdbeeren benötigen lockere, humose, nährstoffreiche Böden; schwere oder leichte sandige, mit Kompost verbessern. Pflanzung Anfang bis Mitte August, spätere Pflanzungen bringen im folgenden Jahr geringe bis gar keine Erträge. Abstand: 20–30 cm zwischen den Pflanzen, 60–80 cm zwischen den Reihen. Einjährige Kulturen enger, zwei- und dreijährige weiter pflanzen.
Mulchen, blühende Pflanzen im Frühjahr vor Spätfrösten mit Vlies schützen. Bei Trockenheit gießen, sonst bleiben die Früchte klein, ledrig und ohne Aroma. Nach der Ernte im August düngen, da dann der Nährstoffbedarf am größten ist; Frühjahrsdüngung erhöht die Fäulnisanfälligkeit. Im Frühjahr alte, abgestorbene und kranke Blätter entfernen.
Frühestens nach 4–5 Jahren Erdbeeren wieder auf dasselbe Beet pflanzen. Man kann sie auch im Topf, Kübel oder Kasten ziehen.
Ernten, Verwerten: Erdbeeren schmecken frisch am besten. Erst waschen, dann die grünen Kelchblättchen entfernen. Sie eignen sich für Marmelade, Kuchen und Obstsalate.
Vorbeugen, Heilen: Wirkt entwässernd, beugt Gicht vor, stärkt das Immunsystem.
Inhaltsstoffe: Vitamin C, Vitamin B, Carotine, Mineralstoffe, Fruchtsäuren, Biophenole.

Himbeere
(Rubus idaeus)

Die Himbeere stammt von der Waldhimbeere ab, amerikanischen Vorfahren verdankt sie die Fruchtgröße. Die Blüte beginnt ab Ende Mai und zieht sich bis zur Reife der ersten Früchte hin. Himbeeren sind selbstfruchtbar. Sie benötigen wenig Platz, man zieht sie am Spalier, am Zaun entlang oder als »Raumteiler« mitten im Garten. Himbeeren sind robust und anspruchlos und bringen selbst in rauhen Lagen gute Erträge.
Sorten: 'Schönemann' (altbewährt, reift im Juli, große Früchte, hohe Erträge, gutes Aroma),
'Zefa 2' (robust, ertragreich),
'Meeker' (robust, widerstandsfähig, aromatische Früchte),
'Himbostar' (hohe Erträge, große, feste Früchte mit gutem Geschmack).
Eine Herbst-Himbeere ist 'Autumn Bliss', sie trägt nur an den neuen (diesjährigen) Trieben. Die Früchte reifen Anfang August bis Ende September. Nach der Ernte schneidet man alle Triebe bis zum Boden zurück, die Pflanzen treiben im nächsten Jahr neu aus.

Neben rotfrüchtigen Himbeeren gibt es auch gelbfrüchtige Sorten.

Anbauen: Himbeeren benötigen vollsonnige bis halbschattige Standorte und vor allem gut durchlüfteten Boden, auch der Untergrund muß durchlässig sein; stauende Nässe und schwere, kalkreiche Böden vertragen sie nicht. Pflanzung im Herbst oder Frühjahr; Ruten auf 30–50 cm einkürzen, um den Austrieb zu fördern.

Spalier: Zwischen 2 Holzpfählen in je 50 cm Abstand 3 Drähte (oder in 1 m und 1,5 m Bodenhöhe 2 Drähte) quer spannen und die Ruten daran anbinden. Pflanzen dick mulchen.

Alte Ruten nach der Ernte möglichst tief abschneiden. Junge Triebe auslichten, so daß nur alle 15–20 cm eine Rute stehen bleibt.

Ernten, Verwerten: Während der Erntezeit alle 2–3 Tage durchpflücken. Frisch essen oder als Marmelade, Kuchen, Kompott, in Quarkspeisen.

Inhaltsstoffe: Vitamin C (25 mg%), Vitamin B, Carotine, Mineralstoffe, Fruchtsäuren, Biophenole.

Pflaume, Zwetschge Mirabelle, Reneklode
(Prunus domestica)

Obwohl sie Früchte von unterschiedlicher Größe, Farbe und Geschmack tragen, gehören sie doch alle zu einer Art. Die Pflaumensippschaft mit ihrer unüberschaubaren Formenvielfalt ist eine der ältesten Obstarten Europas. Nahezu jeder Landstrich Süddeutschlands hatte früher seine eigenen Zwetschgen- und Pflaumensorten, die im jeweiligen Klima besonders gut gediehen. Einige werden noch heute angebaut, so zum Beispiel im Badischen die Haferpflaumen und Zibarten, die man meist zum Brennen verwendet.

Die Blütezeit zieht sich von Ende März bis Anfang Mai hin. Mirabellen blühen spät und tragen deshalb nahezu jedes Jahr reichlich. Die Blüten von Zwetschgen und Pflaumen sind etwas stärker frostgefährdet. Mirabelle und 'Hauszwetschge' sind selbstfruchtbar, Renekloden und die meisten Pflaumen- und Zwetschgensorten selbstunfruchtbar. Schlehe und wilde Kirschpflaume liefern geeigneten Pollen, besser ist es, mehrere Sorten zu pflanzen. Auf 'Weito'-Unterlagen veredelte Sorten bleiben niedrig.

Sorten: 'Čačaks Beste' (scharkaresistent, reift im August, große Zwetschgen),
'Ontariopflaume' (scharkatolerant, reift im August, große, gelbe, runde Pflaumen),
'Ortenauer' (selbstfruchtbar, reift im September, große, dunkelblaue Zwetschgen),
'Hanita' (scharkatolerant, reift im September, große, blaue Zwetschge),
'Hauszwetschge' (ein Formengemisch, je nach Herkunft unterschiedliche Eigenschaften, reift im September/Oktober),

Da Zwetschgen spät blühen, fordern Fröste nur selten Tribut.

Mirabellen schmecken frisch vom Baum und als Marmelade.

'Mirabelle von Nancy' (scharkatolerant, selbstfruchtbar, reichtragend, kleine, gelbe, rundliche Früchte),
'Graf Althans Reneklode' (reift Anfang September, große, rotviolette Früchte),
'Große Grüne Reneklode' (reift im September, grüngelb).
Anbauen: Alle Pflaumen bevorzugen nährstoffreiche Böden und mildes Klima, doch keine Obstart paßt sich widrigen Bedingungen bereitwilliger an. Besonders genügsam und anspruchslos sind Zwetschgen, nur in sehr trockenen Jahren werfen sie einen Teil ihres Fruchtbehangs vorzeitig ab. Um große, wohlschmeckende Früchte zu liefern, benötigen sie einen sonnigen Standort.
Die Bäume sind oft – vor allem in warmen Lagen (Baden) – vom Scharkavirus befallen: Die Blätter sind dann hellgrün, verwaschen, die Früchte pockennarbig gefurcht oder eingedellt und fallen vorzeitig ab. Es gibt widerstandsfähige Sorten, die zwar auch infiziert werden, deren Früchte aber symptomfrei bleiben.
In Jahren mit feucht-kühler Witterung während der Blütezeit tritt die Narren- oder Taschenkrankheit auf. Von diesem Pilz befallene Früchte wachsen schneller als gesunde, sie sind groß, flach, kernlos, leicht gekrümmt und von hellgrüner Farbe mit weißem Überzug. Sie sollten unverzüglich entfernt und vernichtet werden.
Der Pflaumenwickler befällt vor allem spätreifende Sorten. Befallene Früchte auflesen. Manschetten aus Wellpappe um die Stammbasis legen. Regelmäßig auf Larven kontrollieren und erneuern.
Ernten, Verwerten: Die ersten Sorten reifen im Juli, 'Hauszwetschgen' im September/Oktober. Frühzwetschgen sind saftiger als die Spätsorten, sie eignen sich nicht zum Kuchenbacken, da sie verkochen und Aroma verlieren. Reneklöden rechtzeitig und morgens ernten, um den Wespen zuvorzukommen.
Frisch essen, Kuchen, Marmelade zubereiten, trocknen, einwecken.
Vorbeugen, Heilen: Fördern die Verdauung, regulieren Blutdruck, beugen Herz-Kreislauf-Erkrankungen vor.
Inhaltsstoffe: Vitamin C, Carotine, Mineralstoffe, Fruchtsäuren, Pektine, viele Flavonoide.

Pfirsich, Nektarine
(Prunus persica)
Sie brauchen viel Sonne und Wärme. Die Schale der Nektarinen ist glatt, die der Pfirsiche behaart. Sie blühen wie Aprikosen sehr früh und erfrieren häufig. Da die Büsche niedrig bleiben, kann man sie bei drohenden Nachtfrösten gut mit leichten Decken oder Vlies schützen. Die meisten Sorten sind selbstfruchtbar.
Sorten: 'Kernechter vom Vorgebirge' (= 'Roter Ellerstädter'; alte Sorte, robust, relativ widerstandsfähig gegen *Monilia* und Kräuselkrankheit; weißfleischig, aromatisch, reift im September, auch für rauhere Lagen geeignet),
'Rekord aus Alfter' (braucht gute Pflege, ist widerstandsfähig gegen Kräuselkrankheit, weißfleischig.
Anbauen: Pfirsiche benötigen sonnige, warme und windgeschützte Standorte und gut durchlüftete, lockere lehmig-humose und gleichmäßig feuchte Böden. Auf verdichteten, nassen, schweren Böden neigen sie zu Gummifluß und gehen schon nach wenigen Jahren ein. In kalten Wintern vor Frost schützen (z. B. mit Schilfmatten). Im Frühjahr pflanzen und jährlich mit Kompost düngen; ab Juni mulchen, bei Trockenheit gießen.
Pfirsiche blühen und fruchten an den vorjährigen Trieben, sie brauchen regelmäßigen Schnitt. Lange Triebe (über 50 cm) tragen Blüten und Blätter, kurze meist nur Blüten oder nur Blätter. Die langen kürzt man um die Hälfte ein, die kurzen schneidet man auf 1–3 Knospen zurück. Erst nach den Spätfrösten schneiden, wenn sich die ersten Früchte zeigen, um Ausfälle ausgleichen zu können. Die Kräuselkrankheit verursacht blasig aufgetriebene Blätter, die bei starkem Befall abfallen. Der Pilz infiziert im Frühjahr bei feucht-kühler Witterung. Der Neuaustrieb bleibt verschont, doch die Büsche sind geschwächt und frostanfällig. Die alten, weißfleischigen Sorten sind in der Regel widerstandsfähiger als gelbfleischige.
Ernten, Verwerten: Nur ausgereifte Pfirsiche ernten, das Fruchtfleisch gibt auf leichtem Druck nach. Supermarkt-Pfirsiche sind frühreif geerntet, sie schmecken oft fade und haben wenig Aroma, da sie nicht nachreifen.

Quitten enthalten viele Pektine.

Roh essen, verarbeiten zu Marmelade, Kuchen oder Einmachen.
Inhaltsstoffe: Vitamin C, Vitamin B, Carotine, Mineralstoffe, Fruchtsäuren, Flavonoide.

Quitte
(Cydonia oblonga)

Eine Quitte paßt in kleine Gärten, da sie kaum höher als 4 m und breiter als 2 m wird. Weil sie spät blüht – erst im Mai – erfrieren ihre Blüten selten, und sie trägt nahezu jedes Jahr. In unseren Breiten kann man die Früchte nicht roh essen, sondern nur verarbeitet. Quitten sind selbstfruchtbar. Man unterscheidet zwischen apfelförmigen Quitten ('Riesenquitte von Leskovac', 'Konstantinopeler') und birnenförmigen ('Champion', 'Portugiesische Quitte', 'Vranja', 'Bereczki'). Das Fleisch birnenförmiger Früchte ist weicher und hat weniger Steinzellen (harte Stellen im Fruchtfleisch) als das trocken-harte, aber aromatischere der apfelförmigen. Steinzellen, treten sortenabhängig und bei Trockenheit auf.
Eine Verwandte der Quitte ist die Schein- oder Zierquitte (Chaenomeles). Die bekannteste Art, die Japanische Zierquitte (Ch. japonica), wird bis zu 2 m hoch, sie ist im April, Mai über und über mit orange- bis scharlachroten Blüten bedeckt und im Herbst mit runden, gelben, stark duftenden Früchten. Diese sind sehr gerbstoff- und pektinreich und ergeben mit denen der Quitte gemischt ein besonders aromatisches Gelee.

Anbauen: Quitten benötigen mehr Wärme als Birnen; an geschützten Stellen gedeihen sie jedoch auch in rauheren Lagen; im Frühjahr pflanzen. Auf verdichteten, nassen Böden gehen die Bäume ein, ansonsten ist die Quitte anpassungsfähig. Auf sehr kalktigen Böden nehmen die Wurzeln nicht genug Eisen auf, die Blätter bleichen aus, nur die Adern bleiben grün.
Mit Kompost düngen und dick mulchen, um den Humusgehalt zu erhöhen, bei Trockenheit durchdringend gießen. Beides erhöht die Eisenverfügbarkeit. Junge Bäume bilden auch ohne Schnitt eine locker aufgebaute Krone. Später genügt es, altes, totes Holz zu entfernen sowie zu dichte Kronen auszulichten.

Ernten, Verwerten: Die großen Früchte reifen erst im Oktober; vor den ersten Frösten ernten. Das Fruchtfleisch von zu spät gepflückten Quitten verbräunt, auch das von zu lange gelagerten. Sie enthalten neben Gerbstoffen viel von dem natürlichen Geliermittel Pektin. Vor dem Verarbeiten den weißen, filzigen Flaum abreiben.
Zu Gelee, Kompott, Saft verarbeiten, wird oft zusammen mit Birnen oder Zwetschgen verwertet, da Quitten deren Aroma verstärkt.
Vorbeugen, Heilen: Wirkt beruhigend auf Magen und Darm.
Inhaltsstoffe: Vitamin C, Vitamin B, Carotine, Mineralstoffe, Pektine, Fruchtsäuren, Flavonoide.

Sauerkirsche
(Prunus cerasus)

Sie bleiben kleiner als Süßkirschen und blühen später, deshalb erfrieren ihre Blüten selten. Sie sind bis auf wenige Ausnahmen selbstfruchtbar.
Ebenfalls zu den Sauerkirschen rechnet man Kreuzungen zwischen Süß- und Sauerkirschen ('Königin Hortense', 'Mailot', 'Koröser'). Diese wachsen stärker als die echten Sauerkirschen, tragen weniger, schmecken jedoch sehr gut. Sie sind selbstunfruchtbar, können weder sich selbst noch andere Sorten bestäuben. Als Pollenspender eignen sich Süß- und Sauerkirschen.
Sorten: 'Schattenmorelle' (selbstfruchtbar, hohe Erträge, anspruchslos, große, säurereiche Früchte),
'Morellenfeuer' (selbstfruchtbar, hohe Erträge, Früchte mild-sauer, aromatisch),
'Schwäbische Weinweichsel' (selbstfruchtbar, kleine bis mittelgroße Früchte, sauer-aromatisch, robust),
'Karneol' (Blüte spätfrostgefährdet, große, süß-aromatische Früchte, höhere Erträge durch Fremdbestäubung),

'Koröser' (selbstunfruchtbar, Früchte sehr groß, aromatisch mit feiner Säure, anspruchslos, unsichere, mäßige Erträge).
Anbauen: Die Sauerkirsche ist anspruchsloser als die Süßkirsche und kommt auf allen Gartenböden zurecht, außer auf nassen, verdichteten Böden. Sie gedeiht selbst in rauheren Gegenden. Ihre Früchte platzen nur selten, deshalb eignet sie sich auch für Gebiete mit regenreichen Sommern. Auf mageren Böden im Frühjahr mit Kompost düngen, Boden ab Frühsommer bedecken (mulchen). Vor allem die alte Sorte 'Schattenmorelle' braucht regelmäßigen Schnitt. Ungeschnitten bilden sie lange, peitschenförmige, kahle Triebe. Alle nach unten hängenden Peitschentriebe nach der Ernte entfernen.

In nassen Jahren wächst der *Monilia*-Pilz über die Blüte in die Zweige ein; besonders anfällig 'Schattenmorelle', widerstandsfähiger sind 'Koröser', 'Morellenfeuer', 'Schwäbische Weinweichsel'. Abgestorbene Triebe unverzüglich abschneiden, sicherheitshalber 20 cm vom gesunden Trieb mit entfernen; alle Früchte ernten, da der Pilz dort überwintert. Vorbeugend Meerrettich auf die Baumscheibe pflanzen und Meerrettichtee in zwei-, dreitägigem Abstand während der Blüte spritzen.

Ernten, Verwerten: Erst ernten, wenn die Früchte sich dunkel gefärbt haben, sie sind saftiger als Süßkirschen; schwarzrote, voll ausgereifte Schattenmorellen schmecken erfrischend und fruchtig-säuerlich. Die Früchte lösen sich beim Ernten oft vom Stiel und verspritzen ihren Saft. Sauerkirschen frisch essen, sie eignen sich gut für fruchtige Marmeladen, Saft oder als Kuchenbelag und zum Einwecken.
Inhaltsstoffe: Ähnlich wie bei der Süßkirsche.

Süßkirsche
(Prunus avium)

Die Süßkirsche stammt aus Asien und bildet mächtige Bäume. Da sie selbstunfruchtbar sind, muß man mindestens zwei Sorten pflanzen, damit sie Früchte ansetzen, was in manchen Gärten leicht zu Platzproblemen führt. Inzwischen gibt es Süßkirschen, die nicht so hoch werden. Sie sind auf schwachwachsende Unterlagen wie 'Weiroot' oder 'Gisela' veredelt. Die Blüten von Süßkirschen sind spätfrostgefährdet, die Früchte platzen in verregneten Sommern leicht auf. Die Sorten reifen unterschiedlich, so daß sich bei geschickter Sortenwahl die Ernte über mehrere Wochen hinzieht.
Sorten: 'Burlat' (sehr große, aromatische Früchte, platzt leicht, nur für Gegenden mit wenig Sommerregen),
'Merton Glory' (große, gelbrote Kirsche, sehr guter Geschmack),
'Büttners Rote Knorpel' (große, gelbrote Kirsche, farbloser Saft, relativ platzfest),
'Hedelfinger Riesenkirsche' (sehr große, dunkle Kirsche, dunkler Saft, platzt leicht),
'Sam' (große, dunkelrote Kirsche, relativ platzfest),
'Schneiders Späte Knorpel' (sehr große, dunkelrote Kirsche, guter Geschmack, braucht gute Böden).
Anbauen: Bevorzugt lehmig-humosen, leicht kalkhaltigen, gut durchlüfteten Boden. Auf trockenen Böden gedeihen Süßkirschen besser als Äpfel; sie wachsen auch in höheren Lagen. Bäume frei stehend pflanzen, nicht an eine Hausmauer oder zu nahe an andere Bäume, damit der Wind nasse Blätter und Früchte rasch trocknet; dies beugt Pilzbefall vor. Schnitt am besten im Sommer nach der Ernte, da die Wunden belaubter Bäume schneller verheilen. Steinobst neigt zum Bluten, die Wunden bleiben im Winter lange offen, so daß leicht Pilze eindringen.
Etwa zwei Monate nach der Blüte, trocknet ein Teil der Früchte ein, färbt sich rot und fällt ab, weil der Baum sie nicht mehr ernähren kann (»Röteln«). Auch Bäume mit geringem Behang röteln, schlechtes oder extrem trockenes Wetter verstärkt den Fruchtfall.

Die saftreichen Kirschen wirken erfrischend und leicht abführend.

Wenn Wunden an Stamm und Ästen bluten (gelbbrauner zäher, leicht harziger Pflanzensaft), steckt entweder eine Krankheit (Valsa) oder ein Schädling (Rindenwickler) dahinter oder der Baum deutet damit generelles Unwohlsein an: zu nasser, zu schwerer, verdichteter Boden, zu hohe Stickstoff-Düngung, schlecht versorgte Schnitt-, Frost- und andere Wunden. Vorbeugend auf günstigen Standort achten und nur im Sommer schneiden.

Ernten, Verwerten: Kirschen ausreifen lassen, meist löst sich der Stiel bei der Ernte mit vom Baum.
Am besten schmecken Kirschen frisch, aber auch als Kompott, Kuchen, Auflauf oder eingeweckt.

Vorbeugen, Heilen: Wirken erfrischend, leicht abführend; ein Tee aus den gerbstoffreichen Fruchtstielen hilft bei Durchfall.

Inhaltsstoffe: Vitamin C (25 mg%), Vitamin B, Carotin, Mineralstoffe, Fruchtsäuren, Biophenole.

Steinbrechgewächse

Johannisbeere
Rote und Weiße Johannisbeere
(Ribes rubrum)
Schwarze Johannisbeere
(Ribes nigrum)

Johannisbeeren entstanden vermutlich erst im Mittelalter aus Kreuzungen von verschiedenen Wildarten. Die meisten Sorten blühen bereits im März/April und leiden deshalb gelegentlich unter Spätfrösten. Rote und weiße Sorten gelten im Gegensatz zu den schwarzen als selbstfruchtbar; es ist jedoch besser, mehrere Sorten zu pflanzen.

Weiße Sorten: 'Weiße Versailler' (alte Sorte, frühe, frostgefährdete Blüte, sehr aromatisch).

Rote Sorten: 'Jonkheer van Tets' (aromatisch, rieselt oft), 'Rovada' (robust, große Beeren, guter Geschmack, spät reifend), 'Rondom' (hoher Vitamin-C-Gehalt, wenig Aroma, sauer), 'Heinemanns Rote Spätlese' (spät reifend, hohe Erträge, sehr saure Beeren).

Schwarze Sorten
'Daniels September' (hoher Vitamin-C-Gehalt, aromatisch, robust),
'Rosenthals Langtraubige Schwarze' (hoher Vitamin-C-Gehalt, stark und breit wachsend, sehr aromatisch),
'Silvergieters Schwarze' (mittlerer Vitamin-C-Gehalt, neigt um Vorernte-Fruchtfall),
'Ometa' (guter Geschmack, resistent gegen Mehltau),
'Titania' (sehr große säuerlich-aromatische Beeren, rieselfest, resistent u. a. gegen Gallmilben, Rost, Mehltau, ertragreich, robust, selbstfruchtbar).

Anbauen: Johannisbeeren benötigen nährstoffreiche, leicht zu durchwurzelnde, humose, gleichmäßig feuchte Böden und einen sonnigen, windgeschützten Standort; sie gedeihen auch in rauheren Lagen, schattig wachsende Büsche liefern jedoch nur saure Beeren.

Pflanzabstand: 1,5–1,8 m (Rote, Weiße) bzw. 2 m (Schwarze Sorten). Wegen der flach verlaufenden Wurzeln verlangen Johannisbeeren eine ganzjährige Mulchschicht, die den Boden locker und feucht hält, das Bodenleben aktiviert, die Erde vor Abschwemmung schützt und wertvollen Humus nachliefert. Im Sommer nach der Ernte auslichten.

Ernten, Verwerten: Johannisbeeren reifen etwa ab Johanni (24. Juni) bis Juli. Die säuerlich fruchtigen roten und die milderen weißen Sorten schmecken frisch am besten, aber auch in Obstsalat, als Kuchenbelag oder Marmelade; schwarze Sorten werden oft zu Saft oder Gelee verarbeitet.

Vorbeugen, Heilen: Schwarze Johannisbeeren enthalten sehr viel Vitamin C. Der Saft wirkt vorbeugend gegen Erkältungen und Grippe, blutreinigend, magenstärkend, hustenlindernd, entzündungshemmend, stärkt das Immunsystem, schützt vor Herz-Kreislauferkrankungen und bestimmten Krebsarten. Ein aus den aromatischen Blättern bereiteter Tee hilft bei leichten Blasen- und Nierenentzündungen, er wirkt außerdem harn- und schweißtreibend und antimikrobiell.

Inhaltsstoffe (schwarze): Vitamin C (100–200 mg%), Vitamin B, Carotine, Mineralstoffe, Flavonoide, Gerbstoffe, Fruchtsäuren, Saponine, Pektine, ätherische Öle.

Jostabeere
(Ribes x *nidigrolaria)*

Die Jostabeere ist eine Kreuzung zwischen Schwarzer Johannisbeere und Stachelbeere. Sie ist stachellos, robust, widerstandsfähig

92 Obst: Steinbrechgewächse

Josta-Früchte sehen aus wie große Schwarze Johannisbeeren.

gegen Frost und Krankheiten und starkwüchsig; weder Amerikanischer Stachelbeer-Mehltau noch Blattfallkrankheit, weder Säulchenrost noch Gallmilben können ihr etwas anhaben. Nur in ungünstigen Lagen sind die Blüten spätfrostgefährdet.

Sorten: 'Jogranda' (schwacher Wuchs, reift früh, sehr große Beeren), 'Jostine' (wächst stark, reift spät).

Anbauen: Benötigt humosen, lockeren Boden, viel Sonne und eine dicke Mulchschicht; auf mageren Standorten im Frühjahr mit Kompost düngen, ansonsten auf Düngung verzichten, um das Wachstum nicht unnötig anzukurbeln.

Ernten, Verwerten: Jostabeeren schmecken mild säuerlich mit einem Hauch Schwarzer Johannisbeeren. Sie werden frisch gegessen oder als Gelee, Marmelade, Saft, Kuchen, Obstsalat verarbeitet.

Inhaltsstoffe: Vitamin C (100 mg%), Vitamin B, Carotine, Mineralstoffe, Fruchtsäuren.

Stachelbeere
(Ribes uva-crispa)

Stachelbeeren sind eng mit den stachellosen Johannisbeeren verwandt und blühen bereits im April, weshalb vor allem die äußeren Blüten gelegentlich erfrieren. Sie sind selbstfruchtbar, sie zeigen jedoch eine bessere Befruchtung und liefern höhere Erträge, wenn mehrere Sorten beieinander stehen. Es gibt rot-, grün- und gelbfrüchtige Sorten mit glatter oder leicht behaarter Haut.

Sorten: Die alten Sorten mit wohlschmeckenden Früchten werden häufig vom Amerikanischen Stachelbeer-Mehltau befallen, so z. B. 'Gelbe Triumphbeere', 'Grüne Kugel', 'Lauffener Gelbe', 'Maiherzog'. Wenig bis mäßig anfällig zeigen sich 'Hönings Früheste', 'Rote Triumphbeere', 'Weiße Triumphbeere', 'Rote Orleans'.

Aus Kreuzungen mit widerstandsfähigen Wildarten entstanden die Sorten 'Rixanta' (gelb), 'Reflamba' (grün), 'Rolanda' (rot), 'Rokula' (rot) und 'Invicta' (grüngelb). Inzwischen werden auch sie gelegentlich leicht von Mehltau befallen. Geschmacklich können die neuen Sorten mit den alten jedoch nicht mithalten.

Anbauen: Stachelbeeren brauchen einen sonnigen Standort und gleichmäßig feuchte, gut durchlüftete, humose Böden, kommen jedoch auch mit weniger günstigen Bedingungen zurecht. Dick mulchen, nicht überdüngen, überdüngte Stöcke sind anfällig für Mehltau! Nach der Ernte im Sommer auslichten.

Ernten, Verwerten: Ab Mitte Juni reifen die Beeren. Sie schmecken frisch am besten. Zum Einwecken, für Marmelade, Kuchen oder Kompott verwendet man die ausgewachsenen, noch harten Früchte. Die Pflanzen werfen überreife Früchte ab, vor allem bei Hitze und Trockenheit.

Vorbeugen, Heilen: Wirkt erfrischend, leicht abführend und stärkend auf Magen und Darm.

Inhaltsstoffe: Vitamin C (50 mg%), Vitamin B, Mineralstoffe, Fruchtsäuren, Pektine, Biophenole.

Pflanzen Sie resistente Sorten, um Ärger mit Mehltau zu vermeiden.

Strahlengriffelgewächse

Kiwi
(Actinidia chinensis)

Sie heißt auch Chinesische Stachelbeere, ist eine Schlingpflanze und stammt aus warmen Zonen Chinas. Die Kiwi ist sehr frostempfindlich und gedeiht in Mitteleuropa nur im Weinbauklima. Die großen, dekorativen Blüten erscheinen zwar erst im Juni, da die Pflanzen jedoch früh austreiben, erfrieren oft die jungen Triebe, bevor sie Blüten ansetzen. Bei den meisten Sorten gibt weibliche und männliche Pflanzen.
Sorten: 'Hayward' (große, wohlschmeckende Früchte, braucht viel Wärme, wächst stark), 'Abbot' (mittelgroße Früchte, mittelstarker Wuchs).
Anbauen: Kiwis bevorzugen saure, tiefgründige, lehmig-humose Böden, auf naß-kalten, verdichteten kümmern die Pflanzen. Zum Ausreifen benötigen die Früchte viel Wärme, hohe Luftfeuchte und einen windgeschützten Standort, da die Triebe leicht brechen. Sie gedeihen gut an geschützten Süd- oder Westwänden, an wärmespeichernden Mauern, unter Pergolas und im Gewächshaus. Pflanzung (von ausgetriebenen, getopften Kiwis) ab Ende Mai bis Juli an Spaliergerüste. Boden mit angerottetem Eichenlaub, mit kompostierten Sägespänen oder Holzschnitzel mulchen; jährlich im Frühjahr reichlich ungekalkten Kompost geben, angereichert mit organischem Dünger. Kiwis verbrauchen viel Wasser.

Kiwis gedeihen nur im Weinbauklima, sie sind frostempfindlich.

Die Triebe am Spalier festbinden, ältere Pflanzen auslichten. Schnitt Ende Februar, Anfang März, bevor der Saft steigt. Zu spät geschnittene Kiwis bluten wie Weinreben sehr stark, oft mehrere Tage lang. Im August die Spitzen aller fruchttragenden Zweige 5–7 Blätter oberhalb der letzten Frucht kappen.
Ernten, Verwerten: Früchte an den Pflanzen ausreifen lassen, erst im Oktober, November ernten. Sie vertragen leichte Fröste (–1 bis –2 °C), dürfen im angefrorenem Zustand jedoch nicht geerntet werden.
Frisch essen oder zu Gelee, Marmelade, Saft, Obstsalat, Trockenfrüchte, Bowle verarbeiten, dazu vorher die säuerlich-bitter schmeckende Haut entfernen. Kiwi-Speisen, die Quark, Joghurt, Sahne oder sonstige Milchprodukte enthalten, bald verzehren, da bereits innerhalb weniger Stunden Bitterstoffe entstehen.
Vorbeugen, Heilen: Wirken erfrischend, fördern die Durchblutung und stärken das Immunsystem.
Inhaltsstoffe: Vitamin C (150 mg%), Vitamin B und E, Mineralstoffe, Fruchtsäuren, Flavonoide.

Mini-Kiwi
(Actinidia arguta)

Die Mini-Kiwi stammt ebenfalls aus Asien, allerdings aus den kalten Zonen und verträgt deshalb Fröste bis –30 °C. Sie ist sehr genügsam, benötigt weder Düngung noch Schnitt. Auch ihre Triebe erfrieren gelegentlich im Frühjahr, die Pflanze macht den Verlust aber bald wieder wett.
Es gibt männliche und weibliche Pflanzen, die duftenden Blüten öffnen sich Ende Mai.
Sorten: 'Weiki', 'Maki', 'Ambrosia'.
Anbauen: Sie bevorzugt saure Böden, paßt sich jedoch auch kalkhaltigen an. Am liebsten rankt sie in windgeschützter, halbsonniger Lage an einem Maschendrahtzaun oder einem Holzspalier. Männliche und weibliche Kiwis im Abstand von etwa 2 m pflanzen; oft werden beide zusammen in einem Topf verkauft. Mulchen, auf leichten Böden im Frühjahr mit reifem Kompost düngen.
Ernten, Verwerten: Wie Kiwi, man ißt die Früchte aber mit der Schale. Die glatten, walnußgroßen Mini-Kiwis reifen Mitte Oktober.
Inhaltsstoffe: Ähnlich wie Kiwi, aber mehr Vitamin C und mehr Biophenole.

Walnußgewächse

Walnuß
(Juglans regia)

Diese »Welsche Nuß« stammt aus warmen Zonen Kleinasiens. Wie bei Haselnuß sitzen weibliche und männliche Blüten voneinander getrennt an der Pflanze. Die männlichen Blüten, die Kätzchen, und auch der Austrieb erfrieren gelegentlich im Frühjahr. Walnüsse, die im warmen Tal wachsen, sind stärker frostgefährdet als solche, die am Hang oder auf Bergrücken stehen, da sie dort später austreiben. Aus Kernen lassen sich leicht Bäumchen ziehen, die nach 10–15 Jahre die ersten Nüsse tragen. Veredelte Bäume fruchten oft schon nach 5–7 Jahren.

Sorten: Außer 'Weinsberg 1' tragen die meisten Walnuß-Sorten Nummern, sie stammen alle aus der Versuchsanstalt Geisenheim: 'Nr. 26', 'Nr. 139', 'Nr. 1247'.

Gut für große Gärten geeignet: Walnüsse bilden stattliche Bäume.

Anbauen: Benötigt viel Wärme und tiefgründigen Boden; auf staunassen und verdichteten Böden kümmern die Bäume und gehen früher oder später ein. In rauhen Lagen pflanzt man sie im Frühjahr. Wie Reben oder Kiwis bluten Walnüsse sehr stark, wenn sie zur falschen Zeit geschnitten werden. Die mächtigen Bäume nur im Juli, August schneiden, da dann die Wunden schnell verheilen; im Hausgarten nur zur Schere oder Säge greifen, wenn unbedingt nötig (tote oder störende Äste).

Ernten, Verwerten: Trockenes, warmes Herbstwetter begünstigt die Reife, die grüne fleischige Hülle platzt auf, und die Nüsse fallen heraus. Die Ernte zieht sich über 2–3 Wochen hin; die Nüsse täglich aufsammeln, an einem warmen Ort einlagig ausbreiten und trocknen (vorher nicht waschen!). Später in einem Sack, Korb oder einem anderen luftdurchlässigen Behältnis trocken und kühl aufbewahren.

Leider schimmeln bei Walnüssen die Kerne häufig. Den Kernschimmel verursachen verschiedene Pilze, die oft schon während des Sommers die Kerne befallen, wenn die grüne Hülle verletzt wird (Sonnenbrand, Trockenheit, Insekten). Im Sommer dringen die Pilze durch die grüne Hülle bis zu den Kernen vor, da die Nußschale noch weich und mit Kern und Hülle fest verwachsen ist. Bei vielen Walnußbäumen, vor allem unveredelten, schließen außerdem die Schalen nicht dicht, was ebenfalls Pilzbefall begünstigt.

Inhaltsstoffe: Fett, Vitamin B, Carotine, Mineralstoffe (Kalium, Calcium, Eisen).

Weinrebengewächse

Weintraube
(Vitis vinifera)

Die in Supermärkten verkauften Weintrauben mit walnußgroßen, oft kernlosen Beeren stammen aus südlichen Ländern und bestehen vor allem aus viel Wasser. Diese Sorten gedeihen nicht in unserem Klima, und sie eignen sich nicht zum Keltern von Wein.

Sorten: Die großbeerige und pilzanfällige 'Königin der Weingärten' liefert bei uns nur im Glashaus oder unter einer Pergola gute Erträge.

Unsere alten heimischen Tafeltraubensorten sind Keltersorten. 'Blauer Portugieser', 'Roter Gutedel', 'Weißer Gutedel', 'Ortega' haben zwar ziemlich kleine Beeren, aber mehr Aroma und viele Inhaltsstoffe. Sie reifen nur im Weinbauklima aus, doch inzwischen gibt es robuste Sorten mit kürzerer Entwicklungszeit (etwa 'Bianca', 'Theresa', 'Königliche Esther'), die auch in rauheren Lagen süße Trauben liefern. Die neuen Sorten sind außerdem widerstandsfähig gegen Echten und Falschen Mehltau.

Weiße Sorten: 'Bianca', 'Phoenix', 'Theresa'.

Blaue Sorten: 'Königliche Esther', 'Regent'.

Die jungen Austriebe der Reben leiden oft unter Spätfrösten, sie treiben dann jedoch neu aus. Bei

Weintraube

Süße Trauben aus dem Garten – immer frisch.

naß-kalter Witterung im Frühjahr besteht die Gefahr, daß die Stöcke die Blüten abstoßen (Verrieseln).
Anbauen: Wichtig sind ein warmer, sonniger, windgeschützter Standort (z. B. auf der Süd- oder Südwestseite eines Hauses), denn die Trauben benötigen vor allem im Herbst viel Licht und Wärme, um zu reifen. Das weitverzweigte Wurzelwerk kommt auf vielen Böden zurecht, von zu nassen abgesehen. Auf kalten, schweren Substraten schmecken die Trauben fade und sauer. Pflanzung im Frühjahr. Boden ab Juni mulchen, bei überdachten Reben das Gießen nicht vergessen.
Schnitt spätestens bis Anfang März; später geschnittene Reben bluten stark, da sie bereits viel Saft führen. Anders als viele Obstgehölze bildet die Rebe kein Wundgewebe, das die offenen Stellen schließt. Im Juli alle fruchttragenden Triebe bis auf 3–4 Blätter über der letzten Traube kappen. Alle anderen Triebe entspitzen oder entfernen. Dies fördert die Belichtung und damit die Qualität der Trauben. Ab August die Reben mit feinmaschigen Netzen abdecken, um die Trauben vor Vögeln und Wespen zu schützen.
Ernten, Verwerten: Die Trauben reifen nicht gleichzeitig, deshalb nach und nach ernten.
Vorbeugen, Heilen: Beugt Herz-Kreislauf-Erkrankungen vor, stärkt das Immunsystem, senkt Blutdruck, fördert Nieren- und Darmtätigkeit, schützt vor manchen Krebsarten.
Inhaltsstoffe: Vitamin C, Vitamin B, Mineralstoffe, Fruchtsäuren (rotschalige Trauben enthalten mehr Flavonoide als weiße).

Pflanzabstände der Obstarten

Obst	Wuchsform	Abstand in der Reihe (in m)	Abstand zwischen den Reihen (in m)
Apfel	Spindel	1–1,5	3–3,5
	Busch	2,5–3	3,5–4
	Hochstamm	8–9	9–10
Birne	Spindel	1–1,5	3–3,5
	Busch	3–4	4–5
	Hochstamm	8–10	8–10
Quitte	Busch, Halbstamm	4–5	5–6
Sauerkirsche	Busch, Halbstamm	2–4	4–5
Süßkirsche	Spindel	2–3	4–5
	Busch	3–4	5–6
	Hochstamm	7–9	8–10
Zwetschge, Pflaume, Mirabelle, Reneklode	Spindel	2–3	3,5–4,5
	Busch	3–4	4–5
	Hochstamm	5–6	6–7
Pfirsich	Spindel	2–2,5	3,5–4
	Busch	3–4	4–5
Aprikose	Busch, Halbstamm	3–4	4–5
Holunder	Busch, Stämmchen	3,5–4	5–6
Sanddorn	Busch (zweihäusig)	2	3–4
Weintraube	Spalier	3–4	3–4
Walnuß	Hochstamm	10–12	10–12
Kiwi	Spalier (zweihäusig)	5	4
Mini-Kiwi	Spalier (zweihäusig)	2–3	3
Himbeere	Spalier	0,5–0,8	2
Brombeere	Spalier	2–3	3–3,5
Stachelbeere	Busch, Stämmchen	1–1,2	2,5–3
Johannisbeere: Rote und Weiße	Busch, Stämmchen	1,2–2	2,5–3
Schwarze Joh.	Busch, Stämmchen	1,5–2	3
Jostabeere	Busch	2–3	3,5–4
Erdbeere	Staude	0,3–0,4	0,8–1
Heidelbeere	Busch	1–1,5	2–3
Rhabarber	Staude	1–1,5	2–3

Die Gemüse- und Kräuterarten

Bei den Gemüse- und Kräuterporträts folgen innerhalb der jeweiligen Pflanzenfamilie zunächst die Gemüsearten nach Alphabet, anschließend die Kräuterarten.

Baldriangewächse

Feldsalat
(Valerianella locusta)

Der botanische Vorname bedeutet »kleiner Baldrian«, und er enthält das lateinische Wort valere, »gesund, stark sein«. Feldsalat wächst wild in Europa und Asien, er ist zweijährig, paßt gut in die Fruchtfolge, da er nicht wie die meisten Salate oder Gemüse zu den Korb- oder Kreuzblütlern gehört; außerdem bleibt er von Schnecken verschont. Breitblättrige Sorten wie 'Holländischer Breitblättriger' wachsen zügig, bilden große Rosetten, sind mehltauanfällig und nicht frosthart. Sie schmecken weniger intensiv als die schmalblättrigen, kleinrosettigen Sorten vom Typ 'Dunkelgrüner Vollherziger', 'Elan', 'Vit'. Als optimal gelten mittelschwere, lockere, kalkhaltige Böden. Feldsalat samt sich selbst aus und sorgt für seine Verbreitung im Garten. Er wächst noch bei 5 °C und erträgt Temperaturen bis etwa −15 °C. In schneearmen, kalten Wintern vertrocknet er im gefrorenen Boden, vor allem in windigen Lagen.

Anbauen: Aussaat von August bis September (Oktober) ins Beet, breitwürfig oder in Reihen (Abstand 10–15 cm); die Samen mit dem Rücken des Rechens (Harke) gut andrücken. Nicht düngen, Boden allenfalls mit etwas Kompost verbessern. Feldsalat reagiert sehr empfindlich auf Düngesalze im Boden. Regelmäßig jäten, vor allem im Herbst, sonst wird der Salat schnell von Vogelmiere überwuchert.

Man kann Feldsalat auch in den Frühbeetkasten oder das ungeheizte Gewächshaus pflanzen: Aussaat von Mitte September bis Mitte November, Pflanzung bis Mitte Dezember, Abstand 15 x 15 cm. Kleine Mengen lassen sich in Balkonkästen ziehen.

Ernten, Verwerten: Die Rosetten knapp über dem Boden schneiden, vor dem Zubereiten sorgfältig waschen. Keine gefrorenen Pflanzen ernten, da sie nach dem Auftauen in der Küche matschen. Frisch als Salat zubereiten, nur wenig Öl zugeben, sonst klatschen die Blätter zusammen.

Vorbeugen, Heilen: Stärkt die Abwehrkräfte, beugt Frühjahrsmüdigkeit vor und fördert die Verdauung.

Inhaltsstoffe: Vitamin C (35 mg%), Vitamin B, Carotinoide, Mineralstoffe (Calcium, Kalium, Magnesium, Eisen), ätherische Öle, Flavonoide, Gerbstoffe.

Borretschgewächse

Borretsch
(Borago officinalis)

Zur Verwandtschaft des Borretschs gehören Lungenkraut und Vergißmeinnicht; allen gemeinsam sind die borstig behaarten Blätter. In Borago und Borretsch könnte das lateinische Wort *borra* stecken, was steifes, struppiges Barthaar bedeutet; aber auch der arabische Ausdruck für »Vater des Schweißes« kommt als Namenspatron in Frage, denn Borretsch wirkt harn- und schweißtreibend. Ob erauch Melancholie vertreibt, wie Heilkundige behaupten?

Die Pflanze ist einjährig, verzweigt sich reichlich und wächst einen halben bis einen Meter hoch. Ihre weißen oder blauen, mit Nektar überquellenden Blüten sind von Mai bis Oktober den ganzen Tag heiß umsummt. Der erste Frost beendet die Pracht. Borretsch gedeiht gut an einem sonnigen Standort und auf nahezu allen Böden, obgleich er leicht kalkhaltigen bevorzugt.

Feldsalat hilft gegen Wintertrübsal und Frühjahrsmüdigkeit.

Die blauen oder weißen Borretschblüten schmücken jeden Salat.

Anbauen: Aussaat von April bis Juli, blühende Pflanzen erreichen leicht einen Durchmesser von ½ m. Stehen die Pflanzen zu dicht und zu feucht, tritt Falscher Mehltau auf, bei großer Hitze befallen Blattläuse die Triebspitzen, die daraufhin verkümmern. Borretsch wächst schnell, jäten ist meist nicht nötig. Er samt sich selbst aus, die Verteilung übernehmen Ameisen, auch Stieglitze holen sich die Samen gerne.

Ernten, Verwerten: Man erntet die jungen, zarten Blättchen, die riesengroßen alten Blätter sind borstig und derb. Sofort verwenden, da sie rasch welken. Für Gurken- und andere Salate, Quark, Fleisch, Fisch, aufs Butterbrot. Blüten zum Dekorieren von Salaten und sonstigen Speisen.

Vorbeugen, Heilen: Tee hilft bei Husten und Heiserkeit; Borretsch als Gewürz und nicht als Gemüse verwenden (giftige Pyrrolizidin-Alkaloide!).

Inhaltsstoffe: Vitamin C, Fruchtsäuren, Mineralstoffe, Saponine, Alkaloide, Flavonoide

> ### Doldenblütler
> Zu dieser Familie gehören neben bekannten Gemüsen auch viele Küchen- und Heilkräuter, die sich vor allem durch ihre magen- und darmberuhigenden **ätherischen Öle (Terpene)** auszeichnen. Möhren enthalten außerdem viele die Gesundheit fördernde **Carotine**.

Gemüsefenchel
(*Foeniculum vulgare* var. *azoricum*)

Er heißt auch Knollenfenchel und wurde vermutlich in Italien gezüchtet. Er benötigt durchlässige, humose, feuchte Erde, ein sonniges, geschütztes Beet und gleichmäßige Wärme (15–20 °C). Weil er eine lange Pfahlwurzel besitzt, läßt er sich nur unwillig verpflanzen. Lange Tage, Kälte, Hitze, Trockenheit bringen ihn (vor allem ältere Sorten) zum Blühen, ebenso wie Wachstumsstockungen aller Art (Pflanzschock, zu tief oder zu eng gesetzt) und späte Ernte. Manche Sorten bilden bauchig-runde, andere längliche Knollen (eigentlich sind es Scheinknollen).

Anbauen: Aussaat von Mai bis Mitte Juli ins Beet; schoßfeste Sorten ab März in Töpfchen vorziehen; Abstand 30 x 30 cm; jäten, verkrusteten Boden lockern; unbedingt mulchen, um für gleichmäßige Feuchte zu sorgen; gießen, bevor der Boden austrocknet. Beete vor dem Säen mit Kompost und Steinmehl versorgen; zwei- oder dreimal im Abstand von 10–14 Tagen mit Pflanzenjauche nachdüngen; auf Schnecken achten. Überständige Knollen verholzen und platzen häufig.

Ernten, Verwerten: Nach Bedarf ernten (auch kleinere Knollen); alle Pflanzen spätestens vor dem ersten Frost (Oktober) mit Wurzeln aus dem Boden ziehen; Laub bis auf die Herzblätter entfernen, die Wurzeln in einer Kiste in feuchten Sand einschlagen, frostfrei und mäusesicher lagern.
Bleiche Knollen schmecken milder als grüne, enthalten allerdings deutlich weniger Inhaltsstoffe (Vitamine, ätherische Öle).
Knolle mitsamt Blattschopf verwenden, roh oder gekocht, ganz oder geschnitten, dünsten, garen, grillen, in Suppen, Aufläufen, Mischgemüsen.

Vorbeugen, Heilen: Fenchel ist leicht verdaulich und wird in der Schonkost verwendet. Für das

Heilsamer Fenchel: heikel im Anbau, delikat im Geschmack.

kräftige Fenchelaroma sorgen das leicht bittere Fenchon, das süße Menthol und andere ätherische Öle (z. B. Anethol). Sie wirken beruhigend, krampf-, schleimlösend, gegen Blähungen, verdauungsfördernd, töten Bakterien im Magen-Darm-Trakt; Anethol fördert den Milchfluß.

Inhaltsstoffe: Vitamin C (95 mg%), Vitamin B, Vitamin E, Carotine, viele Mineralstoffe (Kalium, Calcium, Eisen, Magnesium), ätherische Öle, Fruchtsäuren, Flavonoide.

Möhre, Gelbe Rübe
(*Daucus carota* ssp. *sativus*)

Sie entstand vor langer Zeit in Kleinasien aus wilden Möhren. Früher gab es neben den weißen Pferdemöhren auch rote und gelbe Möhren, daraus entwickelten die Niederländer unsere heutigen

Je kräftiger die Möhren gefärbt sind, desto mehr Carotine enthalten sie.

orangefarbenen Möhren. Und es wird weitergezüchtet, die Neigung zum Platzen und die Anfälligkeit gegen Krankheiten verringert, der Geschmack verbessert. Inzwischen gibt es mehr als 300 Sorten. **Karotten** heißen die kleinen, kurzwurzligen, kugelförmigen Möhren, die die Konservenindustrie bevorzugt.

Gelbe Rüben benötigen lockere, tiefgründige, steinfreie Böden, damit sie gerade, unverzweigte Wurzeln bilden. Wachsen sie auf windoffenen Beeten, treten weniger Probleme mit der Möhrenfliege auf.

Anbauen: März bis Anfang Juli satzweise ins Beet säen, bis Mai mit Vlies abdecken; Mitte April bis Anfang Mai werden Lagersorten gesät; Abstand zwischen den Reihen 25 cm, zu dicht gesäte Möhren später auf 3–6 cm vereinzeln. Möhren brauchen 2–3 Wochen, um zu keimen. Deshalb etwas Samen der schnellkeimenden Kresse unter den Möhrensamen mischen, um die Reihen zu markieren; dann kann man schon bald den Boden zwischen den Reihen lockern und den Möhren den Start erleichtern.

Beet vor der Saat mit Kompost vorbereiten, nach dem Säen Schutznetze über die Beete ziehen (Möhrenfliege). Für gleichmäßige Bodenfeuchte sorgen, sonst platzen die Rüben.

Ernten, Verwerten: Die kleineren Möhren für den Frischverzehr können in jedem Entwicklungsstadium geerntet werden, Lagersorten erntet man im Oktober; Laub abdrehen, Möhren nicht waschen, in leicht feuchtem Sand einschichten.

Wenn rohe oder gekochte Möhren bitter schmecken, sind sie von der Möhrenfliege befallen oder die Möhren wuchsen bei zu großer Hitze. Rüben, die in der Nähe von Früchten lagern, bittern ebenfalls und beginnen zu keimen.

Rohe Möhren nicht schälen, nur abbürsten, in der Rinde sitzen besonders viele Inhaltsstoffe; junge Möhren mit Blättern verarbeiten. Roh (geraspelt) oder gekocht verwenden; sehr gut schmeckt Möhrensaft 1:1 mit Orangensaft gemischt (5 Tropfen Öl zugeben).

Vorbeugen, Heilen: Möhren wirken harntreibend (Kalium), verdauungsfördernd, sie sind gut für die Augen und stärken die Widerstandskraft. Einen Teil tragen dazu die Carotine bei. In warmen Sommern bilden die Möhren mehr Carotin als in kühlen.

Inhaltsstoffe: Vitamin C, (7 mg%), Vitamin B, viele Carotine, Mineralstoffe (Kalium, Calcium), ätherische Öle, Fruchtsäuren, Biophenole.

Pastinake
(*Pastinaca sativa*)

Bevor die Kartoffel aus Amerika in Europa einwanderte, wurde diese **Hammelmöhre** häufig angebaut. Sie bildet im ersten Jahr nach der Aussaat eine Blattrosette, im zweiten Jahr blüht sie. Nur tiefgründig lockere, humose Böden kommen für sie in Frage. Die frostharten Pastinaken keimen und wachsen langsam.

Anbauen: März, April säen; Abstand zwischen den Reihen 40–50

Pastinaken: Etwas für Feinschmecker

cm, Pflanzen auf 10 cm vereinzeln, jäten, hacken, gießen, mit Schutznetzen vor Möhrenfliegen schützen.
Ernten, Verwerten: Ernte ab Oktober bis zum Frühjahr. Wird vor allem als Suppengewürz und für Gemüsefonds verwendet.
Vorbeugen, Heilen: Wurzeln können Psoralene enthalten, die krebserregend sind.
Inhaltsstoffe: ätherische Öle, Vitamin C (18 mg%), Mineralstoffe, Fruchtsäuren.

Sellerie
Knollensellerie
(Apium graveolens var. *rapaceum)*
Stangen-, Bleichsellerie
(A. g. var. *dulce)*
Schnittsellerie
(A. g. var. *secalinum)*

Sellerie wächst wild an sumpfigen Küsten des Mittelmeergebiets, er wurde zunächst als Heilpflanze angebaut. Sowohl Knollen- als auch Stangensellerie benötigen nahrhafte, humose, gleichmäßig feuchte Böden, auf trockenen, mageren kümmern sie. Die Keimlinge und jungen Pflanzen reagieren empfindlich auf hohe Konzentrationen von Düngesalzen im Boden. Zum Vorziehen von Salaten und Gemüsen verwendet man generell ungedüngte Erde (Blumenerde ist gedüngt!), bei Sellerie ist das ganz besonders wichtig. Kälte fördert Schossen, deshalb die Setzlinge vor dem Auspflanzen abhärten. In kühlen Sommern gedeiht Sellerie besser als in heiß trockenen, auf windoffenen Beeten wächst er gesünder als auf geschützten (Pilze).
Anbauen: Ende Februar, März warm vorziehen (17–20 °C); Lichtkeimer, deshalb die Samen nur hauchdünn mit Erde bedecken, leicht andrücken; Pflanzen keimen nach drei, vier Wochen; Pflanzung Ende Mai bis Ende Juni, Kompost ins Pflanzloch geben; Knollensellerie Abstand 40 x 40 cm, Stangensellerie 30 x 30 cm oder 30 x 40 cm; nicht zu tief pflanzen, Boden ab und zu hacken, Knolle später anhäufeln, regelmäßig gießen (starke Trockenheit führt zum Schossen), im Juli, August mit Beinwelljauche düngen und mit Beinwell (kalihaltig) mulchen.
Die Blätter des Schnittselleries werden zum Würzen verwendet ('Aromatischer'); Saat April, Mai in Reihen ins Beet (Abstand 40 cm), Ernte August, September.
Ernten, Verwerten: Vor dem ersten Frost im Oktober, November ernten; äußere Blätter entfernen, Knollen im Frühbeetkasten einschlagen, in Mieten oder in feuchtem Sand lagern; Bleichsellerie einzeln in sauberes Zeitungspapier wickeln, nebeneinander in Kisten, Wannen oder auf Holzregale stellen, kühl und frostfrei überwintern.
Knollen: als Suppenware; roh geraspelt mit Zitronensaft und Sahne angemacht, gekocht als Salat (ganze Knollen kochen, erst danach in Scheiben schneiden), Gemüse, in Suppen, Eintöpfe; panierte Scheiben braten; geputzte, rohe Selleriestücke in Essigwasser legen, damit sie weiß bleiben.
Stangen: roh in Salaten, gedünstet als Gemüse, in Suppen, zubereitet wie Spargel.
Vorbeugen, Heilen: Gesundheitsfördernd bei Blasen- und Nierenleiden, wirkt beruhigend und günstig auf Magen und Darm.
Inhaltsstoffe: Ätherische Öle, Vitamin C (8 mg%), Vitamin B, Carotine, Mineralstoffe, Fruchtsäuren, Flavonoide.

Wurzelpetersilie
(Petroselinum crispum convar. *radicosum)*

Sie bildet im ersten Jahr eine Blattrosette und blüht wie die Blattpetersilie im folgenden Frühsommer. Wurzelpetersilie ist ziemlich frosthart und stellt die selben Ansprüche an Boden und

Die Wurzeln verleihen Suppen ihren kräftigen Geschmack.

Klima wie ihre Schwester. Auf steinigen, verdichteten Böden wachsen die Wurzeln krumm und beinig verzweigt, sie sind 10–20 cm lang und 2–5 cm dick.
Anbauen: März bis August reihenweise (20 cm), später auf etwa 10 cm vereinzeln. Nach der Saat die Beete mit Schutznetzen bedecken (Möhrenfliege); jäten, hacken, gießen, bevor der Boden austrocknet.
Um frisches, glattblättriges Grün im Winter zu ernten, gräbt man einige Wurzeln im September, Oktober aus und pflanzt sie in Töpfe.
Ernten, Verwerten: Geerntet wird im Oktober, November oder später; überwintern die Wurzeln auf dem Beet oder im Frühbeetkasten, vorsichtshalber auf Mäuse achten.
Wurzeln und Blätter eignen sich als Suppenwürze oder für Eintöpfe; in Maßen genießen (Apiol).
Inhaltsstoffe: Ähnlich wie Blattpetersilie, Vitamin C (40 mg%), Spuren von Carotinen.

Anis
(Pimpinella anisum)
Er stammt aus Kleinasien und ist wie Kümmel ein Gewürz mit sehr langer Tradition. Wie alle Mitglieder seiner Familie, besitzt auch dieser Doldenblütler schirmförmig aufgebaute Blüten. Er öffnet sie im Juli, August.
Anis liebt lockeren, humosen, leicht kalkhaltigen Boden und warmes, trockenes Klima. Es gibt verschiedene Sorten, grüne, schwarze, weiße, groß- und kleinsamige. In unseren Breiten reifen selbst in sehr heißen Sommern nur kleinsamige aus. Das Saatgut sollte nicht älter als ein Jahr sein, da es schnell an Keimfähigkeit verliert.
Anbauen: Ab Ende März, April reihenweise 2 cm tief ins Beet säen, Abstand 20 cm, mit doppeltem Vlies abdecken. Je nach Temperatur keimen die Samen erst nach 3–4 Wochen; deshalb Anis mit Kressesamen mischen, um die Reihen zu markieren. Später die Pflänzchen auf 10–15 cm vereinzeln. Boden lockern und jäten.
Ernten, Verwerten: Ernten im August, September, wenn sich die Stengel gelb färben; Samenstände abschneiden, bevor die Körner ausfallen, nachtrocknen, später die Samen ausklopfen. Anfang Oktober alle Samenstände ernten und sie kopfunter aufgehängt nachreifen lassen.
Vorbeugen, Heilen: Als Tee (zerstoßene Samen) gegen Blähungen (ungesüßt) und Husten (mit Honig gesüßt) und als Gewürz für Kuchen, Backwaren, Gemüse (Blaukraut, Möhren), Suppen, Eintöpfe. Der Geschmack von einigen zerkauten Samen, überdeckt schlechten Atem.
Inhaltsstoffe: Ätherische Öle (Anethol).

Dill
(Anethum graveolens)
Er heißt auch **Gurkenkraut**, weil seine Samenstände mit Essiggurken eingelegt werden und seine Blätter Gurkensalat würzen. Dill stammt aus dem Orient, liebt leichte, warme Böden, Wärme und Sonne. Auf nassen, schweren Böden verfärben sich die Blätter rötlich und vergilben. Ab Juni beginnt das einjährige Kraut zu blühen. Meist sorgt es selbst für seine Verbreitung, denn die Samen fallen leicht aus.
Anbauen: Ab Mitte April satzweise säen. Dill benötigt kein eigenes Beet, er wächst gut zwischen Gemüse, vor allem Gurken, aber auch zwischen Rosen, Stauden und Sommerblumen.
Ernten, Verwerten: Man erntet die Blätter je nach Bedarf, am besten vor der Blüte, später verlieren sie an Aroma. Dill wird immer frisch und roh verwendet, getrocknetes und gekochtes Kraut verliert den typischen Geschmack.
Gewürz für Salate, Kräuterquark, -joghurt, -essig, zu Fisch und Meeresfrüchten.
Vorbeugen, Heilen: Besonders reich an ätherischen Ölen sind die Samen (Carvon, Limonen), ebenfalls viel enthalten die jungen, fiedrig zarten Blätter vor der Blüte (Anethofuran, Limonen). Sie wirken beruhigend, krampflösend, blähungstreibend, verdauungsfördernd.
Inhaltsstoffe: Ätherische Öle, Mineralstoffe, Vitamine, Biophenole, Harze, Schleim.

Gewürzfenchel
(Foeniculum vulgare var. dulce)
Dulce bedeutet süß, seine Blätter schmecken tatsächlich würzig-süß. Er stammt wie der »dicke Bruder« aus Kleinasien, ist aber schon lange in Kultur als Heil-

pflanze. Der Gewürzfenchel bohrt seine Pfahlwurzel am liebsten in tiefgründig lockere, humose, kalkhaltige, Böden und benötigt viel Wärme und Sonne. Auf schweren Böden versagt er. Im zweiten Jahr nach der Saat blüht die Pflanze von Juli bis Oktober. Wie alle Doldenblütler lockt auch blühender Fenchel zahlreiche Insekten an; er ist vor allem bei jenen begehrt, die einen kurzen Rüssel besitzen (Schwebfliegen), denn die Dolden bieten ihren Nektar offen an. Obwohl die Pflanze ausdauernd ist, wird sie bei uns meist zweijährig gezogen. Warmes, trockenes Spätsommerwetter fördert die Samenreife.

Anbauen: Im April auf ein vorbereitetes Saatbeet säen, Reihenabstand 20–30 cm. Spätere Saaten wachsen bis zum Herbst nicht kräftig genug. Das Laub stirbt im Herbst ab; drohen starke Fröste, die Pflanzen abdecken; auf Mäuse achten. Im Frühjahr verpflanzt man die Setzlinge im Abstand von 50 x 60 cm.

Ernten, Verwerten: Während des Sommers Blätter für die Küche ernten, als Salatwürze, Brotbelag, Würze zu fettem Fisch, Hammel und anderen schwer verdaulichen Speisen.

Besonders viel ätherisches Öl enthalten die Samen. Die Dolden abschneiden, bevor die Körnchen ausfallen, an einem schattigen Ort nachtrocknen lassen, später die Samen ausklopfen oder mit den Händen herausreiben.

Man verwendet die gemahlenen Körner als Würze für Hefegebäck, Brot und v. a. für Fencheltee: pro Tasse 1 TL Samen (grob gemahlen) überbrühen.

Vorbeugen, heilen: Hilft bei Bauchkrämpfen und gegen Blähungen, wirkt schleimlösend. Da Gewürzfenchel sehr große Mengen an ätherischen Ölen enthält, lindert er die selben Beschwerden wie Knollenfenchel, seine Heilkraft übertrifft die des »großen Bruders« jedoch beträchtlich.

Inhaltsstoffe: Wie Gemüsefenchel, jedoch viel mehr ätherische Öle (Anethol), Carotine, Mineralstoffe, Fruchtsäuren, Biophenole.

Kerbel
(Anthriscus cerefolium)

Daß er eng mit der Petersilie verwandt ist, sieht man auf den ersten Blick. Im Gegensatz zu ihr ist er einjährig und viel anpruchsloser, er keimt bereitwillig. Die jungen Blätter schmecken weniger kräftig als Petersilie, mehr anisartig, süß aromatisch, die älteren, harten verlieren an Aroma. Wie bei der Petersilie gibt es glatt- und krausblättrige Sorten. Die glattblättrigen sehen dem giftigen Schierling sehr ähnlich, da das giftige Gewächs jedoch normalerweise nicht im Hausgarten wächst, besteht kaum Verwechslungsgefahr.

Anbauen: Aussaat ab März satzweise alle 14 Tage, 15 cm Abstand zwischen den Reihen lassen. Späte Aussaat und Trockenheit fördern Schossen. Blühende Pflanzen verlieren an Aroma.

Ernten, Verwerten: Man pflückt die jungen, zarten Blättchen oder schneidet die etwa 20 cm hohen Pflanzen handbreit über dem Boden ab. Sie treiben erneut aus. Roh zum Würzen von Salaten, Suppen, Pfannkuchen, Kräuterquark, Rühreiern, Fisch; auch in Kräutermischungen, zusammen mit Petersilie, Schnittlauch und Estragon.

Vorbeugen, Heilen: Kerbel fördert die Verdauung.

Inhaltsstoffe: Ätherische Öle (Estragol), Vitamin C (140 mg%), viele Carotine.

Koriander
(Coriandrum sativum)

In ihm steckt das griechische Wort *koris* für Wanze, und manche Menschen sind überzeugt, daß die Blätter tatsächlich wanzenartig riechen; obwohl gerade diese in vielen Ländern als Würzkraut sehr geschätzt werden. Man unterscheidet zwischen kleinsamigem Blatt-Koriander und großsamigem Samen-Koriander, je nach Sorte duften die Pflanzen unterschiedlich stark und mehr oder weniger angenehm. Im alten China aßen die Menschen Koriandersamen, weil sie glaubten, er verhelfe zu Unsterblichkeit. Das tut er nicht, er wird aber seit Urzeiten für Heilzwecke genutzt und sogar im Alten Testament erwähnt.

Koriander bevorzugt leichte, sandige, kalkhaltige Böden und Wärme. Er ist einjährig, seine weißen oder rosafarbenen Blütendolden erscheinen im Juni, Juli.

Anbauen: Ab April säen, satzweise für Blätterernte. Körner-Kori-

ander in Reihen (Abstand 30 cm) später auf 10–15 cm vereinzeln. Da die Pflänzchen langsam wachsen, regelmäßig jäten.
Ernten, Verwerten: Man erntet die jungen, etwa 10 cm hohen Blätter und verwendet sie roh oder gekocht zum Würzen von Fleisch, Fisch, Essigkonserven, Aufläufen, Eintöpfen, Suppen.
Körner-Ernte: Wenn die Samen sich in den Dolden von Grün nach Grau verfärben, wartet man noch einige Tage, schneidet die Samenstände dann ab und läßt sie an einem schattigen Ort nachtrocknen; später die Samen über eine große Schüssel ausklopfen. Mit dem Schnitt der Samenstände nicht zu lange warten, die Kügelchen fallen leicht aus.
Die Samen dienen als Gewürz in Lebkuchen, Brot, zum sauer Einlegen.
Vorbeugen, Heilen: Wirkt verdauungsfördernd.
Inhaltsstoffe: Ätherische Öle (Linalool), Mineralstoffe, Vitamine, Biophenole.

Kümmel vertreibt Kohl-Blähungen am besten.

Kümmel
(Carum carvi)
Kümmel stammt aus dem Mittelmeergebiet und Kleinasien. Er ist zweijährig und bildet im ersten Jahr nur eine Blattrosette, im zweiten Jahr nach der Aussaat blüht er (weiß oder rosafarben). Kümmel liebt humose, tiefgründige Böden, besonders gut gedeiht er im Seeklima. Er samt sich selber aus, meidet aber die Nähe des Fenchels, denn die beiden vertragen sich nicht. Es gibt inzwischen einjährige Kümmelsorten, diese sind weniger gehaltvoll und würzig als die zweijährigen.
Anbauen: Im April, Mai reihenweise ins Beet säen; Abstand 30 cm; Lichtkeimer, deshalb nur hauchdünn mit Erde bedecken; Samen leicht andrücken; die fingerhohen Pflänzchen auf 20 cm vereinzeln. Später als im Mai gesäte Pflanzen blühen nicht sicher im zweiten Jahr, diese »Trotzer«, wie Fachleute sie nennen, warten ein Jahr länger damit. Mäuse und Wühlmäuse lieben Doldenblütler, vor allem im Winter sind die Wurzeln fraßgefährdet.
Ernten, Verwerten: Im ersten Jahr kann man von den Pflanzen einzelne Blätter pflücken und in der Küche verwenden.
Samenernte im Juni, Juli, August des zweiten Jahrs, sobald sich die Früchte von Grün nach Braun färben; sie fallen leicht aus. Samenstände schneiden, nachtrocknen lassen, Samen ausklopfen oder mit den Händen ausreiben. Kümmel würzt Fleisch, Brot, Zwiebelkuchen, Kohl, Käse, Quark, Aufläufe, Eintöpfe, Suppen. (Tip: Pellkartoffeln mit Kümmel kochen).
Vorbeugen, Heilen: Kohl und Kümmel gehören zusammen, denn Kümmel vertreibt Blähungen besonders wirksam und hilft bei Magen- und Darmkrämpfen. Pro Tasse 1 TL Samen (grob gemahlen) überbrühen, 10 Minuten zugedeckt ziehen lassen, ungesüßt und heiß in kleinen Schlucken trinken.
Inhaltsstoffe: Ätherische Öle (Carvon, Limonen), Vitamine, Mineralstoffe, Biophenole.

Liebstöckel
(Levisticum officinale)
Er stammt aus dem Gebiet des heutigen Irans und Afghanistans, seine fleischigen, rübig verdickten Wurzeln wurden in der Antike wie die des Selleries genutzt. Das mehrjährige, winterharte und sehr anspruchslose Kraut riecht streng würzig. Auf guten Böden wachsen seine Blätter, deren Stengel hohl sind, bis zu 2 m hoch, im Herbst sterben sie ab. Ein bis zwei Stöcke genügen, um eine Familie mit Suppenwürze zu versorgen. Man kann aber auch mehr Pflanzen anbauen und die Blätter zum Mulchen verwenden.
Anbauen: Vermehrung durch Pflanzung von Wurzelstöcken (Abstand 60 x 60 cm) oder durch Aussaat im März, April und im August. Frisches Saatgut verwenden, da es schnell seine Keimfähigkeit verliert. Liebstöckel benötigt viel Wasser, bei Trockenheit vergilben die Blätter.

Nach spätestens zehn Jahren teilt man die Wurzelstöcke und weist ihnen einen neuen Standort zu. Der alte sollte mindestens fünf Jahre frei von Doldenblütlern bleiben.
Ernten, Verwerten: Meist werden nur die Blätter (nach Bedarf) geerntet, im Herbst oder Frühjahr gerodete Wurzelstücke eignen sich als Suppenwürze.
Liebstöckel wird gebraucht als Gewürz für Suppen, Eintöpfe, Gemüsefonds, wobei schon kleine Mengen zum Aromatisieren genügen; macht Salz nahezu überflüssig.
Vorbeugen, Heilen: Fördert die Verdauung.
Inhaltsstoffe: Ätherische Öle.

Petersilie
(Petroselinum crispum convar. *crispum)*

Schon die Menschen der Steinzeit würzten ihre Speisen mit Petersilie. Es gibt glatt- und krausblättrige Sorten; die glatte schmeckt würziger als die krause, die krause sieht dekorativer aus und täuscht auch nach längerer Trennung von der Pflanze noch Frische vor.
Petersilie benötigt viel Licht und tiefgründige, humose Böden von gleichmäßiger Feuchte; nasse, kalte oder verdichtete mag sie nicht.
Mäßige Wärme (18–22 °C) zieht sie großer Hitze vor. Ihre Blätter trotzen leichten Frösten, die Pflanzen sind ziemlich frosthart und treiben im Frühjahr erneut würzige Blätter, bevor sie blühen.
Anbauen: Ab März bis Mitte Au-

»Keine Mahlzeit ohne Petersilie« forderten Ärzte im alten Rom.

gust Aussaat ins Beet, Reihenabstand 20 cm; Saaten mit Vlies abdecken; Wärme und gleichmäßige Feuchte beschleunigen das Keimen, das 3–4 Wochen dauert. August-Saaten keimen besser und schneller als Frühjahrssaaten. Die Pflänzchen wachsen langsam; regelmäßig jäten, hacken, auf Schnecken achten.
Petersilie sollte jährlich das Beet wechseln und frühestens nach 5 Jahren auf die selbe Fläche zurückkehren. In ihrem Beet vom Vorjahr keimt sie schlecht und kümmert. Nur August-Saaten bleiben ein Jahr länger auf dem Beet, weil sie erst im Sommer des übernächsten Jahres blühen.
Ernten, Verwerten: Mehrmalige Ernte ist möglich, in milden Gegenden und Wintern sogar während der kalten Jahreszeit. Die Erntesaison endet, wenn im Frühsommer des zweiten Jahres die Pflanzen blühen.
Einige zerkaute Blätter reinigen den Atem vor üblen (Knoblauch- und Tabak-)Gerüchen. Petersilie paßt als Würze zu Suppen, Salaten, Gemüsen, Fleisch, Fisch, Kartoffeln.

Vorbeugen, Heilen: Petersilie fördert die Verdauung. Sie ist ein Gewürz, kein Gemüse. Deshalb das Kraut nicht pfundweise essen, vor allem nicht während der Schwangerschaft. Apiol im Übermaß gegessen, ist giftig, es reizt u. a. Magen- und Darmschleimhäute und Nieren (harntreibend).
Inhaltsstoffe: Vitamin C (165 mg%), Vitamin B, Vitamin E, viele Carotine, Mineralstoffe (Eisen, Calcium), ätherische Öle (Apiol, Myristicin) v. a. in Wurzel und Samen, Flavonoide.

Eiskrautgewächse

Neuseeländer Spinat
(Tetragonia tetragonioides)

Die aus Neuseeland stammende, langsam wachsende Pflanze mit fleischigen, würzigen Blättern wurde früher häufiger angebaut. Sie ist frostempfindlich und wächst 25–50 cm hoch. Neuseeländer Spinat verträgt keine kalten, lehmigen, verdichteten Bö-

Früher war dieser Spinat ein häufiger Gast in unseren Gärten.

den, jedoch Hitze. Da er nicht tief wurzelt, fördert gelegentliches Gießen sein Wachstum.
Anbauen: Ab Ende April ins Beet säen, auf warme, humose Böden, mit Vlies abdecken. Keimdauer 20–27 Tage.
Vorziehen: Vorgequollene Samen bei 20 °C anziehen, nach den Eisheiligen auf 50 x 50 cm verpflanzen; ab und zu entspitzen, um die Bildung von Seitentrieben zu fördern.
Salat, Kohlrabi, Rettich, Radieschen passen mit aufs Beet, solange der Neuseeländer Spinat jung ist.
Ernten, Verwerten: Ab Juli bis zum ersten Frost wöchentliche Ernten; die bis zu 10 cm langen Triebspitzen mit 4–5 Blättern schneiden und wie Spinat zubereiten.
Inhaltsstoffe: Viele Mineralstoffe und organische Säuren (u. a. Oxalsäure).

Die roten Mangold-Stiele bilden einen hübschen Blickfang.

Gänsefußgewächse
Viele Mitglieder dieser Familie wachsen wild in den salzigen Böden der Meeresküsten. Sie neigen dazu, große Mengen an **Mineralstoffen** und vor allem an **Nitrat** zu horten. Außerdem enthalten die Blätter meist reichlich **Oxalsäure**.

Mangold
Blattmangold
(Beta vulgaris ssp. *vulgaris* var. *cicla)*
Stielmangold *(Beta vulgaris* ssp. *vulgaris* var. *flavescens)*

Stielmangold hat dicke, breite, oft farbige (rote, gelbe, hellgrüne) Stiele und große Blätter. Vor allem die roten Sorten werden gerne im Ziergarten angebaut.
Mangold stammt aus Kleinasien, er ist vermutlich schon über 4 000 Jahre lang in Kultur und eng mit Roter Rübe und Zuckerrübe verwandt. Die Römer brachten ihn mit in die eroberten Gebiete. Im zweiten Jahr nach der Aussaat blüht Mangold, Kälte fördert bei jungen Pflanzen das Schossen. In milden Regionen und geschützten Lagen überwintert dieses Gemüse im Freien. Wie Spinat hortet er Nitrat und Oxalsäure.
Alle Gemüse und Salate wollen nicht in der Nähe von Familienmitgliedern wachsen und auch nicht nach einem Verwandten ein Beet besiedeln. Gänsefußgewächse legen besonders Wert auf zeitlichen Abstand, sie sollten nur alle 4–5 Jahre auf dasselbe Beet. An ihren Wurzeln saugen und vermehren sich zahlreiche, winzige, schädliche Älchen (Nematoden), die nur eine weitgestellte Fruchtfolge in Zaum hält.
Anbauen: Aussaat Ende April bis Anfang Juli; frühere Saaten schossen; Samen keimt erst bei etwa 9 °C Bodentemperatur. Um Platz und Zeit zu sparen, kann man Stielmangold vorziehen und später verpflanzen. Abstand bei Blattmangold 30 cm, bei Stielmangold 40 cm zwischen den Reihen; die Pflanzen später auf 20–30 cm vereinzeln, da aus dem Samenknäuel meist mehrere Pflanzen sprießen. Jäten, gießen, flüssig düngen, mulchen.
Ernten, Verwerten: Man schneidet die Blätter von Blattmangold, ohne das Herz zu verletzen, dann ist mehrmaliges Ernten möglich; von Stielmangold die ausgewachsenen Blätter einzeln vom Strunk abdrehen. Man kann auch die Wurzeln im Spätherbst ausgraben, einlagern und wie Chicorée treiben.
Gekochte Blätter werden wie Spinat zubereitet, geschälte Stengel wie Spargel.
Inhaltsstoffe: Ähnlich wie Spinat, weniger Vitamin C, Carotine, Mineralstoffe.

Rote Rübe, Rote Bete
(Beta vulgaris ssp. *vulgaris* var. *vulgaris)*

Sie heißt auch Randen und stammt vom Seemangold *(Beta vulgaris* ssp. *maritima)* ab, der wild an europäischen Küsten wächst. Zunächst erntete man nur die Blätter, ab dem 2. Jahrhundert auch die verdickten Wurzeln. Unsere heutigen, durch und durch rot gefärbten Rote-Bete-Sorten entstanden erst vor 100–200 Jahren. Früher waren gelbe und weiße Formen weit verbreitet, die roten hatten meist weiße Ringe. *Beta*-Arten bilden Samenknäuel, aus denen mehrere Pflänzchen keimen; es gibt inzwischen (monogerme) Sorten mit Einzelsamen. Der Tiefwurzler gedeiht bei mittlerer Temperatur und hoher Luftfeuchte am besten. Man unterscheidet Sorten mit runden und länglichen Rüben; rote Sorten speichern mehr Nitrat als weiße und gelbe. Die Rüben enthalten weniger Oxalsäure als Spinat oder Mangold. Rote-Bete-Saft wird als Farbstoff (Betanin) in der Lebensmittelindustrie verwendet.

Anbauen: Ab Ende April bis Juli satzweise alle 2–4 Wochen ins sonnige Beet säen; frühere Saaten schossen; Abstand zwischen den Reihen 20–30 cm, später auf 8–10 cm in der Reihe vereinzeln. Im Frühjahr mit Vlies abdecken; Samen keimen erst bei etwa 9 °C Bodentemperatur. Hacken, jäten, bei Trockenheit gießen; stockendes Wachstum verursacht holzige Rüben. Vor der Saat Beet mit Kompost und Gesteinsmehl düngen; später mit Beinwelljauche (kalihaltig) stärken; mit Mist gedüngte Rüben schmecken jauchig.

Ernten, Verwerten: Die zarten, saftigen und besonders milden, 3–5 cm dicken Baby-Knollen nach Bedarf ernten; Lagerrüben im Oktober roden, nach einigen sonnigen Tagen, um den Nitratgehalt gering zu halten. Blätter abdrehen oder 3 cm über dem Ansatz abschneiden; Verletzungen der Knollen und damit Bluten und Fäulnis vermeiden; in leicht feuchtem Sand einschlagen, frostfrei lagern.

Roh verwenden oder gekocht, gedünstet, pikant eingelegt, milchsauer vergoren, in Salaten, Suppen, Mischgemüse.

Rote-Bete-Salat: die Knollen kochen, anschließend schälen und hobeln (roh geschälte Knollen verbluten). Je älter und größer die Knollen sind, desto länger dauert die Kochzeit.

Vorbeugen, Heilen: Fördert die Verdauung, wirkt stärkend bei fiebrigen Erkältungen und Schwäche sowie positiv auf Immunsystem, Magen, Darm und Blase. (Der rote Farbstoff wird unverändert und leicht verdünnt ausgeschieden; kein Grund nach dem Gang zur Toilette »wegen des vielen Blutes« in Panik zu geraten.)

Inhaltsstoffe: Vitamin C (10 mg%), Vitamin B, Carotine, Mineralstoffe, Saponine, Fruchtsäuren (wenig Oxalsäure).

Spinat
(Spinacia oleracea)

Vermutlich bauten die Perser den ersten Spinat an. Die Araber brachten ihn nach Spanien; von dort und mit Kreuzfahrern, die aus dem Orient heimkehrten, gelangte er nach Mitteleuropa. Ab dem 15., 16. Jahrhundert verdrängte Spinat Melde, Mangold und Guten Heinrich aus den Gärten und nahm deren Platz ein. In Europa baut man meist glattblättrige Sorten an, in USA bevorzugt man gekrauste. Wie alle Gänsefußgewächse neigt Spinat sortenunabhängig dazu, Nitrat zu sammeln. Seine Pfahlwurzel dringt über einen Meter tief in den Boden, weshalb er lockere, humose, feuchte Böden liebt. Lange Tage, Hitze und Trockenheit im Frühjahr fördern das Schossen; blühender Spinat schmeckt bitter. In schneearmen Wintern leiden die Pflanzen und vertrocknen häufig, unter einer Schneedecke überstehen sie die kalte Zeit meist gut.

Anbauen: Aussaat August bis Anfang Oktober und Ende Februar bis April; 3–4 cm tief da Dunkelkeimer; Abstand zwischen den Spinatreihen 20 cm, die Samen mit dem Rücken des Rechens (Harke) festklopfen; Boden lockern und jäten, bei Trockenheit gießen.

Ernten, Verwerten: Besonders gut schmecken die jungen, etwa 10 cm hohen, zarten Blätter fein geschnitten als Salat mit Joghurtsoße zubereitet (um Oxalsäure zu binden). Man kann auch die älteren Blätter ernten oder die gesamte Pflanze wie Feldsalat am Wurzelhals schneiden. Als Blattgemüse in wenig Wasser garen, verarbeiten in Suppen, Aufläufen, als Pizzafüllung und -belag.

Wegen des hohen Nitratgehalts Säuglinge nicht mit Spinat füttern (Blausucht).

Inhaltsstoffe: Vitamin C (40 mg%), Vitamin B, Carotine, Mineralstoffe, Fruchtsäuren (Oxalsäure), Saponine.

Gemüse und Kräuter: Gurkengewächse

Gurkengewächse

Gurke
(Cucumis sativus)

Der Name Gurke stammt aus dem Slawischen; in manchen Gegenden heißt sie auch Kümmerle oder Kukumber, abgeleitet von der lateinischen Bezeichnung. Sie wird seit etwa 5000 Jahren angebaut, ihre Heimat ist wahrscheinlich Indien.

Die frostempfindlichen Gurken bilden Ranken, mit denen sie kriechen oder klettern. Sie bevorzugen warme, lockere, humose, nährstoffreiche und gleichmäßig feuchte Böden; bei Nässe faulen die Wurzeln leicht und die Blätter erkranken an Falschem Mehltau, bei Hitze und Trockenheit werden die Pflanzen von Spinnmil-

Gurken möchten von Sonne und Gärtner verwöhnt werden.

ben befallen. Obwohl die neuen Sorten bitterfrei sind, treten bei feucht-kühler Witterung ab und zu bitter schmeckende Früchte auf. Gurken nicht mit kaltem Leitungs-, Zisternen- oder Brunnenwasser gießen, sondern das Wasser immer vorwärmen. Die zarten Gewächse benötigen viel Sonne und Wärme und sind sehr windempfindlich. Sie werden deshalb häufig im Gewächshaus oder Frühbeet angebaut, oder man schirmt das Beet auf der Nordostseite durch Zuckermais oder Sonnenblumen vom Wind ab.

Die neuen Sorten sind fast alle gegen den Echten Mehltau-Pilz resistent. Parthenocarpe Sorten bilden Früchte ohne Bestäubung und deshalb keine Samen. Wachsen sie in der Nähe (im Umkreis von etwa 300 m) von normalblütigen Sorten, sorgen diese für die Bestäubung. Dadurch entstehen bauchig, aufgeblasene Früchte. Die Pflanzen stoßen Fruchtansätze ab, wenn es ihnen zu kalt ist (Wetter, Gießwasser), wenn es ihnen an Nährstoffen fehlt, wenn sie zu viele oder ausgewachsene Früchte tragen.

Einlegegurken werden im Freien gezogen, Salatgurken oft unter Glas. Um die Wurzeln von Gewächshausgurken vor Fäulnis zu schützen, sind diese Sorten häufig auf den widerstandsfähigen Feigenblattkürbis *(Cucurbita ficifolia)* veredelt.

Anbauen: Aussaat ab Mitte Mai bis Anfang Juni, Abstand zwischen den Pflanzen 30 cm, zwischen den Reihen 120–150 cm. Oder im April in Töpfen vorziehen (bei 22–25 °C) und Mitte Mai mit Wurzelballen auspflanzen. Die Gurken sollten 2–3 Blätter haben, die beiden runden Keimblättchen nicht mitgerechnet. Das Beet vor der Pflanzung mit reichlich Kompost versorgen; Gurken reagieren recht empfindlich auf zuviel Düngesalze (Kunstdünger) im Boden. Die Gurken dick mulchen. Je nach Witterung bis Mitte Juni mit Vlies abdecken oder auf schwarzem Mulchpapier anpflanzen.

Gurken im Haus werden senkrecht an Schnüren oder Stäben gezogen. Schnur den Gurken um den Wurzelhals binden und oben an einem waagrechten Spanndraht befestigen. Gurken im Freien liefern mehr Ertrag, wenn sie ebenfalls in die Höhe klettern dürfen (1 m hohes Drahtgitter, Pflanzen festbinden).

Bei Hausgurken entfernt man alle Früchte und Seitentriebe bis in 80 cm Höhe; sobald der Haupttrieb den oberen Draht erreicht hat, kappt man ihn und kürzt die bald darauf erscheinenden Seitentriebe auf 1–2 Blätter und 1–2 Früchte ein.

Ernten, Verwerten: Die Pflanzen ab Anfang Juli zwei- oder dreimal die Woche durchpflücken. Einlegegurken werden geerntet, sobald sie 6–9 cm lang sind, Salatgurken je nach Sorte zwischen 20–30 cm. Man verwendet sie roh als Brotbelag, Salat (Dill nicht vergessen), in Kräuterquark, -joghurt.

Vorbeugen, Heilen: Wirken erfrischend, durstlöschend, entwässernd.

Inhaltsstoffe: Vitamin C (8 mg%), Vitamin B, Carotine, Mineralstoffe, Fruchtsäuren.

Kürbisse benötigen viel Wärme, Wasser und Nährstoffe.

Kürbis
(Cucurbita maxima, Cucurbita spec.)

Alle *Cucurbita*-Arten stammen aus Amerika und kamen erst im 16. Jahrhundert nach Europa, wo man nur Flaschenkürbis *(Lagenaria siceraria)* und Wachskürbis *(Benincasa hispida)* kannte. Es gibt eine unüberschaubare Fülle an Kürbisarten und -sorten, dazu gehören alte Sorten wie 'Gelber Zentner', aber auch die kleineren, schmackhaften **Hokkaidos** (z. B. 'Uchiki Kuri'), **Buttercup**-Sorten ('Butternut'), **Rondini** und **Patisson** *(Cucurbita pepo)*.

Der **Riesenkürbis** bildet große Blätter, große, gelbe Blüten, große Früchte und große Samen. Männliche und weibliche Blüten sitzen getrennt auf einer Pflanze. Kürbisse benötigen nährstoffreiche, lockere, humose und warme Böden mit gleichmäßiger Feuchte. Sie sind kälteempfindlich, ab 5 °C abwärts leiden sie.

Anbauen: Im Haus in Töpfen vorziehen; keimt bei 22–30 °C, später kühler stellen; die abgehärteten Kürbisse mit Wurzelballen Mitte Mai bis Anfang Juni verpflanzen, sobald sie zwei, drei Blätter haben (die kleinen Keimblätter nicht mitgezählt); Abstand 1,5 x 1,5 m. Oder ab Mitte Mai aufs Beet säen, mit Vlies abdecken. Boden mit Rasenschnitt, Beinwell-, Brennessel-Blättern oder ähnlichem bedecken, den Mulch nie bis an den Stengel schieben, er muß frei bleiben, »atmen« können, da er sonst leicht fault oder angefressen wird.

Auf Schnecken achten, ausreichend gießen und mit Kräuterjauche düngen. Kürbisse wachsen gut bei 18–25 °C.

Ernten, Verwerten: Im Spätherbst, vor dem ersten Frost ernten, sobald der Stiel schrumpft und die Schale verhärtet (Fingernagel dringt nicht leicht ein, sondern stößt auf Widerstand). Kürbisse erst warm lagern, bis die Schale eingetrocknet und verhärtet ist, dann kühler bei 10–12 °C aufbewahren.

Das zarte Fruchtfleisch zerfällt beim Kochen, es ist leicht verdaulich und eignet sich für Suppen, Gemüse, Eintopf, Püree, Auflauf und Kuchen.

Vorbeugen, Heilen: Die nackten Samen der **Ölkürbisse** ('Comet') lindern Prostata-Leiden und Infektionen der Harnwege. Früher dienten Kürbis-Samen als Wurmmittel.

Inhaltsstoffe: Vitamin C (12 mg%), Vitamin B, viele Carotine, Mineralstoffe, Fruchtsäuren, Biophenole.

Zucchini
(Cucurbita pepo var. giromotiina)

Der Name Zucchini stammt aus dem Italienischen und bedeutet kleiner Kürbis. Die Heimat dieser frostempfindlichen Pflanzen ist Amerika, sie wachsen buschförmig und bilden bis auf wenige Ausnahmen keine Ranken. Wie Gurken tragen Zucchini weibliche und männliche Blüten. Je nach Sorte ist die Schale der Früchte grün, gelb oder dunkel in verschiedenen Schattierungen gefärbt und hell gepunktet oder gestreift.

Zucchini benötigen viel Wärme, wenn auch etwas weniger als Gurken. Sie mögen nährstoffreiche, humose Gartenböden, auf kalten, staunassen kümmern sie; auf zuviele Düngesalze reagieren sie empfindlich.

Anbauen: Im April in Töpfen (20–24 °C) vorziehen, Ende Mai auspflanzen (Abstand 1 x 1 m); die Pflanzen sollten ein bis zwei

Ernten Sie Zucchini-Früchte, solange sie jung und zart sind.

Blätter haben (die beiden unteren rundlichen Blätter nicht mitgerechnet), stärker beblätterte Pflanzen wachsen schlecht an. Man kann auch ab Mitte Mai bis Anfang Juni ins Beet säen. Bei kühler Witterung mit Vlies abdecken. Die Beete mit reichlich Kompost versorgen, im Juni, Juli alle 10 Tage mit Kräuterjauche düngen. Solange die Pflanzen klein sind, ab und zu jäten, dick mulchen, für gleichmäßige Feuchtigkeit sorgen. Bei Trockenheit und unregelmäßiger Wasserversorgung kann es zur Bildung von bitteren Früchten kommen. Auf Schnecken achten.

Zwei bis drei Pflanzen versorgen eine vierköpfige Familie mit ausreichend Zucchini, es bleiben sogar noch welche zum Verschenken übrig.

Wie alle Gurkengewächse sollten auch diese jährlich den Standort wechseln.

Ernten, Verwerten: In Italien erntet man die zarten 8–12 cm langen Früchte mit Blüten; länger als 20 cm sollten sie nicht sein, dann kann man sie ungeschält verwenden. Läßt man die Früchte auswachsen, tragen die Pflanzen allenfalls drei bis fünf Stück; werden sie jung geerntet, treiben viele nach. Nur von der alten Sorte 'Cocozelle von Tripolis' ist es üblich, die großen Früchte erst im Herbst zu ernten und wie Kürbis zu verarbeiten.

Die langstieligen, geschlossenen männlichen Blüten sind ebenfalls eßbar, man verwendet sie zum Füllen (Gemüse, Obst, Karamelcreme und andere Süßspeisen). Junge Zucchini roh und geraspelt als Salat, ältere auch in Suppen, Eintöpfen, Gemüse (zusammen mit Tomaten und Oregano), Gemüsereis.

Inhaltsstoffe: Vitamin C (16 mg%), Vitamin B, Carotine, Mineralstoffe, Fruchtsäuren, Biophenole.

> **Hülsenfrüchte**
>
> Die Samen dieser Familie enthalten reichlich **Eiweiß** und Ballaststoffe, außerdem unterschiedliche Mengen an **pflanzlichen Hormonen** und **Saponinen**.

Buschbohne
(Phaseolus vulgaris ssp. vulgaris var. nanus)

Cäsar, Kleopatra, Karl der Große, sie alle starben, ohne jemals diese feinen Böhnchen gegessen zu haben. Busch- und Stangenbohnen kamen erst Ende des 16. Jahrhunderts aus Amerika nach Europa, wo Gärtner sich bald um das Saatgut rissen. Denn die Pflanzen lassen sich leicht anbauen und vermehren, sie liefern zarte Bohnenhülsen und lange lagerbare Kerne. Inzwischen entstanden mehrere hundert Sorten. Bohnen bevorzugen guten Gartenboden, er sollte tiefgründig locker, lehmig-humos und kalkhaltig sein. Die Samen keimen erst bei Bodentemperaturen über 10 °C (allerdings langsam, schnell laufen sie bei 20–25 °C auf); in kalter, nasser Erde faulen sie. Sowohl Busch- als auch Stangenbohnen benötigen Wärme und während der Blüte und der Fruchtentwicklung ausreichend Wasser. Sie sind frost- und windempfindlich und sollten nicht neben Gladiolen stehen. Junge Pflanzen werden gerne von Schnecken gefressen.

In unseren Breiten bestäuben sich die Blüten bereits, wenn sie noch geschlossen sind. Als optimal gelten Temperaturen von 18–22 °C; unter 10 °C sowie bei großer Hitze (25–30 °C) und trockener Luft erfolgt keine Bestäubung, die Blüten fallen ab.

Die rankenlosen Buschbohnen wachsen 30–60 cm hoch. Sie sind anspruchsloser und robuster als Stangenbohnen.

Anbauen: Aussaat satzweise ab Mitte Mai bis Mitte Juli; alle 5–7 cm einen Kern 2–3 cm tief legen oder horstweise (alle 50 cm etwa 5 Kerne) säen; Abstand zwischen den Reihen 50 cm. Dunkelkernige Sorten keimen in der Regel williger als weiße. Frühe Saaten in Blumentöpfen vorziehen oder mit Vlies abdecken. Vlies spätestens Mitte Juni an einem bewölkten Tag oder abends abnehmen. Pflanzen anhäufeln, Boden lockern, bei Trockenheit gießen.

Ernten, Verwerten: Die ersten Hülsen sind ab Mitte Juli pflückreif, nach wenigen Wochen und drei- bis fünfmaligem Durchpflücken sind die Pflanzen erschöpft.

Man verwendet die Bohnenhülsen und die Kerne als Salat, Gemüse, in Eintöpfen, Gemüsereis und Suppen. Bohnenhülsen und Kerne nur gekocht verzehren, da sie giftiges Phasin enthalten!

Vorbeugen, Heilen: Wirken harntreibend, fördern die Verdauung und stärken das Immunsystem.
Inhaltsstoffe: Eiweiß, Vitamin C (grüne Bohnen: 20 mg%), Vitamin B, Carotine, Mineralstoffe, Lignane.

Stangenbohne
(Phaseolus vulgaris ssp. *vulgaris* var. *vulgaris)*

Standort und Bestäubung siehe Buschbohne. Stangenbohnen wachsen 2–4 m hoch. Ihre Triebe ranken links herum, also entgegen dem Uhrzeigersinn. Je nach Sorte sind ihre Hülsen grün, gelb, blau, violett oder schwarz, auch die Kerne bekennen Farbe. Kletterbohnen benötigen mehr Wärme und Licht als Buschbohnen, sie liefern höhere Erträge, da sie über einen längeren Zeitraum blühen und fruchten. Wie Buschbohnen mögen sie humosen Boden und reagieren empfindlich auf hohe Mengen an Düngesalzen. Schwere, lehmige Böden verwandelt man mit reichlich Kompost in Bohnenstandorte.

Anbauen: Aussaat ab Mitte Mai bis Anfang Juli, 5–7 Kerne um jede Stange legen, 3 cm tief. Stangen (2–2,5 m hoch) vor dem Säen stecken, Abstand 100 x 60 cm. Die Samen faulen, wenn zu tief gesät wurde oder der Boden zu naß, zu kalt, zu verdichtet ist. Nach dem Keimen die Pflanzen zu den Stangen hin anhäufeln.
Um die Bohnen vor Kälte und Schnecken zu schützen, zieht man sie in Töpfen im Haus vor und pflanzt Mitte Mai aus. Vor dem Pflanzen Beete mit Kompost düngen, später mit Käuterjauche; mulchen, bei Trockenheit gießen.

Ernten, Verwerten: Wie Buschbohne, die Erntesaison dauert den ganzen Sommer, man pflückt die Pflanzen 15–20 mal durch. Hülsen abkneifen, nicht reißen, dies gilt für alle Bohnenarten. Ernten, bevor sich die Samen an den Hülsenwänden abdrücken. Für Samenernte die Hülsen ausreifen lassen und ernten, sobald die Hülsenhülle vertrocknet ist.

Inhaltsstoffe: Wie bei Buschbohne.

Feuerbohne
(Phaseolus coccineus)

Sie stammt wie ihre Verwandten aus Mittelamerika und verbrachte ihre ersten 100 Jahre in Europa im Ziergarten, weil man diese Bohnen für giftig hielt. Seit dem 18. Jahrhundert nutzt man sie als Gemüse und baut sie weiterhin als Blickfang an. Es gibt weiße Sorten, doch in der Regel blühen sie kräftig rot und heißen deshalb auch Prunkbohnen. Sie begrünen zügig Wände und Zäune (keine Nordseiten!). Obwohl sie etwas langsamer klettern als ihre Verwandten, entwickeln sie sich in Mittelgebirgslagen oder bei kühlem Wetter besser als diese; sie wachsen und tragen im Gegensatz zu den verfrorenen Busch- und Stangenbohnen noch bei 15 °C gut. Auch sind sie robuster und widerstandsfähiger gegen Krankheiten und Schädlinge. Nur auf Hitze und Trockenheit reagieren sie empfindlich und stoßen die Blüten ab oder bilden kleine, krumme Hülsen. Sie bestäuben sich nicht selbst, sondern Insekten übernehmen diese Aufgabe.

Stangenbohnen wachsen hoch hinaus und tragen reichlich.

Genügsame Feuerbohnen: Man ißt die jungen Hülsen und die Kerne.

Wie alle amerikanischen Bohnen ist die Feuerbohne frostempfindlich; in unseren Breiten wächst sie einjährig. Ihre Ranken schieben sich linkswindend 2–4 m hoch. Die Blätter sind leicht behaart, die Hülsenhaut rauh, was sich allerdings beim Kochen verliert.

Anbauen: Aussaat ab Mitte Mai bis Anfang Juni; die Stangen im Abstand von 120 x 70 cm aufstellen; 5 Kerne etwa 3 cm tief rund um die Stangen legen. Die jungen Pflanzen zu den Stangen hin anhäufeln; hacken, jäten, mulchen; bei Trockenheit gießen, ab der Blüte brauchen Feuerbohnen viel Wasser. Bohnen und andere Hülsenfrüchte nur alle vier Jahre aufs selbe Beet säen.

Ernten, Verwerten: Wie bei Busch- und Stangenbohnen. Ernte Juli bis Oktober; manche Sorten bilden starke Fäden in den Hülsennähten, die man beim Putzen entfernt. Die Hülsen von Feuerbohnen sind breit und bis zu 30 cm lang. Man wartet jedoch keine Längenrekorde ab, sondern pflückt die 10–20 cm langen Hülsen, bevor die Samen zu schwellen beginnen und sich deutlich abzeichnen.

Ernten von Saatgut und Trockenbohnen: Die großen, meist schwarz-violetten Kerne gut ausreifen lassen und trocknen, weil sie sonst leicht schimmeln. Vor dem Kochen über Nacht einweichen und quellen lassen. In Mittelamerika ißt man auch die stärkereichen Wurzel-Knollen, die in subtropischen Gegenden überwintern.

Inhaltsstoffe: Ähnlich wie Buschbohnen.

Puffbohne, Dicke Bohne
(Vicia faba)

Sie heißt auch **Saubohne** und war bis zum 16. Jahrhundert die einzige Bohnenart Europas. Später nannte man ihre weitläufigen Verwandten aus Amerika ebenfalls »Bohnen«.

Puffbohnen stammen aus Kleinasien (kleinsamige) und dem Mittelmeergebiet (großsamige), wo Bauern sie vor über 7000 Jahren auf ihre Felder holten. Bevor sich die amerikanischen Gewächse (Bohnen, aber auch Kartoffeln) in unseren Gärten breitmachten, zählten Dicke Bohnen zu den Hauptnahrungsmitteln. Sie sind einjährig, bilden keine Ranken, sondern einen vierkantigen beblätterten Stengel, der 0,5–1,2 m hoch wächst. Ihre Pfahlwurzel dringt über einen Meter tief in die Erde, deshalb bevorzugen diese Bohnen nährstoffhaltige, tiefgründige, mittelschwere, gleichmäßig feuchte Böden, die kalkhaltig sein sollten. Wenn ihnen der Standort nicht zusagt, sind sie stark anfällig für die Schwarze Bohnenblattlaus. Auch Hitze und Trockenheit fördern diese Plage, denn Puffbohnen mögen feucht-kühles (Küsten-)Klima.

Man sät sie zeitig im Jahr, damit sie die Frühjahrsfeuchte und -nebel ausnutzen. Die Samen keimen ab 4 °C, die Pflanzen vertragen Frost bis -6 °C. Sie beginnen ab Mitte Mai zu blühen, bei Hitze und trockener Luft werfen sie die Blüten ab.

Neben den kleinsamigen Futter-Sorten (**Ackerbohnen**) gibt es großsamige Sorten, diese werden als Gemüse genutzt. Die Kerne von weißblühenden Sorten bleiben beim Kochen grün oder weiß. Die Samen von weißblütigen Sorten mit schwarzem Fleck sind gerbstoffreicher, sie färben sich nach dem Kochen braun. Weil sie besser schmecken, baut man vor allem braunfärbende Sorten an.

Anbauen: Aussaat an einem frostfreien Tag ab Mitte Februar bis Mai; späte Saaten bringen geringere Erträge und verlausen oft stark. Abstand zwischen den Reihen 40–50 cm, zwischen den Pflanzen 20 cm; 8–10 cm tief säen, dies sorgt für gute Standfestigkeit und kräftigem Wuchs. Kerne vor dem Säen in Kamillentee baden. Frühe Saaten mit Vlies abdecken. Man kann die Pflanzen auch vorziehen und im März auspflanzen. Beete mit reichlich Kompost versorgen; Bohnen anhäufeln; Boden lockern, da die Wurzeln viel Sauerstoff brauchen.

Ernten, Verwerten: Ab Ende Juni sind die ersten grünen Hülsen pflückreif. Man ißt meist die jungen milchreifen Samen, die in diesem Stadium besonders viel Vitamin C enthalten. Die ausgereiften Kerne sind schwer verdaulich. Die Hülsen eignen sich nicht zum Verzehr, sie bestehen aus holzigen, unverdaulichen Fasern. Die Kerne waschen, in Salzwasser weichkochen (Bohnenkraut nicht vergessen!), als Gemüse, Püree oder Salat, in Suppen oder Eintöpfen verwenden.

Inhaltsstoffe: Eiweiß, Vitamin C (80 mg%), Vitamin B, Carotine, Mineralstoffe.

Gemüseerbse

(Pisum sativum ssp. *sativum)*

Pal- oder Schalerbse (*P. s. s.* **convar.** *sativum*): Man verwendet die unreifen, zuckerreichen Samen als Gemüse, aus den trockenen, stärkehaltigen Körnern bereitet man Erbsenpüree oder Erbsensuppe. Die Stärke quillt beim Einweichen und wird durch Kochen weich.

Markerbse (*P. s. s.* **convar.** *medullare*): Hier ißt man die unreifen Samen als Gemüse, in Gemüsesuppen und Eintöpfen. Sie enthalten Zucker, auch die getrockneten Körner, sie sind runzlig und bleiben beim Kochen hart.

Zuckererbse (*P. s. s.* **convar.** *axiphium*): Geerntet werden die zarten Hülsen, sobald sich die winzigen Samen abzeichnen.

Erbsen stammen aus Asien und werden schon angebaut, seit unsere Vorfahren Ackerbau und Viehzucht treiben. Bereits die Menschen der Steinzeit aßen Erbsen. Weil die Familie der Hülsenfrüchte sehr groß ist, hat man sie in drei Unterfamilien aufgeteilt. Die als Gemüse genutzten Arten gehören alle zur Unterfamilie der Schmetterlingsblütler. In Knöllchen an den Wurzeln leben Bakterien (*Rhizobium* spec.), die Stickstoff aus der Bodenluft binden und in eine für die Pflanze verwertbare Form umarbeiten. Deshalb sind Schmetterlingsblütler Selbstversorger in Sachen Stickstoff. Die Wurzeln und ihre Helfer brauchen viel Sauerstoff und gedeihen besonders gut in humosen, lockeren Böden. In schweren Böden laufen die Samen schlecht auf. Die Pfahlwurzel der Erbse dringt bis über einen Meter tief in die Erde. Gemüse, das Erbsen aufs Beet folgt, profitiert von dessen nahrhaften Rückständen, Erbsen kümmern allerdings in ihrem Beet vom Vorjahr.

Lange Tage fördern die Blütenbildung, deshalb zeitig aussäen, damit die Pflanzen zunächst kräftig heranwachsen, um später viele Blüten anzusetzen. Im mitteleuropäischen Klima befruchten sich die Blüten, bevor sie sich öffnen. Bei Temperaturen über 30 °C sterben viele Samenansätze ab. Erbsen mögen warmes Frühjahrs-Wetter und nicht zu heiße Sommer. Palerbsen sind kälteverträglicher als Markerbsen und keimen früher.

Anbauen: Aussaat der Schal- und Zuckererbsen Mitte März bis Mitte April; Markerbsen Mitte April bis Ende Mai säen; je nach Sorte Reihenabstand 30–40 cm, Zuckererbsen 15 cm; etwa 5 cm tief säen, alle 5 cm ein Korn ablegen. Frühjahrssaaten mit Vlies abdecken. Die meisten Erbsensorten benötigen eine Kletterhilfe, entweder an den Zaun pflanzen oder Stützgerüste (Maschendraht, Reisig) aufstellen. Sobald die Pflänzchen 10–15 cm hoch sind, anhäufeln. Vor allem während der Blüte bei Trockenheit gießen.

Ernten, Verwerten: Die unteren Hülsen reifen zuerst, diese frühzeitig ernten, das fördert den Blütenansatz; alle zwei Tage durchpflücken, da die Erbsen sonst hart werden.

Inhaltsstoffe: Eiweiß, Zucker, Vitamin C (25 mg%), Vitamin B, Carotine, Mineralstoffe, Fruchtsäuren, pflanzliche Hormone (in grünen Erbsen).

Die meisten Erbsensorten sind sehr »anlehnungsbedürftig«.

Korbblütler

Artischocke
(Cynara scolymus)

Die Artischocke stammt vom wilden Cardy ab und wächst 1–2 m hoch, ihre schuppigen Blütenknospen gelten als Delikatesse. Man ißt den fleischigen Blütenboden und lutscht das untere Ende der Blütenhüllblätter aus.

Da die Pflanzen bei uns nur mäßig winterhart (bis –10 °C) sind, zieht man sie einjährig, deckt sie im Winter sorgfältig ab oder gräbt im Herbst die Wurzeln aus, schlägt sie in einem Eimer in trockenem Sand ein und überwintert sie kühl, aber frostfrei.

Artischocken lieben Sonne pur, einen guten, tiefgründig humosen, lockeren, nährstoffreichen, gleichmäßig feuchten und leicht kalkhaltigen Boden. Stauende Nässe überleben sie vor allem im Winter nicht. Die Wurzeln faulen sehr leicht.

Blühende Artischoken locken viele nektarsüchtige Insekten an.

Anbauen: Im Februar oder März im Haus (20–22 °C) säen, nach dem Keimen kühler stellen (12–16 °C), nach 2–3 Wochen pikieren; Mitte Mai auspflanzen (Abstand 80 x 80 cm oder 90 x 90 cm), 5–10 cm tiefer setzen als sie im Topf standen. Anschließend mit Vlies abdecken. Im Frühjahr kann man von überwinterten Pflanzen Kindel abschneiden und bewurzeln.

Große und viele Blütenknospen bilden Artischocken nur an sonnigen, windgeschützten Orten. Reichlich mit Kompost und Kräuterjauche düngen, mulchen, bei Trockenheit gießen.

Im ersten Jahr nur zwei Blütenstengel mit je 2–3 Blüten belassen, damit sich große Blütenböden entwickeln. Im zweiten und dritten Jahr sollten nicht mehr als drei Blütenstengel stehen bleiben. Grüne Sorten ('Große von Laon', 'Green Globe') sind großblütiger als violette.

Ernten, Verwerten: Im ersten Jahr Ernte der geschlossenen Knospen ab September, in den folgenden Jahren ab Ende Juni bis September. Die Blütenstände der Artischocken locken zahlreiche Insekten an und sind begehrte Schnittblumen.

Vorbeugen, Heilen: Der Bitterstoff Cynarin fördert Gallen- und Verdauungssäfte, gut für Leber und Galle, senkt Blutfett- und Blutzuckerspiegel, wirkt appetitanregend, harntreibend.

Inhaltsstoffe: Vitamin B, Mineralstoffe, Inulin, Terpene, Fruchtsäuren (Äpfel-, Citronensäure), viele Biophenole, Cynarin.

Chicorée
(Cichorium intybus var. *foliosum)*

Er ist verwandt mit der Wegwarte. Man zählt ihn zu den Salatzichorien, zusammen mit Radicchio und Fleischkraut. Eine Schwester des Chicorées ist die Wurzelzichorie, aus der man den Zichorien-Kaffee herstellt.

Chicorée heißt der gebleichte Sproß der Zichorienpflanze, deren Blätter ungenießbar bitter sind und deren Wurzeln im Herbst ausgegraben und nach einer Ruhezeit im Haus angetrieben werden. Je nach Sorte färben sich die bleichen Blattspitzen gelb oder rot. Die Pflanze ist zweijährig, bei zu früher Aussaat schießt sie im ersten Jahr.

Anbauen: Mitte Mai bis Anfang Juni säen, Abstand in der Reihe 30–40 cm, zwischen den Pflanzen 8–10 cm. Pflanzen wachsen anfangs langsam, deshalb hacken, jäten, bei Trockenheit v. a. im August, September gießen.

Erntereifer, getriebener Chicorée

Im Oktober, November die Wurzeln roden, einige Tage auf dem Beet liegen lassen, anschließend das vertrocknete Laub handbreit über der Wurzel abschneiden, im Frühbeet einschlagen oder an einem anderen kühlen Ort aufbewahren (1–4 °C). Vier Wochen nach der Ernte die ersten Wurzeln in einen Eimer oder eine Wanne dicht nebeneinander in feuchten Sand pflanzen oder die Gefäße 10 cm hoch mit abgelagertem Kompost füllen; die Wurzeln dicht an dicht hineinstellen und zum Schluß mit dem Gießwasser Erde in die Zwischenräume spülen. Die Gefäße dunkel und warm stellen (15–18 °C), oder abdecken oder in einem dunklen Schrank aufbewahren. Vergrünter Chicorée schmeckt sehr bitter! Die roten Sorten erröten auch ohne Licht. Nach 4–5 Wochen ernten.
Ernten, Verwerten: Alle *Cichorium*-Arten schmecken leicht bitter, vor allem am Blattansatz. Er wird als Salat zubereitet, solo oder zusammen mit anderer Rohkost, man kann ihn fein geschnitten aufs Butterbrot legen, ihn dünsten oder backen.
Chicorée möglichst frisch verzehren, nicht am hellen Küchenfenster liegen lassen. Es genügen ein paar Stunden, und er fängt an zu ergrünen und stark zu bittern.
Vorbeugen, Heilen: Fördert die Verdauung, stärkt Galle, Magen, Leber und Blutgefäße.
Inhaltsstoffe: Vitamin C (10 mg%), Carotine, Mineralstoffe, Fruchtsäuren (v. a. Äpfelsäure, wenig Oxalsäure), Biophenole, Inulin, Intybin.

Endivie stärkt Galle und Leber und liefert wichtige Vitamine.

Endivie
(Cichorium endivia)

Bei dieser schon den Ägyptern bekannten Salatart gibt es zwei Formen: Den Escariol, Breitblättrigen oder Glatten Endivie (*C. e.* var. *latifolium*), auch Winterendivie genannt (der Name Sommerendivie bezieht sich auf den Römischen Salat) und den Geschlitztblättrigen, Krausen oder Frisée-Endivie (*C. e.* var. *crispum*). Dieser bildet meist lockere und weniger haltbare Köpfe als der Winterendivie. Früher bleichte man die Köpfe durch Zusammenbinden der Blätter, was zu Fäulnis führte, wenn es hineinregnete. Bei heutigen Sorten bleichen sich die dichtgedrängten Blätter selbst.
Kälte und lange Tage fördern das Schossen, deshalb nicht zu früh säen. Da Endivie über 1 1/2 m tief wurzelt, braucht er tiefgründig lockere Böden, lehmige, steinige sind ungeeignet.
Anbauen: Mitte Juni bis erste Juliwoche säen, etwa vier bis fünf Wochen später pflanzen; flach setzen, der Wurzelhals muß frei bleiben, die Blätter nicht einkürzen, wie früher üblich. Direkt ins Beet säen, ist möglich, doch besser ist es, die Pflanzen in Töpfen im Haus (20–22 °C) vorzuziehen. Pflanzung im Abstand von 30 x 30 cm oder 40 x 40 cm. Im Sommer regelmäßig gießen, damit die Pflanzen gut anwachsen, jäten.
Der geschlitzte Endivie ist frostempfindlicher und fäulnisanfälliger als der ganzblättrige. Er verträgt keine Dauernässe.
Ernten, Verwerten: Nicht bei Frost ernten, die Köpfe möglichst frisch zu Salat verarbeiten. Bei Frostgefahr Endivie mit den Wurzeln in feuchten Sand (Frühbeet, Kiste im Keller) einschlagen oder in Zeitungspapier einwickeln, in eine Kiste stellen und kühl lagern.
Vorbeugen, Heilen: Intybin fördert die Verdauung, stärkt Galle, Magen, Leber.
Inhaltsstoffe: Vitamin C (9 mg%), Vitamin B, Carotine, Mineralstoffe, Fruchtsäuren, Biophenole (Treibhausware enthält weniger als Freilandendivie), Intybin (in dunkelgrünen Blättern mehr als in den gebleichten).

Löwenzahn
(Taraxacum officinale)

Die Griechen nannten die anspruchslose und frostharte Pflanze Löwenzahn, weil sie meinten, die Blätter des Blütenkelchs sähen aus wie ein Löwengebiß. Die Blüten enthalten reichlich Pollen und Nektar und locken zahlreiche Insekten an. Früher grub man gebleichte Löwenzahnblätter unter Maulwurfshügeln aus. Bereits seit

Von Löwenzahn ißt man die gebleichten Triebe (oben) oder man erntet die zarten, jungen Blätter (unten).

1613 wird Löwenzahn in Gärten kultiviert. »Gezähmter« Löwenzahn schmeckt milder, hat breitere Blätter als der wilde und eine große, fleischige Mittelrippe. Man ißt die gebleichten oder ungebleichten Blätter. Um wilden Löwenzahn im Garten zu bleichen, kann man schwarze Eimer oder Blumentöpfe über die Löwenzahnnester stülpen oder die Pflanzen anhäufeln.

Anbauen: Im März, April oder im August (überwintert) ins Beet säen, Reihenabstand 30–40 cm, zwischen den Pflanzen 15–20 cm; gepflanzter Löwenzahn bildet mehrere dünne, nicht allzu tief reichende Wurzeln und läßt sich leichter roden. Im Herbst oder zeitigem Frühjahr die Pflanzen etwa 20 cm hoch anhäufeln, so daß nur noch der Blattschopf sichtbar ist oder mit einem schwarzen Folienzelt abdecken.

Das Treiben der Wurzeln ist von Dezember bis Februar möglich; die Wurzeln an frostfreien Tagen im Winter ausgraben und zum Treiben ins Haus holen; in Eimer oder Kisten packen, mit lockerer Erde auffüllen, in einen dunklen, mäßig warmen Raum stellen (15–20 °C), die bleichen Blätter nach etwa 14 Tagen ernten. Bereits im Herbst gerodete Wurzeln sprossen nicht so gut wie kurz vor dem Treiben ausgegrabene.

Ernten, Verwerten: Gebleichte Blätter schmecken weniger bitter als ungebleichte; kurzes Blanchieren mildert den Geschmack. Junge Blätter (10–15 cm) sind besonders mild und passen gut in Frühjahrssalate. Die Blätter frisch verarbeiten, bevor sich die Schnittstellen dunkel färben und eintrocknen. Der Milchsaft ist ungiftig. Sobald die Pflanzen Blüten bilden, steigt der Bitterstoff-Gehalt (Taraxin) stark an und beendet die Ernte. Vorsicht: Im Boden vergessene Wurzelstücke treiben aus!

Vorbeugen, Heilen: Beugt Rheuma und Gicht vor, gut für Magen, Darm, Galle, Leber und Nieren (harntreibend, darum heißt die Pflanze im Französischen auch »Bettnässer«).

Inhaltsstoffe: Vitamin C, Vitamin B, Carotine, Mineralstoffe, Fruchtsäuren (u. a. Oxalsäure), Flavonoide, Taraxin, Inulin (in den Wurzeln).

Radicchio
(Cichorium intybus var. *foliosum)*

»Radick-io« wird er gesprochen und gehört zu den Salatzichorien. In Italien, wo man den »Roten Chicorée« besonders schätzt, überwintert er häufig auf den Beeten. Bei uns gelingt dies nur in milden Regionen und mit Winterschutz. Kälte fördert Schossen, deshalb nicht zu früh aussäen.

Anbauen: Mitte Juni bis Anfang Juli säen für Herbsternte ('Palla Rossa'), Juli bis Anfang August für Frühjahrsernte in milden Gegenden ('Roter Veroneser', im Herbst die Blätter abschneiden, bildet im Frühjahr Köpfe).

Frisches Saatgut verwenden, da die Keimfähigkeit schnell nach-

Radicchio: Feinschmecker schätzen seinen feinbitteren Geschmack.

läßt. Ins Beet säen und später vereinzeln, Vorziehen empfiehlt sich. Der letzte Radicchio für diesjährige Ernte sollte Ende Juli gepflanzt sein, Abstand 30 x 30 cm. Vor allem so lange die Pflanzen noch jung sind, öfter jäten und hacken, bei Bedarf gießen. Bei Temperaturen unter −5 °C Pflanzen abdecken, sofern keine dicke Schneeschicht schützt.

Ernten, Verwerten: Morgens oder abends ernten, da Radicchio leicht welkt; etwas vom Strunk mit abschneiden, sonst fallen die Blätter auseinander. Der dekorative rote Radicchio schmeckt leicht bitter; als Salat zubereiten.

Vorbeugen, Heilen: Intybin fördert die Verdauung, regt den Appetit an, sein Gehalt nimmt gegen Herbst hin ab.

Inhaltsstoffe: Vitamin C (11 mg%), Carotine, Biophenole, Mineralstoffe, Fruchtsäuren, Intybin.

Salat
(Lactuca sativa)

In *Lactuca* steckt das lateinische Wort für Milch, da alle *Lactuca*-Arten Milchsaft enthalten. Salate sind schon so lange in Kultur, daß man ihre Ahnen nicht mehr ausfindig machen kann. Römische Soldaten brachten sie zu uns, als sie Germanien belagerten. Inzwischen gibt es sehr viele Salat-Typen, offen wachsende oder kopfbildende, mit verschiedenfarbigen und -formigen Blättern, schnell wachsende Sorten, kälte- und hitzeverträgliche, schoßfeste usw.. Automatisierte, computergesteuerte Salatfabriken mit so schönen Namen wie »Grüne Fee« produzieren heute Salate rund ums Jahr. In Fabriken hängen die Pflanzen übereinander an Wänden, ohne jemals Tageslicht oder Erde zu sehen.

Man unterscheidet: **Kopfsalate** (*Lactuca sativa* var. *capitata*), zu denen der **Buttersalat** gehört – das ist unser altbekannter, weichblättriger Kopfsalat. Ebenfalls einen Kopf aus eng übereinander liegenden Blättern bildet der robuste, schoßfeste und wenig hitzeempfindliche **Eissalat**, der Ende des 19. Jahrhunderts in den USA gezüchtet wurde. Wegen seiner knackigen Blätter heißt er auch Krachsalat;

Blatt-, Pflück-, Schnittsalate (*Lactuca sativa* var. *crispa*): Pflücksalate, auch schoßende Pflanzen, entblättert man nach und nach von unten nach oben. Sie bilden in der Regel keinen Kopf, sondern täuschen dies wie **Eichblattsalat** oder 'Lollo Rossa' lediglich vor, indem sich viele Blätter nebeneinander drängeln. Schnittsalate werden wie Spinat in Reihen ausgesät und sobald sie fingerhoch oder höher sind geschnitten. Man kann auch Kopfsalatsorten auf diese Art ziehen;

Römischen Salat (*Lactuca sativa* var. *longifolia*); er ist schoßfest und hitzeverträglich und wird auch als **Romana- oder Bindesalat** bezeichnet, weil schon die Römer ihm die Blätter zusammen banden, um ihn zu bleichen. Bei heutigen Sorten ist dies überflüssig. Seine festen, knackigen Blätter formen längliche, eiförmige Köpfe und schmecken kräftig herb. Man kann ihn auch als Kochsalat zubereiten (ganze Köpfe in Salzwasser kochen, mit Muskat, Pfeffer würzen, dazu Tomatensoße und Reis).

Frische, knackige Salate gibt es in bunten Farben und vielen Formen.

Anbauen: Aussaat nahezu ganzjährig möglich. Im Sommer wächst Salat sechsmal schneller als im Winter. Achten Sie auf die richtigen Sorten passend zur Jahreszeit! Satzweises Vorziehen von kleinen Mengen (15–25 Samen Kopfsalat) alle zwei Wochen sorgt für regelmäßigen Nachschub. Schnittsalat wird im Abstand von zehn Tagen von März bis Anfang September ins Beet gesät.

Junge Pflanzen überleben Temperaturen um den Gefrierpunkt, ab 4 °C hören sie auf zu wachsen. Meist werden die Pflanzen vorgezogen (optimal: tagsüber 15 °C, nachts 10 °C), im Sommer auch Direktsaat ins Beet möglich; Samen fallen bei hohen Temperaturen (über 20 °C) in Hitzestarre. Lange Tage und Hitze fördern das Schossen, wobei Sommersorten auf diese Reize nur träge reagieren. Salate vor dem Auspflanzen abhärten, dies ist vor allem im Frühjahr wichtig; mit Vlies abdecken.

Pflanzung ins Freie:
Kopfsalat: März bis Anfang September; Abstand: 30 x 30 cm oder 40 x 40 cm.
Eissalat: Bis Anfang August, er wächst langsamer als Kopfsalat. Abstand: 30 x 40 cm oder 40 x 40 cm.
Römischer Salat: Bis Anfang August, Abstand 30 x 30 cm.
Nicht zu tief pflanzen, Wurzelhals muß frei bleiben, sonst Fäulnis; auf mageren Böden mit Kompost düngen, Salat reagiert empfindlich auf hohe Düngesalz-Konzentrationen, außerdem reichert er Nitrat an. Regelmäßig mulchen, jäten, gießen.

Ernten, Verwerten: Nicht in der größten Mittagshitze ernten, vor allem Pflück-, Schnittsalat; Eichblatt welkt besonders rasch. Salat möglichst frisch verbrauchen, da sonst viele Inhaltsstoffe verloren gehen. »Alter« Salat färbt sich an den Schnittstellen braun.

Vorbeugen, Heilen: Salat wirkt beruhigend; Römer, die etwas von Ernährung verstanden, aßen abends Salat. Salatsaft wurde im Mittelalter nervösen Menschen als Beruhigungsmittel verabreicht.

Kopf- und Eissalat haben ähnliche Vitamin- und Mineralstoff-Gehalte. Im Freien gewachsener Salat bildet mehr Biophenole als Glashaussalat. Römischer Salat enthält bedeutend mehr Vitamin C und beta-Carotin als Eissalat.

Inhaltsstoffe: Vitamin C (13 mg%), Vitamin B, Carotine, Mineralstoffe, Fruchtsäuren, Biophenole, Lactucin.

Schwarzwurzel
(Scorzonera hispanica)

Sie stammt aus Spanien, die weiße Wurzel ist von einem schwarzen Korkmantel umhüllt. Sie diente früher als Heilmittel gegen Schlangenbisse und Pest. Da sie im Gegensatz zur Haferwurzel *(Tragopogon porrifolius)* erst nach einigen Jahren holzig wird, verdrängte sie diese ab dem 18. Jahrhundert aus den Gärten. Die Schwarzwurzel ist ausdauernd, winterhart und blüht im zweiten Jahr nach der Aussaat. Kälte und lange Tage fördern das Schossen ebenso wie frühe Aus-

Schwarzwurzeln – eine Delikatesse.

saat. Damit sie lange, gerade Wurzeln bilden, benötigen die Pflanzen tiefgründige, lockere, humose Böden ohne Steine, die leicht kalkhaltig sein sollte. Im Freien überwinternde Schwarzwurzeln vor Mäusen und Wühlmäusen schützen.

Anbauen: Mitte März bis Mitte April ins Beet säen, um von Oktober bis April zu ernten; oder Aussaat im Juli, August für die Ernte von besonders großen Wurzeln im folgenden Herbst. Dicht säen, da das Saatgut nur ein Jahr keimfähig bleibt; nach 10–14 Tagen laufen die Pflänzchen auf. Abstand zwischen den Reihen 30 cm, zwischen den Pflanzen 4–6 cm. Anfangs entwickeln sich Schwarzwurzeln langsam, deshalb ab und zu Boden lockern und jäten, zur Zeit des stärksten Wachstums ab Juni, Juli gießen. Vorbeugend gegen Befall mit Echtem Mehltau (Schönwetterpilz) ab Mitte Juli bei Trockenheit beregnen.

Im Frühjahr mit Kompost düngen, später (bis Juli) mit Kräuterjauche.

Ernten, Verwerten: Ab Oktober erntet man die 25–33 cm langen, frostharten Wurzeln vorsichtig, denn sie brechen leicht. Bei günstiger Witterung wachsen sie noch bis in den Dezember hinein, deshalb nur portionsweise ernten. Beim Schälen tritt heller, zäher, gummiartiger Saft aus, der sich und die Hände braun färbt. Handschuhe anziehen, die Haut dünn abschaben und die Wurzeln sofort in Essig- oder Zitronenwasser legen, damit sie hell bleiben. In der Industrie werden Schwarzwurzeln chemisch geschält.
Schwarzwurzeln schmecken in Suppen, Eintöpfen oder gedünstet als Gemüse.

Topinambur unterdrückt Heißhunger nach Süßem.

Inhaltsstoffe: Vitamine (u. a. C, B, E), Carotine, Mineralstoffe, Inulin, Fruchtsäuren, Schleimstoffe.

Topinambur
(Helianthus tuberosus)

Die »knollige Sonnenblume« stammt aus Mittelamerika und wird 2–3 m hoch. Sie ist Futterpflanze, Insektenweide und dient als Wind- und Sichtschutz. Feinschmecker schätzen die zarten, leicht nach Artischocken schmeckenden, gelb-, braun-, violett- oder rotschaligen Knollen. Frühe Sorten ('Bianka') blühen, während späte Sorten ('Gute Gelbe') darauf verzichten. Auf lockeren, humosen Böden lassen sich die frostharten Knollen leichter ernten als auf lehmigen, in nassen Böden faulen sie. Überwinternde Wurzeln vor Mäusen und Wühlmäusen schützen.

Anbauen: Die Knollen im November, März, April im Abstand von 70 x 50 cm in die Erde legen; gelegentliches Anhäufeln erhöht die Standfestigkeit.

Ernten, Verwerten: Ab Oktober bis zum Frühjahr erntet man die Knollen je nach Bedarf. Um den Boden frostfrei zu halten, deckt man ihn mit Laub, Stroh oder ähnlichem ab.
Man kann die Knollen dünsten, backen, braten oder roh und mit Zitronensaft beträufelt in Salat raspeln. Sie eignen sich nicht zum Kochen, da sie an Aroma verlieren und fade schmecken. Fencheltee, nach dem Essen getrunken, beugt Blähungen vor.

Vorbeugen, Heilen: Topinambur wirkt günstig auf Leber, Galle, Magen und Bauchspeicheldrüse. Ideal als Diabetiker-Gemüse.

Inhaltsstoffe: Vitamin C und B, Carotine, Mineralstoffe, Inulin.

Fleischkraut, Zuckerhut
(Cichorium intybus var. *foliosum)*

Obwohl das Fleischkraut mit seinen spitz zulaufenden Köpfen dem Chinakohl ähnlich sieht, gehört es zu den Salatzichorien. Es wird meist als Zuckerhut bezeichnet, nach der alten, bekannten Fleischkraut-Sorte 'Zuckerhut', die keineswegs süß schmeckt, sondern die Form eines gepreßten Zuckerkegels hat, wie sie für Feuerzangenbowle verwendet wird.
Wie beim Radicchio fördert Kälte das Schossen; deshalb nicht zu früh aussäen.

Anbauen: Mitte Juni bis Anfang Juli ins Beet säen, Abstand zwischen den Reihen 40 cm, später die Pflänzchen im Abstand von knapp 40 cm vereinzeln; jäten, gießen.

Ernten, Verwerten: Geerntet wird ab Oktober, nicht bei Frost ernten. Da die Köpfe einige Frostgrade aushalten, können sie in milden Gegenden bis Dezember auf dem Beet bleiben, eventuell nachts mit Vlies schützen. Im Frühbeet eingeschlagen, halten sie ebenfalls lange. Oder bewurzelte Pflanzen einzeln in Zeitungspapier einrollen, in eine Kiste stellen und im kühlen Keller aufbewahren.

Die knackigen Blätter schmecken kräftig würzig mit einem Hauch von Bitterkeit; man ißt sie als Salat oder gekocht als Gemüse.
Vorbeugen, Heilen: Intybin fördert die Verdauung, stärkt Galle, Magen, Leber, Blutgefäße.
Inhaltsstoffe: Vitamin C, Carotine, Mineralstoffe, Fruchtsäuren, Biophenole, Inulin, Intybin.

Beifuß
(Artemisia vulgaris)
Er wächst wild an trockenen, steinigen, kalkhaltigen Wegrändern und anderen sonnigen, nährstoffarmen Plätzen. Beifuß schmeckt weniger bitter als Wermut und ist ausdauernd.
Anbauen: Im Frühjahr an einen sonnigen Platz pflanzen, eine Pflanze pro Garten genügt; sie läßt sich durch Teilen vermehren.
Ernten, Verwerten: Die Triebspitzen schneiden, sobald die Blütenknospen erscheinen. Blühendes Kraut schmeckt bitter. Es würzt und macht fette Speisen wie Braten, Kalbshaxe, Hammel, Gänse bekömmlicher.
Vorbeugen, Heilen: Hilft bei Magen-, Darm-, Galle- und Menstruationsbeschwerden, lindert Krämpfe und wirkt schweißtreibend.
Inhaltsstoffe: ätherische Öle (u. a. Cineol), Gerb- und Bitterstoffe.

Eberraute
(Artemisia abrotanum)
Der Strauch wird auf gutem Boden bis zu 1 m hoch, er blüht von Juli bis Oktober. Am besten gedeiht er auf lockeren, humosen,

Auf kalkhaltigen Böden gedeiht die Eberraute besonders üppig.

leicht kalkhaltigen Böden in einer sonnigen Gartenecke. Da die Sträucher Schnitt gut vertragen, kann man sie als niedrige Hecke ziehen. Das getrocknete Kraut vertreibt Fliegen und Motten aus dem Kleiderschrank.
Anbauen: Im Frühjahr pflanzen; ein Strauch genügt, über Stecklinge vermehren. Den Winter über mit Fichtenzweigen abdecken, im Frühjahr die erfrorenen Triebe zurückschneiden.
Ernten, Verwerten: Die Triebspitzen pflücken. Zum Würzen von Salaten, Fleisch und Soßen verwenden. Sparsam dosieren!
Vorbeugen, Heilen: Das nach Zitrone riechende, leicht bittere Kraut regt den Appetit an, tut Magen und Darm gut. Tee hilft bei Magendrücken und fördert die Verdauung.
Inhaltsstoffe: Ätherische Öle, Bitterstoffe, Biophenole, Alkaloide (Abrotanin).

Estragon
(Artemisia dracunculus)
Früher trugen Wanderer immer ein Sträußchen Estragon im Hemd, um sich vor Schlangen zu schützen, im Mittelalter setzte man das Kraut gegen Pest ein. Die ausdauernde Pflanze stammt aus den Steppen Asiens und blüht von Juli bis September.
Russischer oder **Sibirischer Estragon** wird über Samen vermehrt, bis zu 1,5 m hoch, er schmeckt leicht bitter, kerbelartig und derber als der 60–80 cm hohe **Aromatische, Deutsche** oder **Französische Estragon** mit seinem feinen, würzig anisartigen Aroma. Dies verdankt er Estragol, von dem er sehr viel, der russische Vetter jedoch nur Spuren enthält. Estragol ist einer von 30 Stoffen, aus dem das ätherische Öl besteht. Deutscher Estragon wird ausschließlich über Stecklinge (5 cm lang, Juni), Wurzelrißlinge (April) oder Teilung von Wurzelstöcken (November) vermehrt, er bildet keine Samen, nur vom robusteren Russischen gibt es Samen im Handel.
Der Aromatische Estragon bevorzugt gut vorbereitete, lockere, warme Böden, schwere sind ungeeignet. Er ist nur mäßig winterhart, und sollte deshalb im Spätherbst angehäufelt werden.
Anbauen: Russischen Estragon im April ins Beet säen, später versetzen (Abstand 40 x 40 cm). Den Deutschen Estragon im Mai pflanzen; regelmäßig jäten, da er sich nur schwer gegen Unkraut durchsetzt. Im Frühjahr die Stöcke zurückschneiden, damit sie kräftig austreiben. Die Pflanzen alle 3–4 Jahre ersetzen, da sie leicht verkahlen.
Ernten, Verwerten: Knospende

Pflanzen enthalten am meisten ätherische Öle. Man verwendet das Kraut für sauer Eingelegtes (Tomaten, Gurken, Zucchini), Senf, Gewürzessig, zum Würzen von Fisch, Fleisch, Soßen, Salate, auch als Tee. Sparsam verwenden!
Vorbeugen, Heilen: Estragon tut Magen und Darm gut, wirkt appetitanregend und harntreibend.
Inhaltsstoffe: Ätherische Öle (Estragol, Eugenol, Nerol, Limonen; Russischer Estragon enthält fast kein Estragol), Harze, Flavonoide, Bitterstoffe.

Kamille
(Chamomilla recutita)
Sie stammt aus Vorderasien und Südeuropa. Die duftenden Blüten der Echte Kamille sind innen hohl im Gegensatz zu denen anderer Kamillearten. Weltweit ist die einjährige Echte Kamille die am häufigsten genutzte Heilpflanze, es gibt inzwischen etwa zehn Sorten mit besonders hohen Gehalten an ätherischen Ölen. Damit die Pflanze viele Wirkstoffe bildet, braucht sie einen sonnigen Standort. Die mehrjährige Römische Kamille (Chamaemelum nobile) wird ebenfalls arzneilich genutzt.
Anbauen: Im Frühjahr oder Herbst die Samen breitwürfig auf dem Beet verstreuen; Profis säen im Herbst, weil sich dann die Pflanzen besser entwickeln. Wer meint, nicht ohne Ordnung auf dem Beet auszukommen, sät in Reihen von 40 cm Abstand.
Ernten, Verwerten: Ernte von Juni bis September an einem sonnigen Tag am späten Vormittag oder frühen Nachmittag; man erntet die Blüten ohne Stengel und zwar wenn die winzigen Blüten in gelben Zentrum zu drei Viertel geöffnet sind. Einlagig und sorgfältig trocknen, dunkel aufbewahren.
Vorbeugen, Heilen: Wirkt entzündungshemmend, krampflösend, wundheilend, antibiotisch; Kamillentee lindert Magen-Darmbeschwerden und Zahnfleischentzündungen, Kamillendampfbäder helfen bei Erkältungen. Tee nicht täglich als Haustee trinken, da er die Magenschleimhaut reizt.
Inhaltsstoffe: Ätherische Öle (Chamazulen, Bisabolol), Flavonoide, Bitterstoffe.

Mariendistel
(Silybum marianum)
Sie stammt aus Vorderasien und fehlte früher bei uns in keinem Klostergarten. Die Mariendistel braucht viel Wärme, tiefgründig lockere, humose, nicht allzu trockene Böden. Die am Boden liegenden, stachligen Blätter bilden eine Rosette, der Blütenstengel mit den attraktiven purpurnen, bestachelten Blütenständen wird 1–2 m hoch. Die Pflanze blüht im Juli, August, von August bis September reifen die Samen.
Anbauen: Aussaat Mitte März bis Anfang Mai. Vorziehen im Frühbeet, lohnt nur, wenn auf nicht optimale Böden verpflanzt wird. Bei zu später Saat und Trockenheit, schossen die Pflanzen, ohne ausreichend Blätter zu bilden. Abstand 40 x 40 cm.

Der Heilkraft der Kamille verdanken viele Menschen ihre Gesundheit.

Ernten, Verwerten: Am meisten Heilkraft steckt in den Samen. Man erntet die Blütenköpfe zur Fruchtreife im August, sobald sie die weißen, haarigen Spitzen (Pappus) tragen und bevor die Samen ausfallen oder die Vögel sie holen. An einem warmen Ort einlagig nachtrocknen, bis sich die Samen leicht ausschütteln lassen.
Sehr gut schmecken die fleischigen Rippen der Blätter; beim Ernten die Hände mit Handschuhen vor den Stacheln schützen.
Vorbeugen, Heilen: Silymarin ist hochwirksam bei Leber-Erkrankungen und steckt in vielen Arzneimitteln. Hildegard von Bingen empfahl es gegen das Stechen im Herzen, traditionell wird es bei Gelbsucht und Gallenleiden genutzt.

Pro Tasse 1 Teelöffel Samen mit kochendem Wasser übergießen, 15 Minuten ziehen lassen. Den ungesüßten Tee vor dem Essen trinken.

Silymarin ist das am besten wirkende Gegenmittel bei Vergiftungen mit Knollenblätterpilzen, deren Gift die Leber schädigt.

Inhaltsstoffe: Ätherische Öle, Bitterstoffe, Flavonoide (Silymarin).

Ringelblume
(Calendula officinalis)

Sie ist überall zu Hause, wo Menschen sind. Die Ringelblume blüht von Juni bis Oktober. Sie gedeiht (fast) überall und hilft gegen (fast) alle Leiden, ihre leuchtend orangefarbenen Blüten vertreiben sogar schlechte Laune. Die Blüten enthalten mehr Heilkraft als die Blätter, u. a. doppelt so viele Flavonoide.

Anbauen: Aussaat im Frühjahr, auch ganzjährig möglich; samt sich selbst aus; zu dicht stehende Pflanzen jäten und als Mulch verwenden.

Ernten, Verwerten: Man erntet die jungen Blättchen und mischt sie unter Salate oder in Pfannkuchenteig, auch die Blütenblättchen eignen sich dazu. Für Tee die Blütenköpfe ernten und trocknen, oder die Blütenblättchen abzupfen und nur diese trocknen. Für Salbe Blüten in Schweinefett auskochen, eine halbe Stunde abkühlen lassen, filtern, Salbe dunkel und kühl aufbewahren.

Vorbeugen, Heilen: Ringelblumen stärken die Augen (Carotinoide), lindern Beschwerden von Magen, Darm, Galle, Leber, Blase, Gebärmutter und helfen bei Infektionen (Viren, Bakterien), schlecht heilenden Wunden, Quetschungen und rissiger, wunder Haut. Sanitäter verwendeten Ringelblumen im ersten Weltkrieg, um blutende Wunden zu stillen.

Inhaltsstoffe: Ätherische Öle, Carotine (in orangen Blüten mehr als in gelben), Saponine, Flavonoide.

Wermut
(Artemisia absinthium)

Er wächst wild in heißen, trockenen, steinigen Lagen. Sehr alte, ausdauernde, etwa 1 m hohe Heilpflanze, die ab Juni bis September blüht. Sie liebt sonnige, leicht kalkhaltige Böden und ist winterhart. Wermut verträgt sich nicht mit seinen Nachbarn, deshalb nicht zu Gemüse, Kräuter und Obst pflanzen, Johannisbeeren ausgenommen. Ihm hält er Rostpilze fern. Früher tauchten Menschen ihre Kleidung in Wermutbrühe, um sich vor Ungeziefer zu schützen. Heute verwendet man Wermut-Brühe gegen Blattläuse und Spinnmilben. Vor etwa 2000 Jahren pflanzten die Menschen Wermut auf Gräber.

Anbauen: Im Frühjahr an einen sonnigen, trockenen Platz pflanzen, eine Pflanze pro Garten genügt.

Ernten, Verwerten: Man erntet die jungen Blättchen und verwendet sie gekocht in Eintöpfen, als Fleisch- (Wild, Hammel, Gänse) oder Soßenwürze.

Vorbeugen, Heilen: Lindert Beschwerden von Magen, Darm, Leber und Galle. Wermut-Tee hilft bei Völlegefühl und beim Verdauen schwerer, fettiger Speisen. Nicht Übertreiben, zu hohe Dosen verursachen Kopfschmerzen und Schwindel.

Inhaltsstoffe: Ätherische Öle (Thujon, Pinen, Azulen), Vitamin C und B, Fruchtsäuren, Harze, Gerb- und Bitterstoffe.

Wermut wegen seines kräftigen Aromas nur sparsam verwenden.

Ringelblumen sorgen für gute Laune im Beet.

Kreuzblütler

Typisch für diese Familie sind ihre stechend riechenden **Senföle** (**Glucosinolate**). Je schärfer ein Rettich oder Brunnenkresse schmeckt, desto mehr dieser Stoffe enthalten sie. Selbst die Samen speichern beachtliche Mengen und werden deshalb gerne als Keimlinge gegessen (Rettich, Brokkoli). Das zarte, mild schmeckende Fleisch der Steckrüben verdankt seine orange Farbe **Carotinoiden**.

Blumenkohl

(Brassica oleracea ssp. *oleracea* convar. *botrytis* var. *botrytis)*

Er zählt zu den wenigen Gemüsen, die Römer und Griechen nicht anbauten, denn er wurde erst viel später gezüchtet. Neben weißköpfigen Sorten gibt es grüne und violette, die nicht nur mehr Farbe und Geschmack, sondern auch wertvollere Inhaltsstoffe haben als der bleiche. Deshalb sollte man einige junge, zarte grüne Blätter mitverwerten, die deutlich mehr Vitamine, Mineralstoffe, Biophenole und andere Stoffe enthalten als die Blume.

Blumenkohl stellt von allen Kohlarten die höchsten Ansprüche an Boden, Klima und den Gärtner. Wie seine Verwandten liebt er gleichmäßig feuchte, mittelschwere, humusreiche, kalkhaltige Böden, bei extremer Trockenheit und Hitze bildet er keine Blume oder schoßt.

Anbauen: Für Frühjahrskultur satzweise ab Februar bis Mitte Mai im Haus vorziehen, für Herbstkultur ab Ende Mai bis Juni ins Freiland (Frühbeet) säen. Pflanzung ab April im Abstand von 50 x 50 cm, bis Mai mit Vlies abdecken. Kompost und Algenkalk ins Pflanzloch geben, alle 14 Tage mit verdünnter Kräuterjauche düngen. Jäten, nach Regen verschlämmten Boden lockern, mulchen, gießen. Pflanzen gegen Kohlschädlinge sofort nach dem Setzen mit Schutznetzen abdecken. Sobald sich die weiße Blume formt, bindet man die Blätter darüber mit einem Gummi zusammen, da intensive Sonnenbestrahlung sie gelbbraun oder violett verfärbt.

Ernten, Verwerten: Die Blume sollte fest und geschlossen sein, abgeerntete Pflanzen bilden in der Regel keine Seitentriebe. Beim Putzen Stengel nicht wegwerfen, auch die kleinen enganliegenden, grünen Blättchen an Kopf und Röschen sowie zarte Blätter mitverwenden. Zitronensaft dem Kochwasser zugeben, dann bleibt die Blume weiß. Violette Sorten färben sich beim Kochen grünlich.

Roh ist Blumenkohl wie Brokkoli besonders gesund. Man kann ihn ganz oder zerkleinert kochen, (verzichten Sie darauf, ihn mit Mehlpampe zu beleidigen), ihn (über)backen, in Suppen, Aufläufen, Eintöpfen und vielen anderen Gerichten verwenden.

Nicht zusammen mit Obst lagern (Ethylen), da er sonst vergilbt und die Blätter abwirft; überlagerter Blumenkohl riecht muffig. Er ist frostempfindlich, eine Woche hält er, wenn man ihn mit Wurzeln ausgräbt und kopfunter in einem kühlen, dunklen Raum aufbewahrt.

Vorbeugen, Heilen: Blumenkohl ist leicht verdaulich und gut als Krankenkost geeignet.

Inhaltsstoffe: Vitamin C (73 mg%), Vitamin B, Carotine, Mineralstoffe, Biophenole, Glucosinolate.

Brokkoli

(Brassica oleracea ssp. *oleracea* convar. *botrytis* var. *italica)*

Die botanischen Namen der Kohlsippe sind eine Wissenschaft für sich; weil alle Kohlarten sehr eng miteinander verwandt sind, tragen sie viele Zusatznamen, um sie zu unterscheiden. Brokkoli stammt aus Süditalien und heißt auch Spargelkohl, die Italiener nennen farbigen Blumenkohl ebenfalls Brokkoli. Obwohl erst in den vergangenen Jahrzehnten bei uns bekannt geworden, ist er eine alte, noch sehr urtümliche Kohlart mit vielen wertvollen Inhaltsstoffen. Im Gegensatz zum Blumenkohl ist sein Kopf kleiner und lockerer aufgebaut und sitzt am

Kohlgewächse fördern die Gesundheit auf vielfältige Weise.

Ende eines langen Stengels. Nach der Ernte des Hauptriebs, bilden sich Seitentriebe mit kleinen Blütenköpfen, die auch von der Mutterpflanze getrennt gelb aufblühen.

Anbauen: März bis Ende Juni satzweise im Abstand von 14 Tagen säen, ab Mai Saat ins Beet möglich. Pflanzung April bis Anfang August, Abstand 50 x 50 cm; bis Mai mit Vlies abdecken. Einige zerdrückte Eierschalen oder Algenkalk ins Pflanzloch geben (gegen Kohlhernie) und Kompost. Hacken, jäten, flüssigdüngen, gießen (gleichmäßige Feuchte wichtig!), mulchen; vor Kälte (verträgt bis −5°C) mit Vlies schützen. Gießen vor der Ernte senkt, wie bei allen anderen Gemüsen, den Vitamin-C-Gehalt. Schutznetze gegen Kohlfliege, Kohlweißling, Kohlmotte, Mehlige Kohlblattlaus auflegen, sie müssen lückenlos schließen, Ränder mit Bretter oder Erde abdecken. Gegen Erdflöhe v. a. bei trocken-heißem Wetter hacken, mulchen, gießen.

Ernten, Verwerten: Man erntet Haupt- und Nebenknospen, bevor sich die Blüten öffnen. Zu spät geernteter Brokkoli schmeckt streng kohlig und leicht bitter. Auch den Stengel (etwa 20 cm) und einige Blätter miternten, v. a. den Hauptsproß tief schneiden, damit sich nur 3–4 Seitensprosse bilden. Nach der Ernte rasch verarbeiten, da der Kopf welkt, ausbleicht und blüht.

Man verwendet ihn roh, gekocht (10–12 Minuten, er soll Biß haben), als Gemüse, Salat, überbacken, in Suppen. Verlauste Köpfe vor dem Kochen eine halbe Stunde in Salzwasser legen.

Vorbeugen, Heilen: Roh gegessen, beugt Brokkoli bestimmten Krebserkrankungen vor, außerdem Zuckerkrankheit und Störungen des Fettstoffwechsels, und er stärkt das Immunsystem.

Inhaltsstoffe: Vitamin C (115 mg%), Vitamin B, Carotine, Mineralstoffe (Kalium, Phosphor, Magnesium, Calcium, Eisen), Biophenole, Glucosinolate (Sulforaphane).

Weißkohl, Weißkraut
(Brassica oleracea ssp. oleracea convar. capitata var. alba)

Man hat zwar Ahnenforschung betrieben, Herkunft und Werdegang des Kohls liegen allerdings im Dunkeln. Wilder Kohl wächst an den Atlantikküsten Englands, Frankreichs und Dänemarks, es könnte sich aber auch um verwilderten Kohl handeln.

Zentrum des Anbaus war in der Antike das Mittelmeergebiet, wo er seit etwa 3 000 Jahren in den Gärten wächst, zunächst als Blätterkohl, den Kopf bekam er erst im Laufe der Jahrhunderte. Inzwischen hat man weltweit eine unermeßliche Vielfalt an *Brassica*-Arten gezüchtet, so daß sich selbst Fachleute beim Zuteilen der korrekten Namen und Klären der Verwandtschafts-Verhältnisse die Zähne ausbeißen.

Es gibt eine unüberschaubare Fülle an Weißkrautsorten, von denen sich nur wenige länger als 10 Jahre behaupten, bevor neue sie ablösen. Man unterscheidet zwischen **Lagersorten** mit festen, großen, hellen Köpfen und solchen für den **Frischverzehr**, deren grünweiße Köpfe etwas kleiner und lockerer aufgebaut sind.

Anbauen: Die Pflanzen vorziehen und 4–5 Wochen nach der Aussaat versetzen.

Aussaat (Sorten für Frischverzehr): Februar bis April; Pflanzung von März bis Mai; Ernte Ende Mai bis September.

Aussaat (Lagersorten): März bis Mitte April ins Frühbeet; Pflanzung Mitte Mai bis Anfang Juni; Ernte November.

Abstand 50 x 40 cm oder 50 x 50 cm, frühe Sorten etwas enger pflanzen, da sie kleinere Köpfe bilden. Alle Kopfkohlarten tief pflanzen, bis zum ersten Blattansatz; reichlich Kompost, vermischt mit sich langsam zersetzenden organischen Düngern (z. B. Hornspäne), ins Pflanzloch geben, vier Wochen nach dem Setzen und nachfolgend alle 10–14 Tage die Pflanzen mit Kräuterjauche flüssigdüngen. Später ein-, zweimal anhäufeln, mulchen, um den Boden feucht zu halten, bei Trockenheit gießen. Gegen Erdflöhe v. a. bei trockenheißem Wetter hacken, mulchen, gießen. Von den Blättern nicht mit Schutznetzen abgedeckter Pflanzen im Sommer Kohlweißlingsraupen ablesen.

Ernten, Verwerten: Lagerkohl gut ausreifen lassen, möglichst spät ernten, damit er bis März, April hält. Die ersten Köpfe von frühen Sorten können schon geerntet werden, bevor sie zu voller Größe

Die Trumpfkarte der Kohlarten sind ihre hochwirksamen Senföle.

angeschwollen sind. Ihre Blätter sind zarter und weicher als die der Lagerkohlsorten und deshalb leichter verdaulich. Fein gehobelt ergeben sie einen guten Krautsalat (schmeckt besser ohne heiße Speckwürfel, Kümmel nicht vergessen). Spitzkohl eignet sich gut für Kohlwickel, Kohl generell für Eintöpfe, Suppen, Aufläufe. Das beste Sauerkraut liefert die alte Sorte 'Filderkraut', ein **Spitzkohl**, der nach der Filderebene (bei Stuttgart) benannt ist. Da er sich nicht maschinell ernten läßt, wird er immer seltener angebaut.

Vorbeugen, Heilen: Hilft bei Magen- und Darmgeschwüren, senkt Darmkrebsrisiko, wirkt antimikrobiell. Vor allem die derbblättrigen, besonders ballaststoffreichen Lagersorten sind schwer verdaulich und blähen. Kopfkohle speichern Ascorbigen, das sich beim Kochen in Vitamin C verwandelt, deshalb enthält auch gekochter Kohl noch relativ viel Vitamin C.

Inhaltsstoffe: Vitamin C (45 mg%), Vitamin B, Carotine, Fruchtsäuren, Mineralstoffe (Kalium, Calcium, Magnesium), Glucosinolate, Biophenole.

Rotkohl, Rotkraut
(*Brassica oleracea* ssp. *oleracea* convar. *capitata* var. *rubra*)

Der rote Bruder des Weißkohls wächst etwas schwächer als dieser. Im 10. oder 11. Jahrhundert trennten sich ihre Wege, seitdem unterscheidet man zwischen rotem und weißem Kohl, auch wenn sie auf den Beeten oft in trauter Eintracht als kontrastreicher Blickfang wachsen. Wie alle Kohlarten entwickelt auch dieser Kopfkohl sich besonders gut während der mild warmen, taufeuchten Herbstwochen. Kohl liebt ausgeglichene Temperaturen und gleichmäßige Feuchte.

Rotkohl heißt in Süddeutschland **Blaukraut** wegen seiner blauvioletten Blätter. Rot färben sich diese erst, wenn sie mit Säure (Essig, Zitronensaft, saure Äpfel) in Kontakt kommen.

Anbauen: Die Pflanzen vorziehen und 4–5 Wochen nach der Aussaat versetzen.

Aussaat (Sorten für Frischverzehr): Februar; Pflanzung Ende März, April; Ernte Juni, Juli.

Aussaat (Lagersorten): April, Mai; Pflanzung Juni bis Anfang Juli; Ernte November.

Anbau wie Weißkohl; mulchen, anhäufeln, für gleichmäßige Feuchte sorgen; wenn es nach längerer Trockenheit regnet, platzen die Köpfe häufig und faulen bald.

Ernten, Verwerten: Lagersorten nicht zu früh ernten; Lagerkohl war früher neben Äpfeln wichtiger Lieferant von Vitamin C im Winter. Sorten für den Frischverzehr halten nach der Ernte nur einige Wochen.

Blaukraut wird traditionell fein gehobelt mit Essig, Äpfeln und Zwiebeln zu Rotkohl gekocht und mit Maronen zu Wild und Geflügel gegessen. Die leichter verdaulichen, weniger blähenden Frühsorten eignen sich für Salate.

Inhaltsstoffe: Wie Weißkohl, etwas mehr Vitamin C.

Grünkohl
(*Brassica oleracea* ssp. *oleracea* convar. *acephala* var. *sabellica*)

Grünkohl heißt auch Federkohl, **Braunkohl**, Krauskohl, Blätterkohl und ist eine der urtümlichsten Kohlarten; auch seine engen Verwandten begannen ihre Karriere einst als Blattkohl. Es gibt grüne und violett-blättrige Sorten, frühe haben oft hellere Blätter als Wintersorten. Je nach Länge des Blattstengels wachsen sie niedrig, halbhoch oder hoch ('Niedriger grüner Krauser', 'Halbhoher grüner Krauser'). In Gärten findet man nach wie vor am häufigsten die alte Sorte 'Lerchenzungen'. Grünkohl liebt Kohlböden, gedeiht jedoch auch auf leichteren; auf schweren staunassen und sehr trockenen vergilben die älteren Blätter. Er verträgt Fröste bis −15 °C, bis Dezember läßt die Witterung meist problemloses Ernten zu, im Januar, Februar sollte man den Pflanzen Winterschutz geben; abgeerntete treiben im folgenden Frühjahr kurze Seitensprosse, bevor sie schossen.

Anbauen: Mitte Mai bis Ende Juni aussäen; Pflanzung Mitte Juni bis Mitte Juli, Abstand 50 x 50 cm; man kann auch von Juli bis Anfang August ins Beet säen, Abstand 20 cm zwischen den Reihen, und die halbhohen Pflänzchen wie Spinat schneiden.

Ernten, Verwerten: Wer keine Grünkohl-Rupfmaschine wie die Profis hat, erntet mit der Hand. Man entblättert die Pflanzen nach und nach, die den Winter über auf dem Beet bleiben. Bei niedrigen Temperaturen um den Gefrierpunkt wird Stärke in Zucker umgewandelt, was den Geschmack verbessert, allerdings nimmt der Vitamin-C-Gehalt ab.

Die gekräuselten Blätter, auf denen sich viel Staub und Schadstoffe ablagern, gut waschen. Nitrathaltige Stiele entfernen, junge Blätter fein geschnitten roh als Salat, ältere gedünstet, gekocht, als Gemüse (mit Zwiebeln andünsten), in Eintopf, Auflauf, Suppe. In Norddeutschland ißt man Grünkohl traditionell zu fetten Fleisch- und Wurstwaren, z. B. als »Kohl und Pinkel« (Pinkel = stark geräucherte und gewürzte Wurst).

Vorbeugen, Heilen: Stärkt Magen und Darm, senkt Blutfettspiegel.

Inhaltsstoffe: Vitamin C (105 mg%), Vitamin B, Vitamin E, viele Carotine, Mineralstoffe, Fruchtsäuren, Glucosinolate, Biophenole, Eiweiß (Lysin, Tryptophan).

Wirsing

(Brassica oleracea ssp. *oleracea* convar. *capitata* var. *sabauda)*

Er gehört zu den Kopfkohlen, deshalb der Name *capitata*, der auf das lateinische Wort *caput* für Haupt, Kopf zurückgeht. Daraus leiten sich auch die heute noch gebräuchlichen Namen Kappes oder Kabis für Weißkohl ab. In Kohl steckt das lateinische Wort *caulis* für Stengel, später, als die stengelige Pflanze Rundungen annahm, bedeutete *caulis* auch Kohl.

Die Blätter des Wirsings sind blasig aufgeworfen und müssen vor dem Verarbeiten gründlich gewaschen werden, weil sie reichlich Staub und (Luft-)Schadstoffe (auch Pestizide) einfangen. Wie die des Weiß- und Blaukrauts sind sie mit einer dicken Wachsschicht überzogen, auf der Tau und Regen abperlen und Mikroorganismen wenig Angriffsflächen finden.

Anbauen: Die Pflanzen vorziehen, den ersten Satz kauft man am besten vom Gärtner. Anbau wie die anderen Kopfkohlarten.

Aussaat (Sorten für Frischverzehr): Mitte Februar; Pflanzung Ende März; Ernte Ende Mai.

Aussaat (Lagerwirsing): April bis Mitte Mai; Pflanzung Mitte Juni bis Anfang Juli; Ernte Oktober, November.

In wintermilden Gegenden kann man Anfang August gesäten und Anfang September ausgepflanzten 'Advent'-Wirsing auf dem Beet überwintern und bis zum März ernten. Er verträgt Frost bis etwa −12 °C, sollte dann aber doppelt mit Vlies oder mit Stroh abgedeckt werden oder im Frühbeet wachsen.

Ernten, Verwerten: Bei guter Planung und Sortenwahl erste Ernte Ende Mai; die zarten Früh- und Sommerwirsinge mit ihrem unvergleichlichem Aroma sind vor allem bei Feinschmeckern begehrt: in feine Streifen geschnitten mit Zwiebeln angedünstet, mit einem Hauch Pfeffer und Muskat gewürzt, geröstetes Brot dazu. Frühe Sorten kann man zu Salat verarbeiten, alle anderen kocht oder dünstet man; als Gemüse zubereiten oder in Suppen, Aufläufen, Eintöpfen und für Kohlrouladen.

Inhaltsstoffe: Wie bei Weißkohl, mehr Carotine und Biophenole.

Rosenkohl

(Brassica oleracea ssp. *oleracea* convar. *oleracea* var. *gemmifera)*

Obwohl er als typisches Bauerngarten-Gemüse gilt, ist er doch der jüngste Kohl-Sprößling. Vielleicht haben ihn die Belgier schon länger heimlich kultiviert, doch erst seit dem 18. Jahrhundert ist sein Anbau in Belgien verbürgt. Deshalb heißt er auch **Brüsseler Kohl**. Er wächst bis zu 1 m hoch, seine Seitenzweige sind zu Röschen gestaucht. Neben grün knospenden gibt es auch rot überlaufene Sorten. Alte Sorten schmecken oft besser als die neuen, ertragreichen, maschinengerechten Züchtungen. So färben manche modernen Züchtungen im Herbst ihre Blätter gelb und werfen sie ab, damit man sie maschinell beernten kann.

An den Boden stellt Rosenkohl genauso hohe Ansprüche wie der empfindliche Blumenkohl, er bevorzugt schwere, humose, gleichmäßig feuchte Böden.

Anbauen: Ende März bis Mitte Mai säen, 5–6 Wochen später auspflanzen (Abstand 60 x 60 cm), den letzten Satz spätestens Anfang Juli; tief setzen (bis zum ersten Blattansatz), um die Standfestigkeit zu erhöhen. Reichlich Kompost, vermischt mit organischen Düngern, ins Pflanzloch geben, später flüssigdüngen; ab September Düngung einstellen; zuviel Stickstoff verursacht wacklige Pflanzen, die leicht umkippen, außerdem lockere Röschen, die schnell faulen und erfrieren und nach Kohljauche schmecken. Mulchen, hacken, bei Bedarf gießen, ein-, zweimal anhäufeln. Außer durch Überdüngung entstehen lockere Röschen auch auf schweren, verdichteten oder leichten, sandigen Böden oder durch zu schönes Wetter im Herbst.

Bei modernen Sorten reifen alle Röschen gleichzeitig (Maschinenernte), bei älteren Sorten von unten nach oben. Nur bei den modernen Sorten und nur bei Sorten, die im Herbst vollständig abgeerntet werden, darf man Ende September, Anfang Oktober die Triebspitze abbrechen. Die Blätter ernähren die Knospen und legen sich bei Frost schützend über sie. Entspitzte Pflanzen büßen ihre Frosthärte ein.

Obwohl Rosenkohl Fröste bis zu –12 °C verträgt, überlebt er häufiges Einfrieren und Auftauen auf dem Beet nicht lange. Eingeschlagen im Frühbeet oder einem absonnigen, geschützten Platz und mit Stroh und Vlies abgedeckt, bleibt er länger frisch.

Ernten, Verwerten: Rechtzeitig ernten, so lange die Röschen noch fest sind, und bevor sie sich öffnen. Nach Frost geerntete Röschen schmecken besser, da sie mehr Zucker enthalten, sie sind leichter verdaulich, weil ein Teil der Faser- und Ballaststoffe abgebaut wurde, sie enthalten allerdings etwas weniger Vitamin C als ungefrostete.

Die Röschen nicht lagern, bald verarbeiten, sind erst einmal die äußeren Blättchen gelb, wurden bereits viele Vitamine und andere wertvolle Inhaltsstoffe abgebaut; auch der Geschmack leidet.

Beim Putzen äußere, verschmutzte oder beschädigte Blätter entfernen, eventuell Stielstummel nachschneiden, dann kreuzweise einkerben (0,5–1 cm tief), damit der Rosenkohl gleichmäßig gart. 12–16 Minuten in wenig Salzwasser bißfest dämpfen, mit Pfeffer und Muskat würzen, dazu Pellkartoffeln. Wessen Galle keinen Einspruch erhebt und wer es mag, übergießt die dampfenden Röschen mit gebräunter, flüssiger Butter.

Auch roh in Scheiben geschnitten in Salaten, als Gemüsebeilage, in Suppen, Aufläufen, Eintöpfen, Gemüsepfannen.

Inhaltsstoffe: Wie bei Weißkohl, mehr Vitamin C (115 mg%) als andere Kohlarten, weniger Senföle; Eiweiß (Lysin, Tryptophan).

Kohlrabi

(Brassica oleracea ssp. *oleracea* convar. *caulorapa* var. *gongylodes)*

Er ist ein in Deutschland seit Jahrhunderten beliebtes Gemüse, dessen deutscher Name auch in andere Sprachen übernommen

Verwenden Sie bei Kohlrabi die Knolle und die zarten Herzblätter.

wurde (z. B. ins Englische). Es gibt sehr viele Sorten, so daß die Kohlrabi-Saison von Frühjahr bis Herbst dauert. Blauer Kohlrabi wächst langsamer als die grünen Sorten, enthält mehr Biophenole und Anthocyane.

Für Großfamilien geeignet ist der Riesenkohlrabi 'Superschmelz', der trotz seiner Größe nicht holzig wird.

Anbauen: Satzweise von Februar bis Juli säen, im Abstand von 30 x 30 cm pflanzen. Kälte fördert Schossen, deshalb Sämlinge bei 15–18 °C anziehen, nachts nicht kälter als 8 °C. Die ersten Sätze fürs Frühbeet kauft man besser. Nicht zu tief pflanzen, die beiden kleinen, rundlichen Keimblätter müssen über der Erde bleiben. Bis Mai Beete mit Vlies abdecken. Kohlrabi wird meist beetweise zusammen mit Kopfsalat angebaut. Boden lockern, auf Schnecken achten, Pflanzen gleichmäßig mit Wasser versorgen, da ausgetrocknete Knollen soviel Wasser aufsaugen, bis sie platzen. Trockenheit, ungleichmäßiges Wachstum, zu späte Ernte und zu lange Lagerung. verursachen ein Verholzen der Knollen.

Ernten, Verwerten: Junge Knollen sind zarter und leichter verdaulich als ältere, deshalb rechtzeitig ernten; Mini-Kohlrabis werden mit Schale zubereitet; roh als Salat oder gedünstet als Gemüse. Blattschopf ebenfalls verwenden, da die Blätter besonders gehaltvoll sind – sie enthalten doppelt soviel Vitamin C und um ein Vielfaches mehr an Carotinen als die Knolle.

Inhaltsstoffe: Vitamin C (65 mg%), Vitamin B, Carotine, Mineralstoffe, Glucosinolate, Biophenole.

Chinakohl
(Brassica rapa ssp. *pekinensis)*

Er stammt aus dem Norden Chinas, wo er seit etwa 500 Jahren angebaut wird. Er verlangt wie Blumenkohl einen guten Standort und Fingerspitzengefühl von seinem Gärtner. Auf verdichteten, nassen, sauren Böden versagt er. Seine Wurzeln werden leicht von Kohlhernie, einem Pilz, befallen, der klumpige Wucherungen verursacht. Kälte, lange Tage und vor allem trockene Hitze fördern das Schossen. Im Gegensatz zu den Kopfkohlen oder Grünkohl verursacht er keine Blähungen und gilt als leicht verdaulich.

Anbauen: Im Juli ins Beet säen, im Abstand von 30–40 cm zwischen den Reihen, vier Wochen später die Pflänzchen auf 30 cm vereinzeln. Vorbeugend gegen

Chinakohl ist ein herzhafter Wintersalat, leider etwas heikel in der Anzucht.

Kohlhernie Algenkalk in die Saatrillen streuen, leicht einarbeiten. Verpflanzen gelingt nur mit Wurzelballen gut. Chinakohl gehört zu den Nitratsammlern, deshalb zurückhaltend düngen. Um Kohlschädlinge auszusperren, mit Schutznetzen abdecken. Bei Nässe auf Schnecken, bei Trockenheit auf Erdflöhe achten; vorbeugend morgens die taunassen Pflanzen mit Gesteinsmehl dünn bestäuben, spätestens nach jedem Regen wiederholen.

Ernten, Verwerten: Spätestens vor den ersten Frösten (–3 °C) ernten, die Pflanzen mit Wurzeln ausgraben, Erde abstreifen, Pflanzen einzeln in Zeitungspapier einrollen, aufrecht in eine Kiste stellen, kühl (3–6 °C) aufbewahren. Schonend geernteter und verpackter Chinakohl hält bis Dezember.

In unseren Breiten wird er meist als Salat zubereitet. Man kann ihn milchsauer vergären oder als Gemüse dünsten wie in China üblich, er paßt auch in Suppen, Eintöpfe, Gemüsepfannen.

Inhaltsstoffe: Vitamin C (35 mg%), Mineralstoffe, Fruchtsäuren, Glucosinolate, Biophenole.

Pak Choi
(Brassica rapa ssp. *chinensis)*

Obwohl er eine alte (chinesische) Kulturpflanze ist, freunden sich europäische Gärtner nur zögernd mit ihm an. Pak Choi bildet lange, fleischig verdickte, aufrecht stehende Blattstengel, die als Gemüse oder Salat zubereitet werden. Auf Kälte, Hitze,

Die breiten Blattstiele des Pak Chois bereitet man wie Spargel zu.

Trockenheit und andere Unpäßlichkeiten reagiert Pak Choi mit Schossen.

Anbauen: Ende Juli, Anfang August ins Beet säen, Abstand 25 x 25 cm. Gegen Kohlschädlinge mit Kulturschutznetzen abdecken.

Ernten, Verwerten: Pak Choi verträgt kurzzeitig leichten Frost, deshalb Ernte bis November möglich. Man erntet die gesamte Pflanze oder junge Pflanzen (10 cm hoch) wie Spinat schneiden. Pak Choi schmeckt milder als Chinakohl und ist wie dieser leicht verdaulich. In Stücke geschnittene Stengel mit Blätter roh als Salat oder als Gemüse andünsten, die Stengel wie Spargel zubereiten. Wird in Asien häufig milchsauer vergoren.

Inhaltsstoffe: Vitamin C (55 mg%), Vitamin B, Carotine, Mineralstoffe, Fruchtsäuren.

Meerrettich
(Armoracia rusticana)

Er heißt auch Kren, ein aus dem Slawischen entlehntes Wort. Meerrettich wächst nicht am Meer, sondern der Name bedeutet »großer Rettich«. Er stammt aus der Ukraine und dem Süden Rußlands, ist absolut winterhart und inzwischen in weiten Teilen Europas verwildert.

Meerrettich benötigt gleichmäßige Feuchte und tiefgründig lockeren, humosen, kalkhaltigen Boden, lehmige erschweren die Ernte. Seine Schärfe verdankt er dem sehr hohen Gehalt an Senfölen, die u. a. als Breitband-Antibiotikum gegen Bakterien, Pilze, Viren wirken, weshalb Meerrettich auch medizinisch genutzt wird.

Anbauen: Vermehrung durch Fechser, diese Seitenwurzeln müssen mindestens bleistiftdick und 30 cm lang sein; je dicker desto besser. Fechser vortreiben, Knospen im Mittelteil ausbrechen (bis auf 3 cm an den Enden). Pflanzung im Herbst oder besser Mitte März bis Mitte April, Abstand 50 x 50 cm. Man zieht handtiefe Furchen auf ein mit Kompost vorbereitetes Beet und legt die Fechser schräg hinein; das Kopfende sollte etwa 5 cm im Boden stecken, das Wurzelende 15 cm. Nachdem die Fechser ausgetrieben haben, legt man an einem bewölkten Tag Anfang Juni die Köpfe frei und bricht alle jungen Triebe bis auf den kräftigsten aus; das Putzen im Juli wiederholen. Nur so erhält man dicke, gleichmäßig gewachsene Wurzeln, wie sie auf dem Markt verkauft werden. Bei Trockenheit ausreichend gießen.

Ernten, Verwerten: Sobald die Blätter absterben, beginnt man mit dem Roden der Wurzeln; meist wird im November, Dezember geerntet. Die Wurzeln in feuchten Sand einschlagen. Wenn länger gelagerter Meerrettich an Geschmack verliert und bitter schmeckt, wurde er zu früh geerntet.

Scharfer Meerrettich desinfiziert und putzt Nase und Rachen.

Gemüse und Kräuter: Kreuzblütler

Die dunkle Haut abschaben, die harten, fasrigen Stangen waschen und fein reiben (nicht weinen!), oder klein schneiden und mit etwas Milch im Mixer pürieren, sofort verarbeiten, weil er sonst braun wird.

Frischer, geriebener Meerrettich, mit Essig, Öl und Sahne angemacht, paßt zu Fisch, Fleisch, belegten Broten; Meerrettich-Gemüse schmeckt gut zu gekochtem Rindfleisch und selbst gemachten Nudeln.

Vorbeugen, Heilen: Senföle wirken schleimlösend (Husten) und antibiotisch (Harnwegs-Infektionen).

Inhaltsstoffe: Vitamin C (115 mg%), Vitamin B, Mineralstoffe (Kalium, Calcium), Fruchtsäuren, besonders hoher Gehalt an Senfölen (Sinigrin).

Radieschen, Radies
(Raphanus sativus var. *sativus)*

Was haben Radieschen mit Levkoje und Goldlack gemeinsam? Sie alle gehören zur Familie der Kreuzblütler und sollten im Garten in gebührender Entfernung

Zarte, knackig-würzige Radieschen schmecken zu jeder Brotzeit.

wachsen, weil sie die gleichen Krankheiten und Schädlinge anlocken. Nicht alle Radieschen sind rot und rund, es gibt auch welche, die wie Mini-Rettiche aussehen ('Eiszapfen'). Wie Rettiche und viele andere Verwandte enthalten sie Senföle, je schärfer die Knollen, desto höher ihr Gehalt. Unter Glas gezogene Radieschen oder Rettiche bilden weniger Senföle und schmecken milder als im Freien gewachsene.

Anbauen: Aussaat von März bis September ins Beet; bis Mai mit Vlies abdecken. Auf die richtigen Sorten achten. Nicht tiefer als 1 cm säen, sonst strecken sich die Knollen; Abstand zwischen den Reihen 15 cm, zwischen den Pflanzen 8–10 cm; zu eng stehende schossen; zu dicht gesäte Pflänzchen vereinzeln, überzählige mitsamt Blättern in grobe Stücke schneiden und unter den Salat mischen. Je nach Jahreszeit benötigen Radies von der Aussaat bis zur Ernte 4–7 Wochen.

Ernten, Verwerten: Wie Rettich.
Inhaltsstoffe: Wie beim Rettich, etwas mehr Vitamin C.

Rettich
(Rhaphanus sativus var. *niger)*

In Rettich und Radies steckt das lateinische Wort *radix* für Wurzel. Er wuchs zunächst als Heilpflanze in den Klostergärten, denn er enthält viel von den stechend riechenden Senfölen wie sie für seine Familie, die Kreuzblütler, typisch sind. Besonders trumpfen damit die scharf würzigen schwarzen Herbstrettiche auf, sie

Die dunkelhäutigen Winterrettiche sind besonders heilkräftig.

helfen bei Gallenleiden (nicht bei Steinen), beruhigen Magen und Darm, wirken antimikrobiell und schleimlösend bei Husten und Erkältungen. Die langen, süßlich mild schmeckenden japanischen Rettiche sind für diese Zwecke nicht zu gebrauchen. Keimsprosse aus Samen europäischer Rettichsorten enthalten ebenfalls reichlich Senföle.

Damit Rettichwurzeln gleichmäßig, gerade und unverzweigt wachsen, benötigen sie lockeren, humosen und beständig feuchten Boden. Bei Trockenheit und Hitze werden die Rettiche pelzig und die Blätter von Erdflöhen durchlöchert, Kälte fördert Schossen.

Anbauen: Aussaat März bis Ende Juli satzweise ins Beet, Abstand 20 x 20 cm; bis Mai mit Vlies abdecken; auf die richtigen Sorten achten (Mißerfolge, Schoßgefahr!). Die farbigen, braunschwarz- oder violettschaligen

Rettiche sind Lagersorten, die 3–4 Monate bis zur Erntereife benötigen. Manche Sorten eignen sich auch zum Pflanzen. Gepflanzte Rettiche bilden ein stumpfes Wurzelende, keine Spitze wie direkt gesäte.
Verkrusteten Boden hacken, bei Trockenheit gießen, vorbeugend gegen Kohlschädlinge (Rettichfliege) Schutznetze über die Beete ziehen.

Ernten, Verwerten: Überständige »Riesen-Rettiche« sind oft pelzig, deshalb rechtzeitig ernten. Lagerrettiche in feuchtem Sand einschlagen.
Man ißt in Scheiben geschnittene Rettiche roh, als Salat, zum Butterbrot, geraspelt in Kräuter-Joghurt. Das ist ein guter Brauch, den wir beibehalten sollten, denn roher Rettich ist gesund. Man kann ihn auch in Suppen oder Eintöpfe schneiden, als Gemüse kochen, oder milchsauer vergären, wie in Asien üblich.

Inhaltsstoffe: Vitamin C (25 mg%), Vitamin B, Mineralstoffe (Kalium), Fruchtsäuren, Senföle, Biophenole.

Salatrauke, Rucola
(*Eruca vesicaria* ssp. *sativa*)

Ihre Heimat ist das Mittelmeergebiet, wo man die fein behaarten würzigen Blätter seit der Antike in der Küche verwendet. Griechen und Türken aßen sie als Salat, würzten Speisen damit und schätzten ihre Heilwirkung.
Die Pflanze wächst schnell, ist einjährig und öffnet ihre ziemlich großen weißen oder roten, von Bienen umschwärmten Blüten von Mai bis Juli. Hitze und Trockenheit fördern das Schossen.
Die Salatrauke bevorzugt sonnige bis leicht schattige Plätze und lockere, humose Böden, auf schweren, nassen versagt sie. Besonders scharf würzig schmecken die stark gefiederten Blätter der wilden Rauke (*Diplotaxis tenuifolia*).

Anbauen: Aussaat satzweise alle 2–3 Wochen ins Beet von April bis September in Reihen (Abstand 15–20 cm) oder breitwürfig; im Winter in Balkonkästen oder großen Gefäßen im Haus säen. Da heißes, trockenes Wetter die Schärfe in den Blättern ansteigen läßt, außerdem den Befall mit Erdflöhen fördert, ist es sinnvoll, im Juli, August eine Säpause einzulegen.

Ernten, Verwerten: Die jungen, würzig scharfen, 5–10 cm hohen Blätter nach Bedarf schneiden, ältere werden derb-zäh und bittern stark.
Roh verzehren oder kurz in Olivenöl zusammen mit Knoblauch dünsten; paßt gut zu Mischsalaten, als Brotbelag, in Risotto, Eierspeisen, Pfannkuchen, Gemüsesuppen. Die scharfen Samen ergeben einen besonders würzigen, tränentreibenden Senf, wie man ihn in Indien, Spanien und im Süden Frankreichs liebt.

Vorbeugen, Heilen: Salatrauke wirkt anregend, fördert die Verdauung und stärkt das Immunsystem.

Inhaltsstoffe: Vitamin C (40 mg%), Vitamin B, Carotine, Mineralstoffe, viele Senföle, Fruchtsäuren, Biophenole.

Steckrübe
(*Brassica napus* ssp. *rapifera*)

Sie heißt auch **Kohlrübe**, Wruke, Unterkohlrabi. Sie hat große, blaugrün bereifte Blätter. In Notzeiten rettete sie viele Menschen vor dem Verhungern, doch zu Unrecht gilt sie als derber Magenfüller. Inzwischen steht sie in manchen Feinschmecker-Lokalen wieder auf der Speisekarte.
Weißfleischige Sorten werden als Futterrüben angebaut, die zarten gelbfleischigen für den menschlichen Verzehr. Je nach Sorte haben sie eine gelbe, violette, rote oder grüne Schale. Angehäufelte Steckrüben vertragen leichte Fröste (bis –10 °C).

Anbauen: April, Mai ins Frühbeet säen; keimt nach etwa einer Woche; Juni bis Mitte Juli pflanzen; Abstand 40 x 50 cm oder 40 x 40 cm; nicht zu tief setzen; bei späteren Terminen die Abstände enger wählen; Kompost, vermischt mit Gesteinsmehl, Algenkalk oder organischem Dünger, ins Pflanzloch geben; gegen Kohlschädlinge mit Schutznetzen abdecken; gießen, hacken, Rübenköpfe anhäufeln bis die Blätter den Boden beschatten.

Verkannte Delikatesse – carotinreiche Steckrüben.

Ernten, Verwerten: Die ersten Knollen für die Küche können schon im September geerntet werden; sie sind besonders zart; im Oktober, November (oder Dezember) Pflanzen mit der Grabgabel ausheben, Blätter entfernen und Rüben einmieten;
Rüben von 10–15 cm Durchmesser schmecken besser als große, überständige. Sie ergeben ein warm orangefarbenes, fein aromatisch schmeckendes Gemüse, das reichlich Carotinoide enthält. Auch für Suppen, Eintöpfe, Mischgemüse und gekocht als Salat geeignet.
Inhaltsstoffe: Vitamin C (35 mg%), Vitamin B, Carotine, Mineralstoffe, Biophenole.

Brunnenkresse
(Nasturtium officinale)
Pflanzen, die den Nachnamen *officinale* tragen, werden oder wurden arzneilich genutzt. Die stark würzig bis beißend scharf schmeckende Brunnenkresse enthält besonders viele Senföle, die die Verdauung fördern, antibakteriell und krebsvorbeugend wirken. Brunnenkresse wächst wild im glasklaren, sauberen Wasser von Bächen, Quellen, Gräben. Jahrhundertelang wurde sie großflächig im Raum Erfurt angebaut. Heute schätzen vor allem die Engländer diese Kressart. Sie blüht von Mai bis September, erfriert beim ersten Frost und gedeiht in unseren Breiten in verregneten Sommern besonders gut. Sie will hell, aber nicht in der prallen Sonne wachsen.
Anbauen: Ein Gefäß ohne Abzugsloch (große Töpfe, Balkonkasten, Mörtelwanne) dreiviertel voll mit humoser Erde (z. B. gedämpfter Komposterde) füllen; Brunnenkresse säen, ständig feucht halten.
Sobald die Pflanzen erscheinen, den Wasserpegel erhöhen, er soll 1–2 cm über der Erde stehen. Falls nötig jäten, damit man nicht versehentlich unliebsame Kräuter miterntet.
Saat von Mai bis Mitte August möglich, auch Stecklingsvermehrung gelingt leicht. Die Gefäße jährlich neu besäen, zuvor die oberste, veraltete Erdschicht austauschen.
Ernten, Verwerten: Man schneidet die beblätterten 5–13 cm langen Triebspitzen vor der Blüte (von Oktober bis Mai); mehrmaliges ernten möglich. Brunnenkresse roh verwenden in Salaten, Kräuterquark, -soßen, Pfannkuchen, Rühreiern, Kartoffelsalat, Bratkartoffeln und als Würze auf Butter- oder Käsebroten. In großen Mengen gegessen wirken die Senföle magenschleimhaut- und nierenreizend.

Inhaltsstoffe: Vitamin C (50 mg%), Vitamin D und E, Carotine, Mineralstoffe Senföle (besonders hoher Gehalt), Fruchtsäuren.

Gartenkresse
(Lepidium sativum)
Schon die Pharaonen aßen gerne Kresse, deshalb gab man ihnen Samen mit ins Grab. Vermutlich stammt diese uralte Kulturpflanze aus Nordafrika oder Vorderasien. Sie ist anspruchslos, wächst rasch und verhilft selbst Gärtnern ohne grünen Daumen zu Erfolgserlebnissen und zu frischem, würzigem Grün mitten im Winter. Die Pflanzen blühen je nach Aussaattermin von Mai bis September. Hitze und Trockenheit fördern das Schossen, blühende Kresse schmeckt ungenießbar scharf.
Anbauen: Aussaat ganzjährig ins Beet möglich, von März bis September. Lichtkeimer, deshalb die Samen nur hauchdünn mit Erde bedecken, gut andrücken; keimt ab 6 °C, bei Temperaturen über 20 °C innerhalb von 24 Stunden. Kresse wächst am besten zwischen 15–25 °C, bei 20 °C täglich um 1–1,5 cm. Bei Trockenheit gießen, nicht düngen (Nitrat).
Ernten, Verwerten: Man erntet die junge Kresse, sobald sie 6–10 cm hoch ist; schneidet man sie nicht zu tief, treibt sie erneut.
In der Küche erdelos angekeimte Samen ißt man mit Wurzel. Zubereitung roh wie Brunnenkresse.
Vorbeugen, Heilen: Kresse enthält viele wertvolle Stoffe, die u. a.

Brunnenkresse verleiht Blatt- und Kartoffelsalat die nötige Würze.

Das genügsame Löffelkraut liefert Vitamine im Winter.

antibiotisch wirken und die Verdauung fördern.
Inhaltsstoffe: Vitamin C (60 mg %), Vitamin B, viele Carotine, Mineralstoffe, Senföle, Fruchtsäuren, Biophenole.

Löffelkraut
(Cochlearia officinalis)

Löffelkraut wächst wild an den europäischen Atlantikküsten. Einst war das ähnlich wie Kresse schmeckende Kraut als Heilpflanze bei Blasenleiden und Verdauungsstörungen geschätzt. Weil es frosthart ist und auch im Winter seine grünen Blätter behält, nutzten die Menschen eifrig diese Vitamin-C-Quelle, um sich vor Zahnausfall, Schwermut und anderen Winterleiden zu schützen. In Erinnerung daran trägt es heute noch den Namen Skorbutkraut.

Löffelkraut liebt gleichmäßig feuchten Boden, unter Hitze und Trockenheit leidende Pflanzen schmecken streng salzig-bitter. Obwohl das äußerst anspruchslose Kraut mehrjährig ist, wird es nur zweijährig gezogen. Sobald es im Mai, Juni zu blühen beginnt, endet seine Erntesaison.

Anbauen: Aussaat März, April für Ernte im August; Aussaat August, September für Ernte im Frühjahr; breitwürfig oder in Reihen (Abstand 30 cm) säen, später auf 8–10 cm vereinzeln. Samen keimen innerhalb von zwei, drei Wochen; Frühjahrssaaten bis Mai mit Vlies abdecken. Jäten, hacken, mulchen, für gleichmäßig feuchten Boden sorgen, dann treten auch keine Probleme mit Erdflöhen auf. Bei starkem Befall, zu erkennen an löchrigen Blättern, die Pflanzen überbrausen und die nassen Blätter dünn mit Gesteinsmehl einpudern, nach jedem Regen wiederholen.
Wie Kresse kann man Löffelkraut auch in Töpfen oder Balkonkästen ziehen, entweder direkt säen oder vorgezogene Pflanzen in die Gefäße pikieren.

Ernten, Verwerten: Die gesamten Pflanzen abernten oder nur einzelne, der jungen, löffelartig gebogenen Blätter pflücken; Ernte auch im Winter möglich an einem sonnigen Tag;
Zubereitung wie Brunnenkresse sowie gekocht in Suppen.
Inhaltsstoffe: Vitamin C (50 mg%), Vitamin B, Carotine, Mineralstoffe, viele Senföle, Fruchtsäuren, Biophenole.

Liliengewächse

Diese Familie wird auch in Lauch- und Spargelgewächse unterteilt. Roh gegessen, hinterlassen Knoblauch, Zwiebeln und andere Lauchartige eine schwefelhaltige Duftspur. Die **Sulfide** töten Pilze und (schädliche Darm-)Bakterien, sie werden durch Kochen zerstört.

Knoblauch
(Allium sativum var. sativum)

Der »gespaltene Lauch« ist eine der ältesten Heil- und Gemüsepflanzen der Menschheit. Schlangenknoblauch oder Rockenbolle *(Allium sativum var. ophioscordum)* wird vor allem in Südeuropa angebaut, seine Blütenstände sind ähnlich geringelt wie Schweineschwänzchen.
Knoblauch hat keine röhrigen Blätter wie Zwiebeln, sondern flache wie Porree, die jedoch etwas schmäler sind. Kälte gibt das Signal zur Zehenbildung. Knoblauch benötigt volle Sonne, er kommt mit jedem, nicht allzu schweren Gartenboden zurecht. Auf nassen Böden fault er.

Heilkundige nennen diese »anrüchige« Pflanze Dr. Knoblauch.

Anbauen: Die Zehen im September, Oktober oder Ende Februar, März, April stecken; Abstand 10 cm, zwischen den Reihen 20 cm; traditionell wird Knoblauch zwischen Erdbeerreihen gesteckt. Außer jäten keine Pflege nötig.
Ernten, Verwerten: man kann einzelne junge Blätter pflücken und in den Salat schneiden; die alten sind derb und schwer verdaulich. Die Zehen dienen zum Würzen.
Die Knoblauchzwiebeln werden geerntet, sobald die Blätter im Juli oder Anfang August vergilben. Nachdem sie abgestorben sind, findet man vergessenen Knoblauch nur sehr schwer. Alle Zehen einer Zwiebel treiben im Herbst oder Frühjahr au und bilden Nester. Knoblauch nach dem Roden einige Tage vor Nässe geschützt trocknen lassen, dann zu Zöpfen flechten oder in Kisten legen und kühl aufbewahren.
Vorbeugen, Heilen: Roher Knoblauch wirkt antibiotisch (Pilze, Bakterien), senkt den Blutfettspiegel, schützt vor Herz-Kreislauf-Erkrankungen, fördert die Verdauung, stärkt das Immunsystem und beugt bestimmten Krebsarten vor. Römische Ärzte verwendeten ihn zur Desinfektion von Hundebiß-Wunden (wahrscheinlich gegen Tollwut). Knoblauch in hohen Dosen reizt die Schleimhäute und senkt den Blutdruck.
Inhaltsstoffe: Vitamin C (14 mg%), Vitamin B, Carotine, Mineralstoffe (Kalium, Magnesium, Calcium), Sulfide (u. a. Allicin), Flavonoide.

Lauch, Porree,

(Allium porrum var. *porrum)*

Lauch stammt aus Kleinasien und wird nördlich der Alpen seit dem Mittelalter angebaut. Früher hatte er dickbauchige, zwiebelartige Wurzelhälse, das hat man ihm im Laufe der Jahrhunderte abgewöhnt. Er blüht im zweiten Jahr nach der Aussaat, doch Kälte und nachfolgend lange Tage bringen selbst jungen Porree in Blühstimmung. Sorten aus wärmeren Regionen schossen häufig in unserem Klima. Blühender Lauch bildet oft kleine, eßbare Nebenzwiebeln. Er gedeiht auf allen fruchtbaren Gartenböden, auf nassen, verdichteten versagt er. Die Pflanzen benötigen viel Wasser, sie entwickeln sich deshalb in feuchten Sommern besser als in trockenen; länger anhaltende Hitze (über 28 °C) hemmt das Wachstum.
Die frostempfindlichen, hell-laubigen Sommersorten sind weicher und garen schneller als die dunkel blaugrünen Wintersorten. Lauchblätter sind mit einer festen Wachsschicht überzogen. Je dunkler die Blätter, desto dicker ist dieser Schutzfilm, desto weniger leiden sie unter Blattläusen und desto mehr Frost ertragen die Pflanzen.
Anbauen: Setzlinge des ersten Satzes (Pflanzung im April) kaufen; Aussaat Mitte März bis Anfang April ins Frühbeet, Pflanzung im Mai, Juni. Winterlauch spätestens bis Ende Juni säen und Mitte August auspflanzen. Anzuchterde mit Algenkalk verbessern, Lauch verträgt keinen sauren Boden (unter pH 5). Tief pflanzen, Blätter und Wurzeln der Setzlinge nicht einkürzen: man pflanzt in eine 20 cm tiefe Furche, die man im Laufe der Monate anhäufelt, oder in ein 20 cm tiefes Loch. Abstand bei Sommersorten 30 x 10 cm, bei Wintersorten 40 x 15 cm. Gut angießen, Boden immer feucht halten, flach hacken. Beet vor dem Pflanzen mit reichlich Kompost versorgen, später mit Kräuterjauche düngen. Tip: Beet 14 Tage vor der Pflanzung mit Gartenkresse einsäen, vor dem Setzen des Lauchs nur den Pflanzbereich umbrechen. Die Kresse hält den Boden locker und feucht, und man kann sie ernten, so lange der Porree noch klein ist.
Lauch, der auf den Beeten überwintert, im Spätherbst anhäufeln, in schneearmen Wintern und bei strengen Frösten mit Vlies, Stroh oder Fichtenzweigen abdecken. Oder die Stangen im Frühbeet oder einem schattigen, geschützten Ort dicht an dicht locker in Erde einschlagen.
Porree hinterläßt einen sehr schönen, lockeren, mit Humus angereicherten Boden.
Ernten, Verwerten: Einzelne Lauchblätter nach Bedarf ernten, sie verleihen zusammen mit Sellerieblättern (»grüne Ware«) klaren Suppen ein unvergleichliches Aroma. Porree ist neben Knollen- und Blattsellerie, Pastinaken, Wurzelpetersilie und Möhren Bestandteil von Suppenwürze. Sommersorten bald verbrauchen, Wintersorten halten auf dem Beet

oder eingelagert bis zum Frühjahr. Keine gefrorenen Stangen ernten! Stangen putzen: Blätter bis knapp in den bleichen Teil hinein der Länge nach halbieren, dann vierteln; nun fächern sich die Blätter locker auf und man kann eingewachsenen und angehäufelten Sand leicht ausspülen.

In Scheiben oder Streifen geschnitten verwenden, roh oder gekocht, geschmort, überbacken, gedünstet, in Eintöpfen, Aufläufen, Suppen, als Gemüse, Pizzabelag, Salat.

Vorbeugen, Heilen: Die grünen Teile enthalten deutlich mehr Wirkstoffe als die bleichen. Roher Lauch fördert die Verdauung und Gallentätigkeit, wirkt antibiotisch (schützt vor Infektionen), schleimlösend bei Husten, beugt Nierensteinen vor, senkt Blutdruck.

Inhaltsstoffe: Vitamin C (30 mg%), Vitamin B, Carotine, Mineralstoffe, Fruchtsäuren, Sulfide, Flavonoide.

Spargel
(Asparagus officinalis)

Diese Heilpflanze und Delikatesse wird seit über 2000 Jahren angebaut. Spargel ist eine Staude, seine Triebe sterben im Herbst ab, im Frühjahr treibt er neues Kraut. Man erntet die Triebsprosse bevor sie die Erde durchbrechen (**Bleichspargel**) oder bevor sich Seitentriebe und die filigranen Blätter entfalten (**Grünspargel**). Früher kannte man nur Grünspargel. Auf die Idee, ihn unter Erddämmen zu bleichen, kam man zu Beginn des 18. Jahrhunderts. Belichtete bleiche Stangen färben sich erst rotviolett, dann grün. Grünspargel hat bedeutend mehr Inhaltsstoffe und Aroma als bleicher.

Die Wurzeln brauchen viel Sauerstoff und bevorzugen deshalb leichte, humose Böden, was das Ernten bei Bleichspargel beträchtlich erleichtert. Grünspargel gedeiht auch auf mittelschweren, gut durchlüfteten Böden; auf kalter, nasser Erde faulen die Wurzeln; saure (pH unter 5,5) Böden sind ungeeignet, da sie Aluminium-Vergiftungen und Magnesium-Mangel bewirken. Bei Trockenheit und Kälte verholzen die dicken Enden der Stangen vor allem im äußeren Bereich. Spargel benötigt einen sonnigen, vor Wind und Spätfrösten geschützten Standort. Warmes Wetter im Frühjahr erhöht den Ertrag. Da männliche Pflanzen dickere Stangen und höhere Erträge liefern als weibliche, bemüht man sich um entsprechende Züchtungen.

Anbauen: Pflanzgut kaufen, Pflanzung im März, April. 30 cm tiefe Furchen in Nord-Süd-Richtung ausheben, Boden lockern, reichlich Kompost einfüllen und mit Erde vermischen; Spargel pflanzen, Abstand 100 x 40 cm, 15–25 cm tief. Die sternförmig ausgerichteten Wurzeln gerade auslegen, mit Erde bedecken, kräftig gießen. Sobald die Pflanzen austreiben, den Boden mulchen, bis Juli zwei-, dreimal mit Kräuterjauche düngen. Im Herbst das abgestorbene Laub abschneiden.

Mit Vlies abgedeckter Grünspargel treibt früher. Über Bleichspargel im Frühjahr sandige Erddämme anhäufen oder mit schwarzem Folienzelt überbauen. Nach jeder Ernte mit Kompost düngen.

Innerhalb von 10–15 Jahren erschöpfen sich die Pflanzen, dann auf einem neuen Beet jungen Spargel pflanzen.

Ernten, Verwerten: Erste Ernte im 3. Jahr nach der Pflanzung im Mai, ab dem 4. Jahr Ernte im Mai, Juni. Man schneidet die 17–25 cm langen Sprosse bodentief ab, Bleichspargel zuerst freilegen. Bleichspargel täglich, Grünspargel alle 2–3 Tage ernten. »Kirschen rot, Spargel tot«, heißt es in Franken und bedeutet: am 24. Juni erntet die Spargelsaison.

Jungen, zarten Grünspargel ungeschält und roh essen oder in wenig Wasser garen. Die Spitze enthält mehr als doppelt soviel Vitamin C wie das untere Ende; Grünspargel trumpft mit doppelt soviel Vitamin C und Carotinen wie Bleichspargel auf.

Vorbeugen, Heilen: Spargel wurde früher als Heilpflanze bei Leber- und Nierenleiden verwendet; er wirkt harntreibend.

Inhaltsstoffe: Vitamin C (20 mg%), Vitamin B, Carotine, Mineralstoffe, Fruchtsäuren.

Winterzwiebel
(Allium fistulosum)

Der botanische Nachname bedeutet »röhrenartig« und bezieht sich auf die Blätter, die Schlotten. Sie heißt auch **Winterheck**- oder **Lauchzwiebel**, stammt aus Asien

Gemüse und Kräuter: Lauchgewächse

Winterzwiebeln liefern nahezu rund ums Jahr würzige Schlotten.

und ist noch heute in China und Japan weit verbreitet. Nach Europa kam sie wohl im Mittelalter auf dem Landweg von Rußland. Sie bildet keine Zwiebeln, sondern einen verdickten Schaft ähnlich wie Porree, und man erntet vor allem ihre Blätter. Diese bleiben bis lange in den Winter hinein grün, und sobald die strengsten Fröste vorbei sind und die Tage länger werden, meist schon im Februar, treiben die Pflanzen aus, so daß nahezu ganzjährige Schlotten-Ernte möglich ist.

Es gibt auch japanische, nicht winterharte und deshalb einjährig gezogene Sorten, die ähnlich wie dünner Lauch wachsen und die weißschäftigen, zarten Lauchzwiebeln (**Bundzwiebeln**) liefern, die besonders bei Feinschmeckern begehrt sind. Im Gegensatz zu den Frühlingszwiebeln, die kleine Zwiebelansätze aufweisen, ist der Schaft bei den Lauchzwiebeln gerade.

Alle Sorten benötigen leichte bis mittelschwere, lockere humose, warme Böden und viel Sonne.

Anbauen: Im März, April oder August säen; oder Horste im Herbst oder Frühjahr teilen; Abstand 30 x 30 cm.

Die nicht winterharten Lauchzwiebel-Sorten satzweise alle 14 Tage ab März bis Juni säen, frühe Saaten mit Vlies abdecken. Jäten, zwei-, dreimal anhäufeln, damit sich die Schäfte der Lauchzwiebelchen weiß färben.

Nach drei, vier Jahren Horste der ausdauernden Zwiebeln teilen und verpflanzen.

Ernten, Verwerten: Ernte der Schlotten ganzjährig, nicht zu viele von einer Pflanze pflücken, um sie nicht zu stark zu schwächen. Die ersten Lauchzwiebeln (Aussaat März) sind im Juni erntereif.

Inhaltsstoffe: Ähnlich wie bei der Zwiebel.

Zwiebel
(Allium cepa var. cepa)

Diese Heil- und Gemüsepflanze stammt aus den Steppen Asiens und ist schon seit mehreren tausend Jahren in Kultur. Es gibt unzählige Formen und Sorten, dickbauchige, birnenförmige, weiß-, gelb-, braun- oder rotschalige und solche mit großen und kleinen Zwiebeln.

Neben den würzigen **Speisezwiebeln** finden auch die großen, milden **Gemüsezwiebeln** immer mehr Anhänger. Sie eignen sich zum Füllen, roh in dünne Scheiben geschnitten als Salat oder für Zwiebelsuppe.

Zwiebeln blühen im zweiten Jahr nach der Aussaat, sie bilden mehrere Blütenschäfte mit vielen hundert Einzelblüten. Sie benötigen humose, lockere, mittelschwere Böden, während des Wachstums ausreichend Feuchtigkeit und zum Ausreifen trockene Wärme. Wie bei Salaten oder Rettichen hängt der Anbautermin von der Sorte ab.

Anbauen: Aussaat Ende März, Ernte ab Mitte August bis September.

In milden Gegenden (bis -10 °C) auch Aussaat Mitte, Ende August von winterharten, schoßfesten Sorten möglich; früher gesäte Zwiebeln schossen, später gesäte wintern aus; Ernte im Juni, Juli;

Steckzwiebeln Ende März, Anfang April stecken, sie sollten nicht größer als 1,5 cm sein

Pflanze mit besonderer Heilkraft: scharfe Zwiebeln.

(murmelgroß), da sie sonst leicht schossen; Ernte im August, September.
Wintersteckzwiebeln Ende September, Anfang Oktober stecken; Ernte Juni, Juli.
Gemüsezwiebeln ab Februar vorziehen, Pflanzung ab Mitte Mai, Ernte Oktober.
Je nach Sorte und Verwendungszweck Abstand in der Reihe 5–10 cm, zwischen den Reihen 20–30 cm; zwischen den Zwiebeln regelmäßig jäten, hacken, bei Trockenheit im Juni, Juli gießen; zwei, drei Wochen vor der Ernte nicht mehr wässern.
Ernten, Verwerten: Schlotten als Salatwürze nach Bedarf pflücken, nicht zu viele von einer Pflanze nehmen.
Frühlingszwiebeln nennt man im Herbst gesäte Zwiebeln, die geerntet werden, kaum daß sich die Zwiebel zu bilden beginnt. Auch Frühjahrs-Saaten kann man als solche Bundzwiebeln vorzeitig ernten. Sie schmecken milder als ausgewachsene Zwiebeln. Diese werden geerntet, sobald zwei Drittel des Laubs abgestorben sind. Die Zwiebeln vor Regen geschützt etwa zwei Wochen trocknen lassen, zu Zöpfen binden oder einlagig in Kisten legen; an einem kühlen Ort lagern. Speisezwiebeln, vor allem aus Frühjahrsanbau, halten lange im Lager (gelbe länger als rotschalige), Gemüsezwiebeln sollten bis Ende Dezember verbraucht sein.
Der Verwendung von Zwiebeln sind keine Grenzen gesetzt, sie sind unentbehrlich für Zwiebelkuchen-, suppe, -gemüse, gefüllte Zwiebeln, sie würzen Salate, Gemüse, Fleisch, Fisch, Eintöpfe, belegte Brote.
Vorbeugen, Heilen: Bereits im Altertum desinfizierte man mit den antibiotisch wirkenden Zwiebeln Wunden. Rohe Zwiebeln fördern die Verdauung, senken Blutfettwerte und Blutdruck, schützen vor Herz-Kreislauf-Erkrankungen, stärken das Immunsystem, sie hemmen Entzündungen und lindern Asthma.
Zwiebelsäckchen gegen Ohrenschmerzen: Zwiebel kleinhacken, in ein Mullsäckchen füllen, anwärmen (Kachelofen, heißer Topfdeckel), heiße Zwiebeln auf das Ohr legen, mit einem Schal festbinden.
Inhaltsstoffe: Vitamin C (9 mg%), Vitamin B, Carotine, Mineralstoffe, Fruchtsäuren, sehr viele Sulfide, Flavonoide.

Schnittknoblauch
(Allium tuberosum)
In manchen Saatgutkatalogen findet man ihn unter dem Namen **Knolau**. Oft wird er fälschlicherweise als Kreuzung zwischen Knoblauch und Schnittlauch bezeichnet.
Seine Heimat ist Südostasien, wo es eine große Sortenvielfalt gibt, in Japan wächst er heute noch wild. Seine Blätter sind flach wie die des Porrees, allerdings viel schmäler, sie erscheinen büschelweise, schmecken mild nach Knoblauch und werden wie Schnittlauch verwendet. Auch die Blütenknospen eignen sich zum Würzen. Diese *Allium*-Art bildet keine Zwiebel, sie ist winterhart, weniger wärmebedürftig als Knoblauch und wächst auf allen Gartenböden.
Anbauen: Aussaat März bis April (bis August möglich); Abstand zwischen den Reihen 40 cm. Schnittknoblauch wächst stärker als Schnittlauch, er keimt nach zwei, drei Wochen. Während die Pflanzen jung sind, regelmäßig jäten, wegen der flach verlaufenden Wurzeln nur vorsichtig hacken. Nach drei, vier Jahren teilt man die Ballen im Herbst und versetzt sie an einen anderen Platz.
Ernten, Verwerten: Die Blätter wie Schnittlauch bodentief abschneiden; erste Ernte bei März-Aussaat etwa Juni.
Man verwendet Knolau wie Schnittlauch, roh und feingeschnitten in Salaten, Suppen, Kräuterquark, -joghurt, auf Butterbrot, zu Pellkartoffeln, Bratkartoffeln, Gemüse. In China ißt man die gebleichten (angehäufelten) Blätter auch als Gemüse.

Schnittknoblauch – ein ergiebiges Kraut und eine anspruchslose Pflanze.

Vorbeugen, Heilen: Wirkt ähnlich wie Knoblauch, auch vorbeugend gegen bestimmte Krebserkrankungen.
Inhaltsstoffe: Ähnlich wie beim Knoblauch.

Schnittlauch
(Allium schoenoprasum)

Der botanische Nachname stammt aus dem Griechischen und bedeutet »Binsenlauch«, weil die röhrigen Blätter des Schnittlauchs binsenartig wachsen. Er stammt vermutlich aus Asien. Römische Besatzungssoldaten brachten ihn mit nach Germanien. Wilde Bestände trifft man vor allem auf feuchten, kalkhaltigen Standorten an. Schnittlauch ist ausdauernd und frosthart, er bildet Horste und gedeiht auf nahezu allen Gartenböden. Im Oktober vergilben seine Blätter und ziehen ein, ab Ende Februar, März treibt er wieder aus. Wie die Blüten von allen Lauchgewächsen locken auch die des Schnittlauchs zahlreiche Insekten an. Sie öffnen sich im Juni, Juli. Es gibt dick- und dünnröhrige Sorten und Zwischenstufen.
Anbauen: Aussaat im März, April (bis August möglich); frisches Saatgut verwenden, da es schnell seine Keimfähigkeit verliert. Abstand zwischen den Reihen 30 cm; doch zweckmäßiger ist es, Weg- oder Beetränder damit zu besäen oder zu bepflanzen. Eine vierköpfige Familie benötigt etwa »zwei, drei Meter Schnittlauch«. Nach drei, vier Jahren die Ballen teilen und einen neuen Standort zuweisen.

Schnittlauch zum Treiben im Spätherbst ausgraben, in topfgerechte Ballen teilen, auf dem Beet durchfrieren lassen, eintopfen und topfweise ins Haus holen, wo die Pflanzen bald treiben (mit handwarmem Wasser gießen).
Ernten, Verwerten: Man schneidet die Blätter nach Bedarf, sie wachsen nach.
Roh und kleingeschnitten verwenden in Salaten, Suppen, Kräuterquark, -joghurt, auf Butterbrot, zu Pellkartoffeln, Bratkartoffeln, Eierspeisen, Gemüse.
Vorbeugen, Heilen: Wirkt antibiotisch, fördert die Verdauung, stärkt das Immunsystem.
Inhaltsstoffe: Vitamin C (45 mg%), Vitamin B, Carotine, Mineralstoffe, Fruchtsäuren, Sulfide, Flavonoide.

Schalotte
(Allium cepa var. ascalonicum)

Sie heißt auch **Eschlauch** und ist benannt nach der Stadt Askalon in Palästina. Schalotten werden nicht ganz so groß wie Zwiebeln. Man steckt Mutterzwiebeln, die im Laufe des Sommers 5–15 Tochterzwiebeln nestartig um sich scharen. Da sie sich gegenseitig bedrängen, sind sie nicht gleichmäßig wie Zwiebeln geformt, sondern oft einseitig platt gedrückt. Lange Tage und Hitze fördern die Zwiebelbildung. Schalotten benötigen Sonne, warme lehmig humose, leichte bis mittelschwere Böden. Auf den Beeten überwinternde Schalotten vertragen Fröste bis –8 °C.

Auf die feinwürzigen Schalotten verzichtet kein Koch freiwillig.

Anbauen: Im März, April kleine oder mittelgroße Schalotten pflanzen, Abstand 20 x 20 cm; Kopf nach oben, das obere Drittel bleibt über dem Boden; mit Vlies abdecken.
In milden Regionen Pflanzung auch im September, Ende Oktober möglich, anhäufeln und mit Winterschutz versehen.
Zwischen den Schalotten jäten, vorsichtig hacken, da sie nur flach wurzeln, bei Trockenheit bis Mitte Juni gießen.
Ernten, Verwerten: Ernte der Schlotten (Blätter) nach Bedarf. Zwiebelernte im Juli, August; kleine Zwiebelchen als Brutzwiebeln für den nächstjährigen Anbau auslesen und kühl aufbewahren. Gelagerte Schalotten halten länger als Zwiebeln, ohne auszutreiben. Sie schmecken weniger streng, sondern angenehm würzig mit feinem Aroma, weshalb vor allem Gourmet-Köche sie sehr schätzen.

Man verwendet Schalotten wie Zwiebeln, wegen ihres guten Geschmacks eignen sie sich aber auch hervorragend, um sie roh auf belegten Broten oder im Kräuterquark zu essen.
Inhaltsstoffe: Ähnlich wie bei der Zwiebel.

Lippenblütler
Zu dieser Familie gehören bedeutende Gewürze und Heilkräuter. Sie benötigen trocken, heißes Klima, um reichlich **ätherische Öle (Terpene)** zu bilden, die bei großer Hitze verdampfen und duften. Wie die meisten Obst- und Gemüsearten enthalten auch die Lippenblütler viele **Biophenole**.

Basilikum
(Ocimum basilicum)

In *Ocimum* steckt das griechische Wort für »Duft« und in Basilikum für »königlich«. Die Pflanze stammt aus Indien, wurde aber schon vor sehr langer Zeit in Kultur genommen und weltweit verbreitet. In Deutschland wird Basilikum seit dem 12. Jahrhundert angebaut und einjährig gezogen, während es in seiner Heimat mehrjährig wächst. Das würzige Kraut gibt es in verschiedenen Duftnoten und Formen, mit kleinen, großen, gelben, grünen oder roten Blättern. Es benötigt lockere, humose, warme Böden, kalte Lehmböden sind absolut ungeeignet. In diesem Fall zieht man die Pflanzen besser in Töpfen oder im Balkonkasten. Auch in kühlen, verregneten Sommern kümmert Basilikum, schon bei 12 °C stellt es das Wachstum ein.
Anbauen: Im April im Haus vorziehen (18–22 °C); Ende Mai an einen warmen, windgeschützten Platz auspflanzen, Abstand 20 x 30 cm. Man kann auch im Mai ins Beet säen und mit Vlies wärmen. Basilikum ist Lichtkeimer, Samen nur dünn mit Erde bedecken. Mit Kompost düngen, Pflanzen nach der Ernte mit Kräuterjauche stärken, um den Neuaustrieb zu fördern. Jauchespritzer auf beblätterten Pflanzen mit klarem Wasser nachspülen, da sie zu Blatt-Verbrennungen führen können. Basilikum wächst langsam, deshalb regelmäßig jäten; bei Trockenheit gießen.
Ernten, Verwerten: Man erntet die zarten, druckempfindlichen Blätter je nach Bedarf. Kurz vor der Blüte enthalten die Pflanzen am meisten Aroma.
Roh verwenden, heiße Speisen erst kurz vor dem Servieren damit würzen. Tomaten und Basilikum gehören zusammen, doch es

Was wären Tomaten ohne das kräftige Aroma des Basilikums?

paßt auch gut zu Auberginen, Paprika, Salaten, Kräuterquark, -joghurt, -butter, Fleisch, Fisch und Meeresfrüchten.
Vorbeugen, Heilen: Wirkt verdauungsfördernd, magenberuhigend, harntreibend und gegen Blähungen.
Inhaltsstoffe: Ätherische Öle, Gerbstoffe, Flavonoide, Mineralstoffe, Saponine.

Bohnenkraut
Einjähriges Bohnenkraut
(Satureja hortensis)
Mehrjähriges oder Berg-Bohnenkraut
(Satureja montana)

Früher nannte man das Kraut Saturei und nutzte es zum Würzen »von allerley speis«. Seit dem 8. Jahrhundert wächst es in Deutschland, zunächst in Klostergärten, später auch in Bauerngärten.
Beide Arten bevorzugen lockere, warme Böden und einen sonnigen Standort.
Anbauen: Das einjährige Bohnenkraut von April bis Juni ins Beet säen, bis Mai mit Vlies abdecken; das mehrjährige im Frühjahr oder im August säen. Beide Arten sind Lichtkeimer, deshalb Samen nur dünn mit Erde bedecken. Jäten, bei mehrwöchiger Trockenheit gießen.
Ernten, Verwerten: Man erntet nach Bedarf von Juni bis September die jungen Triebe.
Außer zu Bohnen paßt Bohnenkraut gut zu Pilzgerichten, Suppen, Fleisch (Hammel), fetten Fischen. Da es recht intensiv

schmeckt, besonders das einjährige und ganz besonders die Sorte 'Aromata', sparsam dosieren.
Vorbeugen, Heilen: Fördert die Verdauung, hilft bei Blähungen und Bohnenkraut-Tee wegen der vielen Gerbstoffe bei Magenverstimmungen, wirkt außerdem beruhigend.
Inhaltsstoffe: Ätherische Öle (Carvacrol, Cymen, Pinen), Gerbstoffe, Flavonoide, Mineralstoffe.

Majoran
(Origanum majorana)
Er heißt auch Wurstkraut, weil er vor allem Hausmacherwürsten Geschmack und Aroma verleiht. Seit 3000 Jahren wächst Majoran in ägyptischen Gärten, in die Gebiete nördlich der Alpen gelangte er um 1200 durch die Kreuzritter, die das Kraut aus dem Orient mitbrachten.

Da es nicht frosthart ist, erfriert es in unseren Breiten bei Temperaturen um -7 °C und muß jährlich gesät werden, in warmen Ländern ist es ausdauernd. Die Blüten öffnen sich von Juni bis September und sind heiß umschwärmt von vielerlei Insekten. Majoran benötigt lockere, humose, warme Böden und viel Sonne, um sein würziges Aroma zu bilden.

Anbauen: Ab Ende April ins Beet säen; Lichtkeimer, Samen deshalb nur dünn mit Erde bedecken. Verkrustete, verschlämmte Böden (nach starken Regenfällen) erschweren die Keimung.
Im März im Haus vorgezogenen Majoran im Mai ins Freie setzen, Abstand 30 x 20 cm. Die Pflanzen wachsen anfangs langsam, deshalb regelmäßig jäten, Boden lockern, gießen nur bei sehr starker Trockenheit nötig.

Ernten, Verwerten: Frisches Kraut nach Bedarf ernten; Majoran, der getrocknet werden soll, kurz vor der Blüte schneiden, wenn er die meisten ätherischen Öle enthält. Paßt gut zu fettem Fleisch (Hammel, Gänsen, Enten) und zu leichten Salaten, Mischgemüse und (Gemüse-)Suppen. Man verwendet ihn roh, auch gekocht behält er sein Aroma.

Vorbeugen, Heilen: Fördert die Verdauung und beruhigt Magen und Darm.
Inhaltsstoffe: Ätherische Öle, Flavonoide, Gerbstoffe, Mineralstoffe.

Oregano
(Origanum vulgare)
Früher hieß er Wohlgemut, **Dost** oder wilder Majoran. Seit er als Pizzagewürz Karriere machte, kennt man ihn als Oregano, was im Griechischen soviel heißt wie »Freude der Berge«, denn er

Oregano dient als Gewürz und ergibt einen heilkräftigen Tee.

überzieht südlich der Alpen ganze Hänge. Doste ist ein mittelhochdeutscher Ausdruck für Strauß; zum einen wächst Oregano buschig, zum anderen verströmt er, als Sträußchen gebunden, wohlfeilen Duft, so daß nach altem Glauben der Teufel seine Macht über Mensch und Haus verliert. Dost ist nicht nur Heil- und Gewürzpflanze, sondern wie Majoran und viele andere Lippenblütler auch Bienenweide. Solange er blüht (von Juni bis September), umschwirren ihn Insekten. Früher benutzte man ihn auch, um Wolle zu färben (braun, rot).

Die vier in Europa und Asien heimischen Unterarten lieben trockene, warme Böden und pralle Sonne. Wenn Oregano aus dem Garten nicht so riecht und schmeckt wie der auf der Pizza, so kann das am verregneten Sommer oder an zu guter Ernährung liegen. Außerdem ist zum Teil minderwertiges Saatgut im Handel, diese Pflanzen bilden zwar viel Masse aber wenig Aroma, auch nicht in subtropisch heißen Sommern. Was als Oregano-Ge-

Majoran ist in unseren Breiten nicht winterhart.

würz verkauft wird, ist eine Mischung von *Origanum vulgare* und anderen, nahen, oft würzigeren Verwandten *(O. syriacum, O. onites* u. a.).
Anbauen: Im April, Mai ins Beet säen; Lichtkeimer, Samen deshalb nur dünn mit Erde bedecken. Verkrustete, verschlämmte Böden erschweren die Keimung, die bis zu vier Wochen dauert. Im März im Haus vorgezogenen Oregano im Mai ins Freie setzen, Abstand 30 x 30 cm.
Die Pflanzen wachsen anfangs langsam, deshalb regelmäßig jäten, Boden lockern. Gießen in unseren Breiten nahezu nie nötig. Im Spätherbst die Pflanzen anhäufeln und mit Stroh, Laub oder ähnlichem abdecken. Vermehrung auch durch Teilen der Wurzelstöcke im Frühjahr und durch Stecklinge möglich.
Ernten, Verwerten: Frisches Kraut (Triebspitzen, Blättchen) nach Bedarf ernten; Oregano zum Trocknen kurz vor der Blüte schneiden, wenn er die meisten ätherischen Öle enthält.
Frisch oder getrocknet, roh oder gekocht verwenden. Paßt gut zu allem, was Tomaten enthält, zu Salaten, Soßen, Suppen, Gemüsepfannen, auch zu Fisch, Fleisch, Gegrilltem. Gekochte Gerichte, die Oregano enthalten, vor dem Servieren mit einigen frischen Blättchen bestreuen.
Vorbeugen, Heilen: Oregano-Tee wirkt schleim- und krampflösend, entzündungshemmend, verdauungsfördernd, stärkt Magen, Galle und das Immunsystem. Als Hustentee gesüßt mit Honig trinken. Konzentrierter Oregano-Tee dem Badewasser zugesetzt, beruhigt und entspannt und erstickt Erkältungen im Keim.
Inhaltsstoffe: Ätherische Öle, Flavonoide, Gerbstoffe, Bitterstoffe, Mineralstoffe.

Pfefferminze
(Mentha x *piperita)*

Die »gepfefferte« Minze ist eine Kreuzung zwischen Grüner Minze *(Mentha spicata)* und Bachminze *(Mentha aquatica)* und wurde erstmals in England im 17. Jahrhundert beschrieben, sie könnte aber auch schon früher in den Mittelmeerländern entstanden sein. Es gibt sehr viele wilde, halbwilde und gezähmte Minze-Arten, keine bildet ein so intensives Aroma wie die Pfefferminze und keine verfügt über deren Heilkraft. Nach wie vor sehr beliebt sind Sorten vom Typ 'Mitcham'. Die Urform stammt aus England, 'Mitcham'-Pfefferminzen haben kräftig dunkelgrüne Blätter, sie liefern hohe Erträge, enthalten viele ätherische Öle und überstehen mitteleuropäische Winter meist problemlos. Pfefferminze liebt Wärme und, im Gegensatz zu vieler ihrer Verwandten, feuchten, humosen Boden. Leiden die Pflanzen unter Trockenheit, werden ihre Blätter bald von Minzenblattkäfern (»Erdflöhen«) durchlöchert.
Anbauen: Da Pfefferminze eine Kreuzung ist, kann sie nur über Stecklinge oder Ausläufer (Stolonen, 10–15 cm lang) vermehrt werden. Man legt die Stücke im Frühjahr (oder im Herbst) in etwa 10 cm tiefe Furchen, deckt sie mit Erde ab und drückt sie mit einem Stampf-Brettchen oder dem Rücken des Rechens (norddeutsch: Harke) gut fest.
Nach zwei, drei Jahren teilt man die Pflanzen und weist ihnen ein neues Beet zu. Zwischen Kopfkohl gepflanzt, beide mögen feuchten Boden, vertreibt Pfefferminze Kohlweißlinge; gelagerte Kartoffeln schützt sie vor Pilzbefall und hindert sie am Keimen. Sagt ihr der Standort zu (feucht, humos), neigt Pfefferminze zum Wuchern, sämtliche Beetgrenzen mißachtend.
Wenn die Blätter im Sommer rotfleckig werden, sind sie von Pfefferminzrost befallen. Da hilft nur eins: Pflanzen zurückschneiden, damit sie wieder gesund austreiben. Die Sorte 'Multimentha' ist resistent gegen Pfefferminzrost.
In sehr rauhen Gegenden und strengen Wintern Pflanzen im Spätherbst mit Stroh abdecken.
Ernten, Verwerten: Blätter nach Bedarf ernten; sobald die Blütenknospen erscheinen, den gesamten Bestand abschneiden; sich ein schattiges Plätzchen suchen, die

Wo sie sich wohlfühlt, beginnt Pfefferminze zu wuchern.

Triebe an der Spitze anfassen und mit einer Hand die Blätter von oben nach unten vom Stengel streifen. Blätter an einem schattigen Ort trocknen. Die Pflanzen wachsen nach und können insgesamt etwa dreimal geschnitten werden.

Zum Würzen vor allem in der englischen Küche beliebt, zu Fleisch (Lamm), Fisch, Soßen, Salate, Bowle.

Vorbeugen, Heilen: Pfefferminz-Tee wirkt anregend (nicht abends trinken), verdauungsfördernd, krampflösend, er hilft bei Blähungen, Übelkeit, tut Galle und Leber gut. Pfefferminztee – ungesüßt – unterdrückt Brechreiz, indem er die Magenschleimhäute leicht betäubt. Gesüßter Tee löst festsitzenden Husten.

Tee: Zwei, drei Blätter pro Tasse mit Wasser überbrühen, 10 Minuten ziehen lassen. Starker Pfefferminztee verursacht Herzklopfen und schlaflose Nächte.

Inhaltsstoffe: Ätherische Öle (Menthol, Menthon, Menthofuran), Flavonoide, Gerbstoffe, Bitterstoffe, Mineralstoffe.

Der immergrüne, wohlfeile Rosmarin regt die Verdauung an.

Rosmarin
(Rosmarinus officinalis)

Dieser »Tau des Meeres« diente bis zum 16. Jahrhundert als traditioneller Brautschmuck, ehe er vom Myrtenkranz abgelöst wurde. Aus dem Holz stellte man früher Zahnstocher her. Rosmarin ist wie Salbei und Thymian immergrün. Mitteleuropäische Winter überlebt er in der Regel nicht, allenfalls im Weinbauklima an einer geschützten Südwand vor Nässe geschützt. Er bevorzugt lockeren, humosen Boden und einen windstillen, sonnig-warmen Standort.

Anbauen: Man kann Rosmarin säen, dies ist jedoch eine langwierige Angelegenheit; eine gekaufte Pflanze deckt den Bedarf einer Familie; im Weinbauklima kann man Rosmarin auspflanzen, in anderen Gegenden ist es sicherer, ihn mit dem Topf ins Beet einzugraben und im Winter ins Haus zu holen. Kühl, frostfrei und hell überwintern und möglichst wenig gießen, da die Wurzeln leicht faulen.

Ernten, Verwerten: Man pflückt die etwa 15 cm langen Triebspitzen; Ernte ist ganzjährig möglich. Rosmarin wird gekocht verwendet, er fördert die Verdauung und paßt deshalb zu schweren oder fetten Speisen (Hammel, Gans, Huhn, Fleisch-Eintöpfen).

Vorbeugen, Heilen: Rosmarin-Tee und -Bad helfen bei Erschöpfung, vertreiben Müdigkeit und wirken anregend.

Inhaltsstoffe: Ätherische Öle, Gerbstoffe, Mineralstoffe.

Heilkraft besitzen vor allem grünblättrige Salbei-Sorten.

Salbei
(Salvia officinalis)

In Salvia steckt das lateinische Wort für »heilen«. Salbei wächst wild an sonnigen, kargen Berghängen im Mittelmeergebiet. Seit dem 8. Jahrhundert kennt man das Heilkraut auch nördlich der Alpen, wo man es zunächst in Kloster-, später in Bauerngärten zog. Salbei ist mehrjährig, ziemlich frosthart, liebt trockene, kalkhaltige, nicht zu humose Böden und einen warmen, sonnigen Standort. Er blüht von Juni bis August. Von Salbei gibt es zahlreiche aromalose Ziersorten, die ebenso wie der Wiesensalbei nicht für die Küche taugen. Auch die weiß-, gelb- oder violettgescheckten Formen des duftenden Salbeis eignen sich mehr zum Dekorieren als zum Würzen und Heilen. Besonders gehaltvoll ist die Sorte 'Extrakta'. Das ätherische Öl (Sclareol) des zweijährigen Muskateller-Salbeis *(Salvia sclarea)* wird vor allem in der Duft-, Kosmetik- und Aromaindustrie verwendet.

Anbauen: Mitte April vorziehen, Pflanzung Mitte Mai; Abstand 50 x 50 cm. Wer sich die langwierige Vorkultur ersparen möchte, kauft zwei, drei Pflanzen oder läßt sich Stecklinge schenken. Im Spätherbst die Pflanzen anhäufeln und mit Stroh abdecken.

Ernten, Verwerten: Man erntet die Blätter nach Bedarf. Im ersten Jahr nach der Aussaat bilden die Pflanzen noch wenig Aroma. Salbei zum Trocknen vor der Blüte (Juni, Juli) ernten, da dann der Wirkstoffgehalt besonders hoch ist. Frisch oder getrocknet verwenden, als Verdauungshilfe vor allem für fette Speisen wie Fisch (Aal), Hammel, Gänsen, Eintöpfen. Sparsam dosieren.

Vorbeugen, Heilen: Wirkt desinfizierend (gegen Bakterien, Pilzen, Viren), entzündungshemmend (z. B. am Zahnfleisch), beruhigt Magen und Darm und hemmt die Schweißbildung. Salbei ist gut für Hirn und Gedächtnis (Salbei blockiert ein Enzym, das einen Hirn-Botenstoff abbaut). Tee gegen Halsschmerzen: Pro Tasse 1/2 TL getrocknete Blätter aufbrühen, 10 Minuten ziehen lassen.

Inhaltsstoffe: Ätherische Öle (Thujon, Cineol), Flavonoide, Gerbstoffe, Bitterstoffe, Mineralstoffe.

Thymian
(Thymus vulgaris)

Thymus geht auf das griechische Wort für »Mut«, »Kraft« zurück. Die eifrigsten Gärtner unter den Mönchen, die Benediktiner, brachten Thymian aus dem Mittelmeergebiet mit über die Alpen wie so vieles andere, was in unseren Gärten wächst. Es gibt verschiedene Thymianformen, sie unterscheiden sich in Gestalt und Größe der Blätter und am Geruch. Der **Deutsche Winterthymian** wächst höher (30–40 cm) und verträgt mehr Kälte als der **Französische Sommerthymian**, doch auch die Sorten des Deutschen Thymians erfrieren in strengen Wintern. Zerreibt man die Blätter des **Zitronenthymians** *(Thymus* x *citriodorus)*, verströmen sie ein frisch zitroniges Aroma; diese Art ist eine Kreuzung, die nicht über Samen vermehrt werden kann. Thymian ist mehrjährig, er blüht von Juni bis September, liebt volle Sonne und lockere, warme, kalkhaltige, trockene Böden. Er verträgt wie die meisten seiner Verwandten keine Staunässe.

Anbauen: Mitte April bis Mitte Mai ins Beet säen; Lichtkeimer, die Samen nur dünn mit Erde abdecken. Vermehrung durch Stecklinge (Frühjahr, Sommer) und Teilen des Wurzelstocks möglich; Abstand 30 x 30 cm; jungen Pflanzen durch regelmäßiges jäten Platz freihalten, den Boden lockern; bei sehr starker Trockenheit gießen. Im Spätherbst die Pflanzen anhäufeln, mit Stroh abdecken.

Ernten, Verwerten: Frisches Kraut (Triebspitzen) nach Bedarf ernten; Thymian zum Trocknen kurz vor der Blüte schneiden. Frisch oder getrocknet verwenden, roh oder gekocht.
Paßt gut zu Tomaten, Auberginen, Knoblauch, Oliven, Suppen, Fleisch, Wurst, Wild, Geflügel. Thymian würzt kräftig, deshalb sparsam dosieren.

Vorbeugen, Heilen: Wirkt verdauungsfördernd, schleimlösend, antibiotisch und stärkt Nerven und Immunsystem. Tee hilft bei Erkältungen, Husten (Bronchitis, Keuchhusten), Zahnfleischentzündungen (mehrmals täglich spülen) und gegen Krämpfe (Magen, Unterleib). Thymian-Bäder schützen vor Erkältungen.

Inhaltsstoffe: Ätherische Öle (Thymol, Carvacrol), Biophenole, Bitterstoffe, Saponine, Mineralstoffe.

Ysop
(Hyssopus officinalis)

Vermutlich stammt der Name aus dem Arabischen und bedeutet »heiliges Kraut«. Wie viele Mitglieder seiner Familie ist Ysop im Mittelmeerraum zuhause und wird seit langem als Heilpflanze genutzt. Das mehrjährige Kraut bevorzugt kalkhaltige, lockere, magere Böden und einen sonnigen Standort. Dank seines tiefen, weit verzweigten Wurzelwerks verträgt Ysop Trockenheit. Er blüht von Juni bis September und lockt viele Insekten (Bienen) an.

Anbauen: Pflanzen kaufen oder im April im Haus vorziehen, im Mai auspflanzen; Abstand 40 x 30 cm; Vermehrung auch durch Stecklinge und Teilen der Wurzelstöcke möglich. Vor allem in nassen Jahren regelmäßig jäten. Im Spätherbst die Pflanzen in rauhen Lagen anhäufeln und mit Stroh abdecken.

142 Gemüse und Kräuter: Lippenblütler

Die frischen Triebspitzen des Ysops passen gut zu Eintöpfen.

Ernten, Verwerten: Blätter und Triebspitzen nach Bedarf ernten. Zum Trocknen erntet man das Kraut kurz vor oder zu Beginn der Blüte, weil dann der Wirkstoffgehalt am höchsten ist.
Frisch oder getrocknet verwenden, paßt zu Fisch, Fleisch, (Kartoffel-)Suppe, Eintöpfen, Eiergerichten.
Vorbeugen, Heilen: Wirkt verdauungsfördernd und anregend, Tee hilft bei Husten (Bronchitis, Keuchhusten). Nicht über längere Zeit und nicht in höheren Dosen verwenden.
Inhaltsstoffe: Ätherische Öle, Biophenole, Bitterstoffe, Mineralstoffe.

Zitronenmelisse
(Melissa officinalis)

In Melisse steckt das griechische Wort für Biene, denn Bienen fliegen auf Zitronenmelisse. Früher nannte man das Kraut auch Honigmelisse. Den Melissengeist erfanden 1611 die Karmeliter-Mönche, er enthält allerdings nicht nur Melissenöl, sondern auch noch das Öl anderer Kräuter.
Zitronenmelisse ist mehrjährig, ab dem zweiten Jahr blüht sie von Juni bis August. Sie wächst zwar auch im Schatten, aber ihr volles Aroma an ätherischen Ölen entwickelt sie nur in voller Sonne.
Sie liebt neutrale bis leicht kalkhaltige Böden. In strengen, schneearmen Wintern erfriert sie und benötigt deshalb ab Januar eine Abdeckung mit Stroh, Laub oder ähnlichem.
Anbauen: Aussaat im April, Mai ins Beet; Lichtkeimer, deshalb die Samen nur dünn mit Erde bedecken. Vermehrung auch durch Teilen der Wurzelstöcke im Frühjahr oder Herbst möglich, Abstand 50 x 30 cm; jäten, hacken, bei starker Trockenheit gießen; im Spätherbst leicht anhäufeln. Melissenblätter eignen sich gut zum Mulchen.

Melissenblättchen verleihen Fruchtsalaten eine erfrischende Note.

Ernten, Verwerten: Man erntet nach Bedarf einzelne Blättchen oder Triebspitzen und verwendet sie roh als Würze für Salate, Eierspeisen, Fisch, Fleisch, Kräuterquark und -soßen, Bowlen.
Vorbeugen, Heilen: Melissen-Tee wirkt beruhigend auf Magen und Nerven, fördert die Verdauung und lindert Blähungen.
Inhaltsstoffe: Ätherische Öle, Biophenole, Mineralstoffe.

Nachtschattengewächse

Vor allem die wilden Vertreter dieser Familie sind berüchtigt für ihre giftigen **Alkaloide**. Reifen Tomaten an der Pflanze, bauen sie die Stoffe vollständig ab. Wie die meisten Obst- und Gemüsearten enthalten auch sie viele **Biophenole** und **Ballaststoffe**.

Aubergine
(Solanum melongena)

Sie heißt auch **Eierfrucht** oder Eierpflanze, weil manche Sorten ('Ova') weiße, hühnereiergroße Früchte tragen. Die Eltern dieser Formen stammen aus China, die der großfrüchtigen dunklen Auberginen aus Indien. Der französische Name Aubergine ist arabischen Ursprungs. Es gibt viele Sorten mit Früchten in verschiedenen Formen, Farben und Größen. Auberginen haben auffallende purpurviolette Blüten. Obwohl sie mehrjährig ist, wird die frostempfindliche Aubergine in unseren Breiten im Freien nur einjährig gezogen.

Nachtschattengewächse: Aubergine, Kartoffel

Die Pflanzen benötigen viel Licht und Wärme und stellen ähnliche Ansprüche an Boden und Klima wie Paprika, bevorzugen allerdings im Gegensatz zu ihm leicht kalkhaltige Böden. Auberginen brauchen Temperaturen von mindestens 18 °C, um zu wachsen, gut gedeihen sie bei 25–30 °C.

Anbauen: Im März, April in Töpfen vorziehen. Samen keimen bei 24–30 °C; Mitte Mai bis Anfang Juni mit Wurzelballen auspflanzen, Abstand zwischen den Reihen 70–100 cm, in der Reihe 50–70 cm; mit Vlies abdecken, vor Wind schützen.

Sobald sie Früchte ansetzen, benötigen sie Stützen, außerdem kürzt man die Seitentriebe ein, um den Pflanzen Licht und Luft zu verschaffen. Im Gewächshaus zieht man sie buschförmig oder wie Tomaten eintriebig an Schnüren. Beim Gießen die weichen, pilzanfälligen Blätter nicht benetzen. Im Gewächshaus treten häufig Weiße Fliegen oder bei trockener Hitze Spinnmilben auf, in diesem Fall Nützlinge kaufen und aussetzen.

Ernten, Verwerten: Man erntet die Früchte halbreif, wenn die Samen noch hell und weich und fest im Fruchtfleisch eingebettet sind, die Schale matt glänzt und auf Druck leicht nachgibt. Sie schmecken leicht bitter, da sie geringe Mengen an Alkaloiden enthalten. Wer den Geschmack nicht mag, schneidet die Auberginen in 1 cm dicke Scheiben, salzt sie leicht und beträufelt sie mit Zitronensaft. Eine halbe Stunde ziehen lassen, abwaschen, sanft ausdrücken und verarbeiten.

Auberginen sind leicht verdaulich, werden meist ungeschält verwendet, jedoch nie roh verzehrt. Dünsten, grillen, braten, mit Basilikum, Oregano, Zwiebeln, Knoblauch, Zitronensaft würzen, als Gemüse zubereiten, in Aufläufen, Eintöpfen (»Ratatouille«) geben, halbierte Auberginen füllen oder (panierte) Scheiben braten.

Inhaltsstoffe: Vitamin C (5 mg%), Vitamin B, Mineralstoffe, Fruchtsäuren, Flavonoide, Alkaloide.

Kartoffel
(Solanum tuberosum)

Das lateinische Wort *tuberosum* bedeutet »knollig«; »Kartoffel« entstand aus dem italienischen Namen für Trüffel, mit denen man die Kartoffel verglich, als sie im 16. Jahrhundert aus Amerika nach Europa kam. In Deutschland wurden die ersten Kartoffeln 1588 im botanischen Garten in Frankfurt ausgestellt. Die Vorfahren der in Europa und Nordamerika angebauten Sorten stammen wahrscheinlich aus Zentral-Chile und von der Insel Chiloé.

Kartoffeln bevorzugen gute, nicht allzu schwere Böden, in verdichteten, staunassen faulen die Knollen. Obwohl die Pflanzen frostempfindlich sind, erholen sie sich jedoch von Maifrösten erstaunlich schnell und ersetzen die erfrorenen Triebe und Blätter.

Anbauen: Knollen zum Vorkeimen in flache Kistchen legen, hell stellen (10–15 °C). Ende März, Anfang April die Kartoffeln legen, 30 cm in der Reihe, zwischen den Reihen 50 cm; zum Verfrühen mit Vlies abdecken; Vlies Anfang Mai abnehmen, um Hitzestau zu vermeiden. Jäten, anhäufeln, auf Kartoffelkäfer achten, Käfer und Larven absammeln.

Kartoffeln hinterlassen einen lockeren, krümeligen und unkrautarmen Boden. Wie alle Nachtschattengewächse sollten sie nur alle vier Jahre auf derselben Fläche angebaut werden.

Ernten, Verwerten: Je nach Sorte Ernte ab Juni möglich, Lagerkartoffeln Ende September, Oktober, sobald das Laub abstirbt. Verletzte Knollen bald verbrauchen, nur gesunde lagern.

Als Pell-, Salz-, Bratkartoffeln zubereiten, zu Salat, Püree, Klößen (aus rohen oder gekochten Kartoffeln), Auflauf, Suppen zubereiten, in Eintöpfen …

Inhaltsstoffe: Eiweiß, Stärke, Vitamin C (20 mg%), Vitamin B, Carotine, Mineralstoffe, Alkaloide (Solanin).

Auf »jungen« Böden gedeihen Kartoffeln am besten.

Paprika
(Capsicum annuum)

Er kam zusammen mit Tomaten und Kartoffeln aus Amerika nach Europa. Man unterscheidet zwischen scharfem **Gewürzpaprika** (**Chili**) und mildem **Gemüsepaprika**, der im 19. Jahrhundert entstand, als man die Früchte vergrößerte und ihnen die Schärfe wegzüchtete. Für die Schärfe ist Capsaicin (Alkaloid) verantwortlich. Manchmal taucht es auch unverhofft in Gemüsepaprika auf, es sitzt im weißen Gewebe, das die Samen ernährt. Es gibt sehr viele Paprika-Sorten mit Früchten in verschiedenen Formen, Farben und Größen.
Paprika benötigt mehr Wärme als Tomaten. Die Tropenpflanzen wachsen erst bei Temperaturen über 15 °C, gut bei 23–25 °C und in Mitteleuropa am besten im Treibhaus, Frühbeet oder unter einem Folien-Tunnel. Sie benötigen nährstoffreichen, lockeren, humosen Boden, der nicht zu kalkhaltig sein sollte.

Damit die Ernte so üppig ausfällt, benötigt Paprika gute Pflege.

Scharfer Paprika tötet Krankheitskeime in Magen und Darm.

Anbauen: Im März im Haus vorziehen, die Samen keimen gut bei 24–28 °C. Nach dem Vereinzeln in Töpfchen hell und etwas kühler aufstellen (18–20 °C). Darauf achten, daß der Wurzelballen beim Verpflanzen Ende Mai möglichst nicht auseinanderfällt. Abstand 40 x 40 cm oder 50 x 50 cm. Viel düngen (Kompost, organische Dünger, Kräuterjauche), Pflanzen dick mulchen (mit Brennessel- oder Beinwellblättern) oder auf dunkles Mulchpapier pflanzen, um die Bodentemperatur zu erhöhen.
Vor Wind schützen, die Triebe brechen leicht. Den ersten Fruchtansatz ausbrechen, vor allem bei kleinen Pflanzen. Die Pflanzen stützen, sobald sie Früchte ansetzen. Bei trockener Luft und Hitze werfen sie Knospen und Blüten ab, deshalb die Blätter im Hochsommer am Vormittag ab und zu überbrausen. Paprika benötigen viel Licht, mangelt es daran (Frühjahr, Herbst), stoßen sie Knospen und Blüten und auch Blätter ab.

Ernten, Verwerten: Grüner Paprika ist unreif geerntet, auch gelbe Sorten färben sich oft rot. Wie Tomaten verwenden.
Vorbeugen, Heilen: Roher Paprika fördert die Verdauung, wirkt antibiotisch, verhindert Blutgerinnsel, schützt vor Herz-Kreislauf-Erkrankungen.
Inhaltsstoffe: Vitamin C (140 mg%), Vitamin B, Carotinoide (v. a. in roten Früchten), Mineralstoffe, viele Flavonoide, Alkaloide (Capsaicin in scharfem Paprika).

Tomate
(Lycopersicon esculentum)

Der aztekische Name *tomatle* bedeutet »Schwellpflanze«. Früher hieß sie Paradies- oder Liebesapfel. Wilde Tomaten mit kirschgroßen Früchten wachsen in den peruanischen Anden. Bis zum 19. Jahrhundert wurden die frostempfindlichen Tomaten in Europa zur Zierde angebaut, da man die Früchte für giftig hielt und glaubte, sie würden Liebeswahnsinn verursachen. Es gibt verschiedenfarbige, -formige und -blättrige Sorten. Gelbe Tomaten gelten als säureärmer als rote. Die Pflanzen benötigen viel Licht, Wärme, Nährstoffe und lockere, humusreiche Erde.
Anbauen: Ab März im Haus vorziehen (20–24 °C); etwa zehn Tage später vereinzeln (pikieren), pro Topf eine Pflanze; möglichst hell und nicht zu warm anziehen (18–22 °C), damit die Pflänzchen kräftig und gedrungen wachsen. Vor dem Auspflanzen abhärten (im Frühbeetkasten). Pflanzung

Tomate; Portulakgewächse: Sommerportulak

Nicht alle Tomaten sind rot und rund – holen Sie sich bunte Vielfalt in den Garten!

nach den Eisheiligen im Mai an einen sonnigen, windgeschützten Ort; Abstand in der Reihe 50–60 cm, zwischen den Reihen 80–100 cm; Kompost und groben organischen Dünger ins Pflanzloch geben, die Setzlinge schräg in die Grube legen und den unteren Teil des Stengels bis zu den Blättern mit Erde bedecken, um die Wurzelbildung anzuregen. Kräftig angießen, dick mulchen oder *Tagetes* unterpflanzen oder Ringelblumen säen.

Einen großen Tontopf beim Pflanzen neben die Wurzeln eingraben und dort hinein gießen. Dies verhindert, daß mit Spritzwasser vom Boden Sporen des Kraut- und Braunfäule-Pilzes auf die Blätter gelangen.

In rauhen, regenreichen Gegenden Tomaten an die Südwand unter einen Dachvorsprung pflanzen oder ins Gewächshaus, im Freien erkranken verregnete Pflanzen häufig an der gefährlichen Kraut- und Braunfäule *(Phytophthora infestans)*.

Anhäufeln, regelmäßig gießen; sobald die Früchte walnußgroß sind, alle 10–14 Tage mit Kräuterjauche (Beinwell) düngen. Gewächshaus-Tomaten gegen Mittag am Stengel »rütteln«, um Blüten zu bestäuben.

Den niedrig wachsenden **Busch-** und **Cocktailtomaten** an Bambusstäben Halt geben. Stabtomaten brauchen stabilere Stützen (Holzpfähle, Spiralstahlstäbe, im Glashaus Schnüre). Sie werden eintriebig gezogen.

Ausgeizen: Triebe in den Blattachseln frühzeitig ausbrechen, um die Wunden klein zu halten. Tomaten im Freien nur sechs Blütenstände belassen (Gewächshaus-Tomaten 7–8), alle anderen ausbrechen. Die unteren Blätter bis in 30–40 cm Höhe entfernen, um der Kraut- und Braunfäule vorzubeugen.

Ernten, Verwerten: Nur ausgefärbte Früchte ernten. Im Freien angebaute Tomaten enthalten mehr Aromastoffe als unter Glas gereifte. Nachgereifte Früchte schmecken weniger intensiv als an der Pflanze gereifte.

Grüne Tomaten: Um das rote Lycopin aufzubauen, brauchen Tomaten Licht und Temperaturen über 16 °C und unter 30 °C.

Roh mit Basilikum oder gekocht verwenden in Salaten, Pizza-, Brotbelag, Aufläufen, Suppen, Gemüsesoßen oder -pfannen.

Vorbeugen, Heilen: Sie wirken harntreibend, stärken Magen, Bauchspeicheldrüse, Leber, das Immunsystem und beugen manchen Krebsarten vor.

Inhaltsstoffe: Vitamin C (25 mg%), Vitamin B, Carotinoide, Mineralstoffe, Flavonoide, Saponine, in unreifen Tomaten das Alkaloid Solanin.

Portulakgewächse

Sommerportulak
(Portulaca oleracea)

Der Sommerportulak oder **Sommerpostelein** stammt von einem asiatischen Unkraut ab und samt sich auch in unseren Breiten auf den Beeten selbst aus. Die einjährige Pflanze wuchs schon im Mittelalter in vielen Gärten in Europa. Man erntet die jungen zarten, fleischigen, leicht glänzenden Blätter und die weichen Stengel. Von Mai bis Oktober erscheinen

Gemüse und Kräuter: Portulakgewächse

Sommerportulak: Nach der Ernte treibt er neues Grün.

die kleinen, ungestielten Blüten. Die Blätter blühender Pflanzen verhärten und schmecken bitter. Portulak friert leicht, der erste Frost zerstört dieses wärmeliebende und sonnenhungrige Gemüse. Es benötigt leichten, lockeren, feinkrümeligen, warmen Boden.

Anbauen: Aussaat satzweise in zwei-, dreiwöchigem Abstand ab Ende Mai bis Anfang August auf ein sonniges, geschütztes Beet. Portulak ist Lichtkeimer, deshalb die Samen nur hauchdünn mit Erde bestreuen oder kleine Flächen (Frühbeet, Balkonkasten, Töpfe) mit Klarsichtfolie abdecken. Wichtig: Die Samen gut andrücken! Sie benötigen viel Wärme, um zu keimen, mindestens 18 °C, sehr gut laufen sie bei 30 °C auf. Man sät breitwürfig oder in Reihen (20 cm Abstand) und vereinzelt später auf 15 cm in der Reihe. Nach etwa einer Woche erscheinen die schnell wachsenden Keimlinge, etwa vier Wochen später ist die erste Ernte möglich.

Ernten, Verwerten: Geschnittene Pflanzen wachsen nach, man kann sie bis zu dreimal abernten. Mit den jungen, zarten Blättern und Stengeln würzt man Salate, Quark, Kräuterjoghurt, ältere verwendet man in Suppen, Eintöpfen oder kocht sie als Gemüse. Die Blätter schmecken leicht säuerlich und ersetzen Salz.

Inhaltsstoffe: Vitamin C (25 mg%), Carotine, Mineralstoffe (viel Eisen, Calcium), Oxalsäure, Flavonoide, Fruchtsäuren.

Winterportulak
(Montia perfoliata)

Er heißt auch **Kubaspinat**, Tellerkraut oder **Winterpostelein** und wächst wild an den Küsten Nordamerikas. Die einjährige Pflanze mit tellerförmigen (Blüten-)Blättern widersteht Frost bis −20 °C. Deshalb sorgt sie in unseren Breiten in manchen Gärten auch selbst für ihre Verbreitung, sofern man sie blühen läßt. Wird es zu aufdringlich, jätet man das Kraut. Winterportulak ist ähnlich anspruchslos wie Feldsalat, er verträgt keine pralle Sonne und liebt

Winterportulak ist frostfest, er gedeiht selbst in Alaska.

gleichmäßig feuchten Boden. Er bleibt den Winter über grün, sind Schnee oder starke Fröste angesagt, deckt man ihn mit Tannenwedeln oder Reisig ab oder überzieht ihn mit einem Vliestunnel, dann läßt er sich leichter ernten. Im von der Sonne aufgeheizten Frühbeet wächst er auch im Winter langsam weiter, es genügen Temperaturen von 4–8 °C. Während der Sommermonate schoßt er, Herbstsaaten blühen erst im Frühjahr.

Anbauen: Aussaat Ende August bis April breitwürfig aufs Beet, ins Frühbeet, Gewächshaus, spätere Saaten blühen bald; bei Temperaturen über 12 °C keimt Winterportulak nicht. Samen gut andrücken und feucht halten. Man kann ihn auch in Töpfen vorziehen und auspflanzen (Abstand 10 x 15 cm).

Ernten, Verwerten: Nach 5–8 Wochen sind die Pflanzen etwa 10 cm hoch und erntereif. Sie wachsen nach; wenn nicht zu tief geschnitten wurde, ist mehrmalige Ernte möglich. Späte Ernte steigert den Stengelanteil und damit den Nitratgehalt. Man kann auch einzelne Blätter nach Belieben pflücken. Sie schmecken mild säuerlich als Salat, in Quark, Kräutersoßen, aufs Butterbrot oder als Gemüse in wenig Salzwasser gedämpft.

Inhaltsstoffe: Vitamin C (20 mg%), Vitamin B, Mineralstoffe (Kalium, Calcium, Eisen, Magnesium), Carotinoide. Der Mineralstoff- und Vitamingehalt ist in den Blättern um ein Vielfaches höher als in den Stengeln.

Süßgräser
Zuckermais
(Zea mays convar. saccharata)

Zu den Süßgräsern gehören Weizen, Gerste, Roggen und andere Getreidearten. Zuckermais und Bambussprossen sind die einzigen Gemüse in dieser Familie. Mais stammt aus Mittelamerika, wo er schon seit 5000 v. Chr. angebaut wird. Zuckermais entstand vor etwa 200 Jahren.

Er verarbeitet seine Zucker nicht wie Futtermais zügig zu Stärke, sondern speichert sie zunächst. In diesem »milchreifen« Stadium wird er geerntet. Obwohl Zuckermais die Umwandlung zu Stärke langsamer vollzieht als Futtermais, darf er nicht lange gelagert werden, denn der Umbau läuft weiter und während der Reife schrumpfen die Körner wie Markerbsen ein.

Zuckermais benötigt lockere, nährstoffreiche, warme Böden, viel Sonne und einen windigen Standort, da der Wind die Verteilung der Pollen übernimmt. Deshalb darf Mais nicht einreihig angebaut werden. Jede Pflanze trägt 1–2 Kolben.

Anbauen: Ab Mai ins Beet säen, Abstand 25 x 25 cm, mit Vlies abdecken. Oder Ende April im warmen Haus vorziehen und Mitte, Ende Mai auspflanzen; tief setzen, um dem Mais Halt zu geben. Die Beete mit reichlich Kompost versorgen, später mit Kräuterjauche nachdüngen; anhäufeln, hacken, gießen.

Ernten, Verwerten: Die Kolben werden im September, Oktober aus den Blattachseln gebrochen und zwar zur Zeit der Milchreife (wenn man die Samen mit dem Daumennagel anritzt, tritt weißer Saft aus).

Man kann Maiskolben und -körner kochen, dünsten, grillen die Samen auch roh essen. Meist gart man die Kolben in kochendem Wasser (erst nach dem Kochen salzen, damit die Körner nicht hart werden).

Inhaltsstoffe: Zucker, Vitamin C (12 mg%), Vitamin B, Carotine, Mineralstoffe.

Der Sommer ist die Zeit der Fülle auf den Gemüse- und Kräuterbeeten und im Obstgarten.

Arbeitskalender – Monat für Monat

Januar

*Die Tage werden wieder länger:
Weihnacht um 'nen Muckenschritt,
Neujahr um 'nen Hahnentritt,
Dreikönig um 'nen Hirschensprung,
Lichtmeß um 'ne ganze Stund'*

Ernten und Lagern

Feldsalat, Radicchio, Grünkohl, Rosenkohl stehen noch auf den Beeten und werden an frostfreien Tagen geerntet. Tannenreisig oder Vlies schützen das Gemüse vor starken Frösten.
Im Boden überwintern **Schwarzwurzeln** und **Topinambur**. Sofern die Erde nicht gefroren ist, gräbt man mit der Grabgabel etwa alle 8–10 Tage nach Bedarf einen kleinen Vorrat aus.
Mäuse fressen gerne **Topinambur.** Wer alle Knollen im Herbst geerntet hat und sie im Frühbeet lagert, muß öfter nachschauen, ob sie noch unversehrt sind.
Lüften Sie Lagerräume und Frühbeet an sonnigen Tagen. Entfernen Sie Angefaultes und kontrollieren Sie, ob sich Mäuse eingenistet haben.
Milde Winter überleben **Petersilie, Löffelkraut, Winterportulak** und **Winterzwiebeln** an einem geschützten Ort in vollem Grün. Allzu üppig fällt die Ernte meist nicht aus, aber es reicht, um Salat, Suppe oder Butterbrot damit zu würzen.

Keimsprosse und Salate

Um diese Jahreszeit liefern Keimlinge und junge Sprosse die benötigten Vitalstoffe, um den Winter gut gelaunt und gesund zu überstehen. Damit sich kein Schimmel bildet, die Samen mehrmals täglich unter fließendem Wasser spülen. Beblätterte Pflänzchen wie Kresse, Kerbel, Rettich, Senf, Salatrauke schmecken besonders würzig. Sie enthalten u. a. das um diese Jahreszeit besonders begehrte Vitamin C.
Kresse, Kerbel, Rettich und Salatrauke kann man auch in Erde säen und, sobald sie nach 8–14 Tagen Fingerhöhe erreicht haben, **als Schnittsalat ernten**. Verwenden Sie Blumentöpfe, Balkonkästen oder flache Kistchen, und stellen Sie die Keimlinge möglichst hell, damit sie viele Carotinoide, Biophenole und andere gesunde Stoffe bilden und wenig Nitrat horten. Wer wöchentlich sät, sorgt für regelmäßigen Nachschub.

Gemüse und Kräuter

Die im Frühbeetkasten überwinterten Chicoréewurzeln werden jetzt nach und nach **ins Haus geholt.** Füllen Sie eine Kiste, einen Eimer oder einen großen Blumentopf mit feuchtem Sand, und pflanzen Sie die Wurzeln ein. Vertrocknetes Laub entfernt man, ohne das bleiche Herz zu verletzen. Stellen Sie die Gefäße in den dunklen Keller, oder decken Sie sie ab. Als optimale Treibtemperatur gelten 15–20 °C. Ist es zu warm, bildet Chicorée nur lockere Köpfchen und wird leicht von Blattläusen befallen.
Im Herbst ausgestochene und durchgefrorene **Schnittlauchballen** setzt man in Tontöpfe und bewahrt sie an einem frost- und vor allem schneefreiem Ort auf. Etwa alle zehn Tage darf einer von ihnen in die warme Stube ans helle Fenster. Warmes Gießwasser (20 °C) weckt die Pflanze aus dem Winterschlaf, und innerhalb weniger Tage ist das würzige Grün ernteifreif. Nach zwei, drei Schnitten ist die Pflanze erschöpft und manchmal auch verlaust und die nächste rückt nach. Der abgeerntete

Gemüse sollte man nie in gefrorenem Zustand ernten.

Schnittlauch schlägt im Frühjahr wieder im Garten Wurzeln.
Wer kleine **Sellerieknollen** oder einige **Möhren** in Blumentöpfe pflanzt und hell stellt, kann bald frisches Suppengrün ernten. Milder als die Blätter des Knollenselleries schmecken die des Schnittselleries. Ihn muß man allerdings schon im Dezember vorziehen.
Zwiebeln, **Schalotten** und **Knoblauch** eignen sich ebenfalls zum Antreiben.

Obstgehölze schneiden

Wer Obstbäume und Beerensträucher nicht schon nach der Ernte ausgelichtet hat, sollte sich in den nächsten sechs Wochen Zeit für diese Arbeit nehmen. Schnittwunden verheilen zwar im Sommer schneller, aber im Winter sieht man den kahlen Bäumen besser an, welche Äste stören.

Pflanzenschutz

Entfernen Sie verpilzte, eingeschrumpelte Äpfel, Pfirsiche, Zwetschgen (Fruchtmumien), die an den Zweigen kleben. Dort überwintert der *Monilia*-Pilz und wartet auf das Frühjahr und neue Opfer.
Kranke Zweige (z. B. durch Rotpustelpilz) sowie krebsige oder harzige, blutende Stellen **großzügig ausschneiden**.
Maschendraht oder Plastikspiralen schützen die Obstbäume vor **Wildverbiß**.
In frei zugänglichen Gärten, das **Schnittholz für die Hasen** liegenlassen. In diese Rinde schlagen die Tiere ihre Zähne besonders gerne und lassen dafür die Obstbäume in Ruhe.
Falls noch **Mulch** unter den Bäumen liegt: Schieben Sie mit einem Rechen den eingetrockneten Grasschnitt beiseite (in Norddeutschland verwendet man dazu eine Harke) und schauen Sie nach, ob Wühlmäuse dort zu gange sind.
Der Mulch darf keinesfalls bis an die Stämme der Bäume reichen, da Mäuse in dessen Schutz dort gerne die Rinde anknabbern.
Werfen Sie bei Ihrem wöchentlichen Spaziergang durch den Garten einen Blick auf die **Leimringe**, und ersetzen Sie diese falls nötig.

Vögel im Garten
Denken Sie in kalten Wintern an die Vögel. Amseln freuen sich über angefaulte Äpfel, Meisen, Spatzen, Grünfinken, Buntspecht und Kernbeißer über Sonnenblumenkerne.
Wenn Sie ein Futterhäuschen verwenden, sollten Sie dies öfters säubern, weil Vögel nicht stubenrein sind und über das verkotete Futter Krankheiten übertragen werden. Um Neid und Gezänk auszuschließen, hat es sich bewährt, mehrere Futterstellen an einem sonnigen Platz im Garten zu verteilen. Zumindest eine sollte von Ihrem Fenster aus einsehbar sein, damit Sie die Vögel von der warmen Stube aus beobachten können.

Entfernen Sie trockenes Laub oder Ästchen, da sie den **Frostspanner**-Damen als Brücke dienen.

Den Garten planen

Auch Küchengärtner denken bereits ans neue Gartenjahr und nutzen die kalte Zeit, um in Gartenbüchern und -zeitschriften zu lesen und um zu lernen.
Zeichnen Sie einen Beetplan und tragen Sie ein, wer mit wem auf welchem Beet den nächsten Sommer verbringt. Achten Sie darauf, daß Gemüse und Salate die Beete wechseln und nicht im gleichen Boden wie im vergangenen Jahr stehen.
Notieren Sie übers Jahr in Ihrem **Gartentagebuch**, wie das Wetter war (Regenmenge, Temperatur), wann die Äpfel blühten oder die Kirschen reiften, wann Sie welche Sorte gesät, gepflanzt, geerntet haben; wie die Sorten sich entwickelten, wie sie mit dem Boden, dem trockenen Juni, dem verregneten August oder den Blattläusen zurechtkamen. Kein Jahr ist wie das andere und das Gedächtnis ein unzuverlässiger Geselle. Auf Ihren schriftlichen Erfahrungsschatz können Sie jederzeit zurückgreifen.

Tobinambur-Knollen vertragen Frost ohne Schaden.

Februar

> Wenn's um Lichtmeß stürmt und schneit, ist der Frühling nicht mehr weit (2. Februar)

Säen und Pflanzen

Ab Mitte des Monats stehen die ersten **Saaten am Fensterbrett** oder im frostfreien Gewächshaus: Kohlrabi, Kopfsalat, Frühkohl, Radieschen, Salatrauke, Oregano (Dost), Schnittlauch, Petersilie.
Bis die Saaten aufgegangen und erntereif sind, können Keimsprossen frisches Grün liefern.
Wer im Herbst **Sellerie**knollen ernten möchte, muß in diesem Monat **aussäen**, denn Sellerie läßt sich lange Zeit, bis er keimt, und er wächst sehr gemächlich. Er will ebenso wie Basilikum im warmen Zimmer vorgezogen werden.

In milden Gebieten sät man Spinat und **Dicke Bohnen** gegen Monatsende direkt ins Beet und deckt sie mit Vlies ab, um sie vor eisigen Winter-Überraschungen zu schützen. Manche Gärtner ziehen Dicke Bohnen in Blumentöpfen vor und siedeln sie im März aufs Beet um.
Auf den Beeten oder im Gewächshaus haben überwintert: Feldsalat, Spinat, Radicchio, Frühkohl, Rosenkohl, Lauch, Löffelkraut, Winterportulak, Barbarakraut, Petersilie, Gartenkresse.
Um die **Samen vor** im Boden lebenden **Pilzen zu schützen** und die Keimung zu fördern, badet man sie in **Kräutertee**: Erbsen, Bohnen, Rettich und Radieschen tut Kamillentee gut, Sellerie, Tomaten, Zwiebeln und Lauch bevorzugen Baldrianblütenextrakt. Auch Schachtelhalmtee eignet sich. Das Saatgut nach etwa einer Stunde aus dem lauwarmen Bad nehmen und auf Küchenpapier leicht abtrocknen (nicht auf die heiße Heizung legen!). Anschließend sofort säen.
Über die Jahre häufen sich meist viele Tütchen mit Samen an. Nutzen Sie die Winterzeit, um Ihren Bestand zu prüfen. Verbrauchen Sie angebrochene Packungen möglichst im kommenden Gartenjahr. Wenn Sie neues Saatgut kaufen, schreiben Sie auf die Tüte groß die Jahreszahl, so daß Sie später beim Sortieren alter Bestände auf einen Blick deren Alter erkennen.

> **Kühl und trocken gelagertes Saatgut hält jahrelang**
> 1–2 Jahre: Fenchel, Möhren, Lauch, Pastinaken, Schwarzwurzeln, Zwiebeln, Bohnenkraut, Kümmel, Majoran, Schnittlauch.
> 2–4 Jahre: Bohnen, Erbsen, Kohlgewächse, Kresse, Mais, Radies, Rettich, Kopfsalat, Spinat, Dill, Fenchel.
> 4–6 Jahre: Gurken, Kürbis, Melonen, Zucchini, Sellerie, Endivie, Tomaten, Steckrüben, Basilikum.
> Obst- und Gemüselager kontrollieren, Faules auslesen. Regelmäßig lüften!

Wärmen Sie Ihre Rhabarberstauden mit Stroh oder einem Vlies, dann beginnen sie bald zu treiben. Gegen Ende des Monats den Mulch von den Baumscheiben rechen (harken), damit sich die dunkle Erde erwärmt.

In Kamillentee gebadetes Saatgut keimt bereitwillig.

Mistbeete packen

In keinem Hausgarten fehlte früher der Mistbeetkasten. Um möglichst viel Licht einzufangen, benötigt er einen sonnigen Platz.

Man hebt die Erde im Kasten etwa einen halben Meter tief aus. Diese Arbeit erledigt man zweckmäßigerweise im Spätherbst, so lange der Boden noch nicht gefroren ist. Dann die Seitenwände mit Korkplatten oder dicken Schilfmatten dämmen. Sobald die Tage merklich länger werden und die Sonne wieder kräftiger scheint, füllt man die Grube mit frischem Mist. Gut eignet sich stroharmer Pferdemist, da er sich schnell erwärmt.

Die Mist-Packung sollte 30–40 cm hoch sein; darauf legt man trockenes Laub oder eine dünne Schicht Stroh und tritt das Ganze kräftig fest. Falls der Mist sehr trocken ist, wird er befeuchtet. Anschließend füllt man eine Lage alten abgelagerten Kompost oder Humuserde ein (mindestens 20 cm), legt die Fenster auf und deckt sie nachts zusätzlich mit Schilfmatten oder ähnlichen Materialien ab.

Nach einigen Tagen beginnt die Packung zu dampfen, und die ersten Kohlrabi- oder Salat-Pflänzchen werden in die warme Erde gesetzt. Sehr wichtig: An sonnigen Tagen regelmäßig lüften, damit die Setzlinge nicht vor Hitze schlappmachen.

Obstgehölze pflegen

Falls die **Stämme der Obstbäume** im Spätherbst keinen Lehmanstrich erhielten, **weißelt** man diese und die dicken Äste jetzt **mit Kalkmilch**, um Frostrisse zu verhindern. Die weiße Farbe reflektiert das Sonnenlicht, so daß sich die schwarze Borke kaum aufheizt. Denn große Temperatur-Unterschiede zwischen Sonnen- und Schattenseite des Stammes oder zwischen Tag und Nacht spannen das Gewebe bis zum Zerreißen. Man kann die Stämme auch mit Vlies, Stroh oder Pappe umwickeln oder ein Brett an die Südseite des Stammes stellen.

Jetzt ist die günstigste Zeit, um an frostfreien Tagen Ostbäume und Beerensträucher zu schneiden.

Bei **Schwarzen Johannisbeeren** angeschwollene runde Knospen ausbrechen. Darin überwintern Gallmilben zu Tausenden. Sie wandern zu Beginn des Frühlings auf die Blätter, um daran zu saugen.

Ab Mitte des Monats werden die **Weinstöcke** geschnitten. Schneidet man sie erst kurz vor dem Austrieb, läuft sehr viel Saft aus den Wunden. Auch **Walnüsse** bluten sehr stark, wenn man sie zu Ausgang des Winters schneidet oder die Wurzeln verletzt. Im Juli, August vertragen sie Schnitt besser, die Wunden verheilen schneller.

Schnittholz ist kein Abfall. Gärtnersleut mit Herz und Verstand und genügend Platz stapeln es in einer Gartenecke, um Igeln, Blindschleichen, Laufkäfern, Spinnen und anderen nützlichen Tieren Unterschlupf zu bieten.

Pflanzenschutz

Werden **Kellerasseln** im Apfel-, oder Möhrenlager zur Plage, diese mit halbierten Äpfeln, Kartoffeln oder Gemüseschalen ködern und auf dem Komposthaufen aussetzen. Auf glatten Oberflächen rutschen die Tiere weg, deshalb sollte man die Köder in flache Kisten oder auf Pappkarton auslegen. »Erbarmungslose« Gärtner lassen die Asseln in Bierfallen ertrinken.

Entfernen Sie Ende des Monats die **Leimringe** von den Stämmen der Obstbäume. Diese haben ihren Zweck erfüllt, denn nun sind keine **Frostspanner**-Weibchen mehr unterwegs. Läßt man die klebrigen Bänder länger an den Bäumen, gehen viele Tiere auf den Leim und qualvoll zugrunde, die unbeteiligt und zufällig am Baumstamm unterwegs sind.

Die Nester der wattig-weißen **Blutläuse** an Apfelbäumen entfernt man mit einer Drahtbürste oder bepinselt sie mit unverdünntem Farnkraut-Tee. Die Läuse färben sich blutig rot, sobald man sie zerdrückt.

Vorgezogene Pflanzen vor dem Umzug ins warme Frühbeet

März

St. Kunigund macht warm von unt' (3. März)
Gregor zeigt dem Bauern an, daß er im Feld säen kann (12. März)

Säen und Pflanzen

Säen ins Beet (ab Mitte des Monats): Dicke Bohnen, Gartenkresse, Pastinaken, Schwarzwurzeln, Spinat, Erbsen, Petersilie, Schnittlauch, Zwiebeln, Möhren.
Pflanzen: Kartoffeln, Topinambur, Knoblauch, Meerrettich, Steckzwiebeln, Schalotten, Spargel, Zitronenmelisse, Schnittlauch, Rhabarber, Wein, Beerenobst, Obstbäume.
Säen ins Frühbeet: Gartenkresse, Lauch, Radieschen, Rettich, Frühkohl, Mairüben, Stielmus.
Pflanzen: Kopfsalat, Kohlrabi, Rettich.

Sobald der Boden abgetrocknet ist, beginnt die Aussaat.

Vorziehen (warm): Salate, Sellerie, Kopfkohl, Tomaten, Paprika, Auberginen, Artischocken, Basilikum, Andenbeere.

Anbautips

Ungeduld tut selten gut. Pflanzen brauchen zum Wachsen vor allem Licht und (Wurzel-)Wärme. Mangelt es daran, läßt sich das Gemüse auf den Beeten selbst durch Dünger-Doping nicht zu schnellerem Wachstum anregen. Obwohl sie sich redlich mühen, benötigen Pflanzen im Frühjahr länger von der Aussaat bis zur Ernte als im Sommer.
Um die jungen Pflänzchen zu stärken und **vor Pilzattacken zu schützen**, gießt man die Saaten ab und zu mit **Schachtelhalmtee:** Schachtelhalm in kaltem Wasser 24 Stunden einweichen, am nächsten Tag eine halbe Stunde lang kochen, abseihen, 1 : 5 verdünnt verwenden.
Die jungen Pflanzen sollten hell und nicht zu warm stehen, weil sie sonst verweichlichen und lange Hälse bekommen, und sie sollten nie mit feuchten Blättern übernachten (Pilze!).
Wenn Sie einige Male am Tag mit der flachen Hand über die Sämlinge streichen, wachsen sie kräftiger und kompakter als ungestreichelte. Profigärtner verwenden dazu Bürstmaschinen.
Auch Gärtner, die vor Tatendrang bersten, müssen **mit dem Säen warten, bis die Beete abgetrocknet sind**; sonst bleibt der wertvolle Boden in dicken Klumpen an den Schuhen hängen. Unter diesen Umständen hat es keinen Sinn, die Samen in die Erde zu schmieren, denn sie brauchen Luft und Wärme, um sich zu entfalten.
Vogelmiere und andere robuste Kräuter wachsen selbst bei niedrigen Temperaturen. Deshalb müssen die Beete vor der Saat zunächst gejätet und durchgerecht (geharkt) werden. Verzögert sich die Aussaat und keimen erneut wilde Kräuter, schuffelt man die Beete einmal gründlich durch. Um Schnecken das Leben zu erschweren, Mulch und andere Pflanzenreste von den Beeten entfernen. Verteilen Sie **Kompost** auf den Gemüsebeeten und rund um die Stämme der Obstbäume (**Baumscheiben**) und rechen Sie ihn leicht ein; auf schweren Böden genügt ein halber Eimer voll (5 l) pro Quadratmeter, sandige, humusarme Böden vertragen einen Eimer voll. Wer das schwarze Gold großzügiger verteilt, überdüngt den Boden.

Gemüse und Kräuter

Hie und da treiben ein paar vergessene Zwiebeln vom Vorjahr frisches Grün. Verwenden Sie die Zwiebelblätter (Schlotten), um Salate zu würzen.
Wer es nicht erwarten kann oder wer ein gesundes Geschenk benötigt, sticht kleine Ballen von Schnittlauch oder Petersilie im Garten aus und pflanzt sie in einen Topf. Im warmen Zimmer treiben die Kräuter bald zarte Blätter.

Kartoffeln vorkeimen: Ab Ende März legt man die Knollen in flache mit Zeitungspapier ausgelegte Holzkisten und stellt sie warm (10–15 °C) und hell (z. B. ins Gewächshaus), worauf sie bald dicke Sprosse treiben. Diese sind sehr giftig (**Solanin!**). Werden die Kartoffeln zu warm angetrieben, bilden sie lange, bläßliche, weiche Triebe, die leicht abbrechen.
An St. Gertrud (17. März) ist es gut, wenn man die Bohnen in die Erde tut. Dies ist deshalb sinnvoll, weil die **Dicken Bohnen** durch die frühe Saat einen Vorsprung gegenüber den Schwarzen Bohnenblattläusen bekommen, die bei den spät gesäten Bohnen die Ernte erheblich schmälern können.

Warten Sie einige sonnige Tage ab, um Spinat oder Feldsalat nitratarm zu ernten.

Die letzten Bestände an Feldsalat, Winterportulak, Rosenkohl, Radicchio und Grünkohl sollten bis Ende des Monats die Beete räumen. Denn nachdem sie die kalte Zeit überstanden haben, bringen lange Tage sie in Blühstimmung. Die blühenden Pflanzen sehen zwar schön aus und locken zahlreiche Läusejäger und andere nützliche Tiere in den Garten, für die Küche eignen sie sich aber nicht mehr, denn Sie schmecken oft bitter.

Versorgen Sie die Beete vor dem Pflanzen mit Kompost.

Kein Glück mit Petersilie?

Die Samen benötigen gleichmäßig feuchten Boden, um zu keimen, die Erde darf während der langen Keimphase (3–4 Wochen) nicht austrocknen oder gar verkrusten. Weisen Sie dem Kraut spätestens alle zwei Jahre einen neuen Platz im Garten zu, da es nicht gerne im eigenen Wurzelmief steht.
Wenn Petersilie kümmert, liegt dies häufig an winzigen Älchen (Nematoden), die an den Wurzeln saugen oder daran, daß sie von der Möhrenfliege befallen ist. Die Pflanzen sind auch anfällig für verschiedene Pilzkrankheiten
Wenn Petersilie sich unwohl fühlt, egal ob sie von Schädlingen befallen ist oder in zu feuchter Erde steht, färben sich ihre Blätter rötlich.

Obst anbauen

Rhabarber mit Stroh oder Laub abdecken und eine Holzkiste darüber stülpen, um ihn zum Wachsen anzuregen.

Weinreben, Aprikosen, Pfirsiche und anderes wärmeliebende Obst pflanzt man im Frühjahr. Dies ist vor allem in rauhen Lagen auch ein günstiger Termin, um Stachelbeeren, Himbeeren und sonstige Beerenarten in den Garten zu holen.

Heben Sie eine genügend große Grube aus, damit die Wurzeln sich ungehindert ausbreiten können. Füllen Sie die Grube mit altem, abgelagertem Kompost, die Sie mit dem Aushub vermischen. Geben Sie **keinesfalls** (Mineral-) **Dünger ins Pflanzloch** oder frischen Kompost, da die Wurzeln sonst verbrennen oder verschimmeln.

Nicht alle Gartenböden sind gleich fruchtbar, wie bei Gemüse gilt deshalb auch für Obst: Auf schlechten, trockenen Böden oder in Gärten am Hang pflanzt man etwas enger als auf tiefgründigen, fruchtbaren Böden, da die Pflanzen weniger stark wachsen.

Pflanzenschutz

Mit beginnendem Austrieb die **Brombeeren gegen Milben mit Rainfarntee spritzen.** Diese Pflanzensauger sind schuld, wenn die Früchte ungleichmäßig reifen und rot-schwarz-gefleckt aussehen.

Falls Sie noch Spritzbrühe übrig haben, duschen Sie sicherheitshalber die Schwarzen Johannisbeeren ebenfalls gründlich, auch wenn Sie im Februar alle Ballon-Knospen ausgebrochen haben.

April

Wenn der April Spektakel macht, gibt's Gemüs' und Obst in voller Pracht

Säen und Pflanzen

Säen ins Beet: Erbsen, Möhren, Kopfsalat, Gartenkresse, Pastinaken, Rettich, Radieschen, Mangold, Schnittsalat, Schwarzwurzeln, Spinat, Rote Bete, Zwiebeln, Gartenkresse, Salatrauke, Löffelkraut, Dill, Petersilie, Schnittlauch, Kerbel, Borretsch.
Pflanzen: Kohlrabi, Kopfsalat, Frühkohl, Kartoffeln, Steckzwiebeln, Schalotten, Knoblauch, Grünspargel, Rhabarber, Zitronenmelisse, Pfefferminze.
Säen ins Frühbeet: Gartenkresse, Radieschen, Kopfsalat, Kohlrabi, Lauch, Wirsing, Kopfkohl, Rosenkohl, Brokkoli, Blumenkohl, Schnittsellerie, Mairüben, Stielmus, Salatrauke, Zuckermais.
Pflanzen: Kopfsalat, Kohlrabi, Frühkohl, Blumenkohl, Wirsing, Brokkoli, Rettich.
Vorziehen (warm): Paprika, Tomaten, Auberginen, Gurken, Zucchini, Kürbis.
Wer Bohnen gegenüber Schnecken und Bohnenfliegen einen Vorsprung verschaffen will, zieht sie Ende des Monats im Haus vor. Legen Sie dazu in jeden Blumentopf zwei vorgequollene Kerne.
Für frühe Aussaat eignen sich **nur schoßfeste Sorten**, die Kälte vertragen und die auch bei niedrigen Temperaturen wachsen. Beachten Sie die auf den Samentüten angegebenen Aussaatzeiten! Sommersalate versagen im Frühjahr und Herbstrettiche im Sommer.
Für die frühe Aussaat eignen sich:
Rettich: 'Ostergruß rosa', 'Frühlingsgruß', 'Neckarruhm weiß', 'Rex'.
Radieschen: 'Saxa', 'Topsi', 'Fanal', 'Eiszapfen', 'Juwasprint'.
Spinat: 'Monnopa', 'Butterfly', 'Vital'.
Salat: 'Larissa', 'Reskia', 'Krizet', 'Raisa'.
Möhren: 'Gonsenheimer', 'Parano', 'Nantaise', 'Pariser Markt'.
Erbsen: 'Rheinperle', 'Kleine Rheinländerin', 'Allerfrüheste Mai'.
Kohlrabi: 'Avanti', 'Flott', 'Fulda', 'Quickstar', 'Azur Star'.
Frühkohl: 'Erstling', 'Delfter Spitz'.

Anbautips

Nur Pflänzchen, die genügend Licht und Platz haben, entwickeln sich kräftig und gesund. Sobald sie sich gegenseitig bedrängen, nimmt man das Gemüse-Jungvolk aus dem Behältnis, wo es das Licht der Welt erblickt hat, vereinzelt die Pflänzchen und setzt sie in gebührendem Abstand voneinander in ein größeres Gefäß (**pikieren**). Je nachdem, wie schnell sie wachsen, zieht das junge Gemüse zwei- bis dreimal um, bevor er seinen endgültigen Platz im Beet einnimmt.
Je wärmer die Tage sind, desto wichtiger ist es, den **Frühbeetkasten** zu **lüften**. Sonst staut sich die Hitze, und die Pflänzchen verkochen. Vergessen Sie nicht, die Fenster am späten Nachmittag zu schließen. In frostigen Nächten deckt man sie außerdem mit Stroh- oder Schilfmatten ab.
Steht der abgeerntete **Grünkohl** vom Herbst noch auf den Beeten, ragen inzwischen kleine Schößlinge aus den Blattachseln. Gegen Ende April reicht die Menge meist für ein Frühlings-Gemüse. Pflanzen Sie Kohlgewächse ausreichend tief, wobei das Herz, aus dem die jungen Blätter sprießen, über der Erde sitzen muß. **Salate** dagegen werden nicht tiefer gepflanzt, als sie im Anzuchtgefäß standen.

Ein wärmendes Vlies schützt das junge Gemüse vor Frost.

Probleme mit Quecken?

Das Frühjahr ist die beste Zeit, um Quecken zu jäten. Sehr verunkrautete Flächen nimmt man sich Stück für Stück vor und säubert sie mit Hilfe der Grabgabel und per Handarbeit. Diese beschauliche Aufgabe eignet sich, um währenddessen über sein Leben nachzudenken, über Pflanzen im allgemeinen und Quecken im besonderen. Quecken enthalten u.a. Schleimstoffe, Phenolsäuren und geringe Mengen an Saponinen und ätherischen Ölen. Aus den getrockneten, klein geschnittenen Wurzeln brauen Kräuterkundige einen Tee, der Hustenreiz lindert, schleimlösend und harntreibend wirkt. (Wurzelstücke überbrühen, 10 Minuten ziehen lassen oder über Nacht in kaltem Wasser einweichen und am nächsten Tag langsam zum Kochen bringen.) Quecken-Tee schmeckt nach nicht sehr viel, allenfalls leicht süßlich. Wer mag, kann ihn mit Honig geschmacklich verbessern.

Bedecken Sie die besäten und bepflanzten Beete mit **Vlies** oder einem **Folienzelt**. Dann können Sie Eissalat, Kohlrabi oder Spitzkohl um so früher ernten.

Gemüse und Kräuter

Kartoffeln gedeihen auf unverbrauchten Böden besonders gut. Wenn Sie ein Stück Wiese oder Bauland in Garten verwandeln, bauen Sie im ersten Jahr Kartoffeln an. Die Ernte wird Sie freuen!
Grünspargel benötigt lockeren, humosen Boden. Man pflanzt die Wurzeln in spatentiefe, mit Kompost angereicherte Gruben im Abstand von 40 cm. Zwischen den Reihen beträgt der Abstand einen Meter. Damit der Boden feucht und locker bleibt, mulcht man die Beete.
Die erste Ernte ist im 3. Jahr nach der Pflanzung möglich. Schneiden Sie die 20–25 cm langen Triebe knapp unter der Bodenoberfläche. Sie sind dünner und leichter als Bleichspargel, schmecken allerdings nach mehr.
Ringelblumen sehen immer fröhlich und gut gelaunt aus. Sie **lockern den Boden**, fördern das Wachstum von Tomaten und Kohl (Blumenkohl, Wirsing, Weiß- und Rotkraut), ihre Blüten locken hilfreiche Insekten an und mit gejäteten Ringelblumen läßt sich vorzüglich mulchen oder eine pflanzenkräftigende Jauche herstellen.

Pflanzenschutz

Zwiebeln und **Schalotten** trocknen von der Spitze her ein, wenn auf recht kühles Wetter plötzlich heiße Tage folgen.
Erbsen-Samen und die jungen Sprößlinge schützt man mit Netzen oder Tannenzweigen vor Vogelfraß.
Im Haus überwinterter **Rosmarin** und **Lorbeer** dürfen ab Mitte des Monats wieder ins Freie, sofern

Auf die heilenden Ringelblumen sollte kein Gärtner verzichten.

die Witterung es zuläßt. Stellen Sie die Pflanzen an einen sonnigen, geschützten Platz, oder graben Sie die Töpfe im Kräuterbeet ein. Falls nötig, topfen Sie vorher um, und schneiden Sie den Rosmarin zurück.
Ab Ende April sind **Möhrenfliege**, **Lauchmotte** und **Kohlfliege** unterwegs. Um sie an der Eiablage zu hindern, überzieht man Möhren, Lauch und Kohl mit einem **Kulturschutznetz**. Die Ränder müssen dicht schließen, damit keine Fliegen durchschlüpfen.
Möhren und Zwiebeln wachsen gerne **auf demselben Beet** und vertreiben sich gegenseitig »ihre« Fliegen. Noch weniger als Zwiebelgeruch verträgt die Möhrenfliege das kräftige Senföl der Gartenkresse. Säen Sie eine Reihe **Kresse**, eine Reihe Möhren. Wichtig ist, daß an allen vier Beeträndern Kresse wächst, denn die außen stehenden Möhren sind besonders gefährdet.

Mai

Wie's Wetter am Kreuzauffindungstag, bis Himmelfahrt es bleiben mag (3. Mai)

Säen und pflanzen

Säen ins Beet: Chicorée, Möhren, Kopfsalat, Schnitt-, Pflücksalat, Gartenkresse, Rettich, Radieschen, Rote Rüben, Salatrauke, Fenchel, Brokkoli, Blumenkohl, Rosenkohl, Grünkohl, Erbsen, Lauch, Bohnen, Zuckermais; bei den Kräutern Basilikum, Borretsch, Dill, Majoran, Bohnenkraut, Kerbel, Petersilie.
Pflanzen: Kartoffeln, Kohlarten, Kohlrabi, Lauch, Steckzwiebeln, Schalotten, Mangold, Salat, Monatserdbeeren.
Nach den Eisheiligen: Gurken, Kürbis, Paprika, Sellerie, Tomaten, Auberginen, Artischocken, Bohnen, Zucchini, Zuckermais. Stampfen Sie nach dem Säen mit dem Rechen einige Male leicht über die mit Erde bedeckten Saatreihen, um den Samen festen Kontakt mit dem Boden zu verschaffen.

Ende des Monats sind alle Beete besät und bepflanzt.

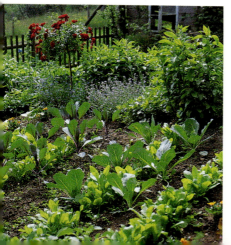

Anbautips

Einerseits zieht man regelmäßig mehr Pflänzchen vor, als im Garten Platz haben. Andererseits verzichtet man aus Platz- und Zeitmangel notgedrungen auf das eine oder andere Gemüse. Nachbarn oder Gärtnerfreunde freuen sich, wenn Sie mit ihnen teilen oder tauschen. Bilden Sie Saat-Gemeinschaften, das sorgt für mehr Vielfalt im Garten.
Wenn's an Pankratius (12. Mai) gefriert, wird im Garten viel ruiniert. Aber nur dort, wo ungeduldige Gärtner den Gemüse-Nachwuchs zu früh auspflanzen. Achten Sie auf den Wetterbericht, und gehen Sie kein Risiko mit den mühsam gepäppelten Pflänzchen ein.
Auf leichten Böden und in regenreichen Gebieten ist es sinnvoll, im Frühjahr und Sommer öfter kleine Mengen zu düngen als eine große Portion auf einmal. Dies verhindert, daß sich die Pflanzen mit **Nitrat** vollsaugen. Auf Nummer Sicher geht, wer mit verdünnter Kräuterjauche düngt.

Gemüse und Kräuter

Tomaten legt man schräg bis zu den ersten Blättern in den Boden, da sie auch am Stengel Wurzeln bilden. Geben Sie Kompost und einen groben, sich langsam zersetzenden organischen Dünger (z. B. Hornspäne) ins Pflanzloch. Anschließend gründlich gießen und dick mulchen. Zu Tomaten passen gut Tagetes und Ringelblumen.
Im **Frühbeetkasten** sind die ersten Salate, Radieschen, Stielmus, Mairüben und Kohlrabi erntereif. Auch Dill, Gartenkresse, Spinat, Spargel und Rhabarber werfen schon Erträge ab.
Kartoffeln, Kohl und Erbsen anhäufeln; Gemüse und vor allem das flach wurzelnde **Beerenobst mulchen**, ab und zu jäten und nackten, verkrusteten Boden lockern.
Beinwell und Brennesseln liefern mild düngende **Jauchen**. Pflanzen grob zerkleinern, in einen Eimer oder eine Tonne füllen, mit Regenwasser bis eine Handbreit unterm Rand aufgießen, Deckel auflegen. Anfangs täglich mit einem Stock das oben treibende Grün ins Wasser drücken und umrühren (belüften). Nach einein-

Ein Ring aus Wellpappe bietet Unterschlupf für Apfelblütenstecher.

halb bis zweieinhalb Wochen haben sich die Pflanzen zersetzt, die schäumende Gärung ist beendet, die Jauche sieht trüb aus und riecht, wie es sich für eine Jauche gehört (v. a. die aus Brennesseln).
Außer Bohnen, Erbsen, Zwiebeln, Knoblauch und Duftkräutern wie Salbei und Zitronenmelisse tut der Flüssigdünger (1:10 verdünnt) allen Gartenpflanzen gut. Auch Ringelblumen, Kamille, Jätegut und Küchenabfälle eignen sich zum Verjauchen. Den Bodensatz legt man als Mulch unter die Obstbäume oder zwischen die Beerensträucher.

Pflanzenschutz

Sellerie nicht zu tief pflanzen. Er verträgt sich gut mit Blumenkohl oder Lauch. Ist der Mai sehr kühl, deckt man Kohl, Sellerie, Möhren und Rote Rüben mit Vlies ab, da Kälte sie zum Blühen anregt und sie schossen.
Wer Kohl und Möhren mit Brennesseljauche düngt, muß mit klarem Wasser nachspülen, da Jaucheduft **Gemüsefliegen** anlockt. Oder man deckt die Beete dichtschließend mit Kulturschutznetzen ab (vorher kräftig gießen). Auch Anhäufeln erschwert den Fliegen die Eiablage. Tomaten und Sellerie passen gut zu Kohl und halten Kohlweißlinge auf Abstand.
Dill fördert den Geschmack bei Möhren, Dillblüten locken **Schwebfliegen** an.
Rainfarn- oder **Zwiebelschalen-Tee** schützt wöchentlich besprühte Möhren vor der Möhrenfliege. Erbsen fördern Wachstum und Geschmack von Möhren.
Binden Sie 20 cm breite **Streifen aus Wellpappe** um die Stämme von Apfelbäumen. **Apfelblütenstecher** verbringen dort gerne die Nacht. Wer sie beim Schlafen überraschen und einsammeln möchte, muß deshalb früh aufstehen.
Erdbeeren zu Blütenbeginn und gegen Ende der Blütezeit mit Zuckerlösung (10–15 g/l) besprühen. Dies fördert die Feinde des *Botrytis*-Pilzes, der bei regne-

Schneckenabwehr

Wenn Schnecken zur Plage werden, so liegt das fast ausschließlich an der Spanischen Wegschnecke, die in den 60er, 70er Jahren Europa erobert hat. Sie sieht unseren heimischen Arten sehr ähnlich, bei ihr überwintern allerdings auch die jungen Schnecken und nicht nur die Eier. Während der heißen Monate in ihrer Mittelmeer-Heimat legt die Spanische Wegschnecke eine Sommerpause ein, bei uns »frißt sie durch«. Sie ist sehr schleimig und schmeckt stark bitter, weshalb sie kaum natürliche Feinde hat und heimische Arten verdrängt.
Viele Leute, vor allem Zoologen, sehen es nicht gerne, wenn Gärtner gesammelte Schnecken in Wiesen oder Wäldern aussetzen und die Spanische Art dadurch weiter verbreiten. Wer vor Schneckenmord zurückschreckt, muß auf trockenes Wetter hoffen.
- Kleine Beete mit einem Schneckenzaun schützen.
- Die taunassen Pflanzen morgens hauchdünn mit **Gesteinsmehl** bestäuben.
- Bretter, feuchte Kartons oder Rhabarberblätter auslegen. Dort verkriechen sich die Tiere tagsüber, und man kann sie leichter absammeln als in der Dämmerung, wenn man ihnen am Futterplatz mit der Taschenlampe heimleuchten muß.
- Junge Setzlinge und Bohnen nachts mit Einweckgläsern abdecken oder die Beete mit Küchenabfälle als Köder umrahmen. Schnecken bevorzugen angewelktes Grün.
- Feuchte Erde lockt Schnecken an, deshalb nur morgens gießen.

rischen Wetter in die Blüte einwächst und vier Wochen später die Früchte faulen läßt.
Vor allem in neuen **Gewächshäusern** vermehren sich **Weiße Fliegen** explosionsartig. Bestellen Sie drei Sätze **Schlupfwespen**, die im Abstand von etwa 10 Tagen geliefert werden. Lassen Sie die Tiere sofort nach ihrer Ankunft frei. Mit der Zeit halten die **Nützlinge** die Weißen Fliegen in Schach. Wenn sie geeignete Schlupfwinkel finden, überwintern sie sogar im Gewächshaus.

Juni

Schönes Wetter auf Fortunat, ein gutes Jahr zu bedeuten hat (1. Juni)
Macht Medardus feucht und naß, regnet's ohne Unterlaß (8. Juni)

Säen und Pflanzen

Säen ins Beet: Bohnen, Chicorée, Gelbe Rüben, Fenchel, Kopfsalat, Rettich, Radieschen, Rote Bete, Salate, Salatrauke, Löwenzahn, Kerbel, Dill, Gartenkresse.
Saatbeet: Blumenkohl, Brokkoli, Grünkohl, Chinakohl, Pak Choi, Endivie, Kohlrabi, Lauch, Fenchel, Radicchio, Zuckerhut.
Pflanzen: Brokkoli, Gurken, Kohlrabi, Salate, Kürbis, Lauch, Melonen, Paprika, Rosenkohl, Grünkohl, Rot-, Weißkohl, Wirsing, Sellerie.
Die Saaten bei Trockenheit gießen, bei kühler Witterung mit **Vlies** abdecken. Vlies immer an einem bedeckten Tag abnehmen, nie bei praller Sonne!

Die ersten, sehnsüchtig erwarteten Erdbeeren reifen.

Anbautips

Erdflöhe löchern die Blätter von Kohl, Rettich, Radieschen. Die Tiere bevorzugen glatte und trockene Absprungflächen. Kohl öfter durchhacken, um verkrusteten Boden zu lockern. Bei Trockenheit gießen. **Mulch** hält den Boden feucht, mit kleingeschnittenem Rainfarn bedeckter Boden wirkt zusätzlich abschreckend.
Wackelt die Hacke am Stiel, stellt man sie einen Tag lang in einen Eimer voll Wasser oder in die Regentonne. Das Holz quillt, und die Hacke sitzt wieder fest.
Vor Johanni bitt' um Regen, nachher kommt er ungelegen (24. Juni). Dies ist eine Bauern- und keine Gärtnerregel. Gemüse, Salate und Früchte brauchen nach wie vor ausreichende Feuchtigkeit. Einmal Hacken ersetzt dreimal Gießen, heißt es. Doch Mulchen macht selbst Hacken überflüssig. Wer über genügend Jätegut, Brennesseln, Beinwell, Ringelblumen oder Rasenschnitt verfügt, sollte damit die nackte Erde im Gemüsebeet bedecken. Vorher durchdringend gießen. Unter dem Mulch bleibt die Erde feucht und das Bodenleben aktiv. Dies ist vor allem wichtig bei langsam wachsenden Kulturen wie Kopfkohl oder Sellerie.

Gemüse und Kräuter

An Johanni wird zum letzten Mal in diesem Jahr **Spargel** gestochen und **Rhabarber** geerntet. Die Pflanzen sind erschöpft und müssen wieder zu Kräften kommen. Ab Juli hortet Rhabarber außerdem ungesund hohe Mengen an Oxalsäure.
Triebe, die bei **Tomaten** aus den Blattachseln sprießen, bricht man im Laufe des Sommers ständig aus (**ausgeizen**). Sie sind überflüssig. In der Regel darf nur der Haupttrieb ungestört wachsen, manche Gärtner ziehen Tomaten zweitriebig.
Je jünger die Triebe beim Ausgeizen sind, desto kleinere Wunden entstehen und desto weniger Kraft hat die Pflanze in die Geiztriebe gesteckt.
Kartoffelkäfer und Larven sammeln. Die kältestarren **Himbeerkäfer** morgens von den Pflanzen schütteln (in einen Eimer oder Karton).
Bohnen lieben Wärme und lockeren Boden. Während der Blüte brauchen sie reichlich Wasser. Auf wackligen Wurzeln stehende Pflanzen, anhäufeln.
Gurken nur mit angewärmtem Wasser gießen. Läßt die Witterung zu wünschen übrig, die Verfrorenen mit Vlies abdecken.
Salat keimt bei Temperaturen über 20 °C widerwillig oder gar nicht. Säen Sie an kühlen Tagen oder abends, und gießen Sie ausnahmsweise mit kaltem (Zisternen-)Wasser. Oder Sie lassen die Samen drei Tage lang bei 4–6 °C im Kühlschrank vorkühlen.
Kohlrabi, Salate, Dicke Bohnen, Blumenkohl und Wirsing räumen die Beete, auch Rettich und Radieschen sind ernteireif. Erbsen ernten und Rosenkohl auf die freie Fläche pflanzen.

Nützliche Helfer
Blattläuse besiedeln gerne Gartengewächse. Kein Grund zur Sorge, denn zahlreiche Tiere ernähren sich von den Saftsaugern und anderen vegetarisch lebenden Insekten und schaffen das Problem innerhalb kurzer Zeit aus der Welt. In besenreinen Gärten finden Gärtners kleine Helfer allerdings keinen Unterschlupf.
- Die Larven der Florfliegen jagen Blattläuse, Milben, Blattflöhe, Raupen und saugen sie aus.
- Die kurzrüßligen Schwebfliegen schlürfen Honigtau und Nektar von Korb-und Doldenblütlern (Dill, wilde Möhre, Petersilie), ihre blinden Maden jagen Blattläuse.
- Manche Schlupfwespen legen ihre Eier in Blattläuse, andere in Raupen (Kohlweißlinge), wo sich die Larven entwickeln.
- Marienkäfer und ihre Larven leben von Blattläusen.
- Räuberische Wanzen fressen Spinnmilben, Blatt-, Blut-, Schildläuse und andere winzige Tiere. Sie finden Unterschlupf in Gebüsch und Hecken.
- Laufkäfer ernähren sich von Schneckeneiern, von kleinen Schnecken, Blattläusen und sonstigem kleinen Getier. Sie verstecken sich in Laub-, Steinhaufen, in Hecken und Gebüschen.
- Spinnen fangen oder jagen kleine Insekten wie Blattläuse und Zikaden.

Lagermöhren säen, in die Zwischenreihen **Lauch** setzen. Damit er lange, weiße Schäfte bildet, schiebt man Porree tief ins Pflanzloch oder setzt ihn in eine 20 cm tiefe Grube, die im Laufe der Zeit mit Erde gefüllt wird.
Schnittlauch, Petersilie, Dill, Borretsch, Zitronenmelisse, Kerbel, Schnittknoblauch ernten.
Thymian, Salbei, Kamille, Ringelblumen und andere **Teekräuter** nach einigen sonnigen Tagen **am Vormittag** oder frühen Nachmittag **sammeln** und an einem warmen, schattigen Ort trocknen.

Obst pflegen

Die jungen, weichen Triebe, die am Stamm von Obstbäumen sprießen, abreißen. Beim Reißen entfernt man in der Borke verborgene Knospen. Schneidet man die Triebe, treiben diese schlafenden Augen aus. Den Wurzelbereich der Bäume mulchen, bei Trockenheit gießen.
Bienen bestäuben mehr Blüten, als **Apfelbäume** Früchte ernähren können. Ab Ende Mai werfen die Bäume einen Teil ihrer Äpfelchen ab. Je nach Sorte fällt dieser **Juni-Fruchtfall** unterschiedlich stark aus. Hängen nur wenige Früchte am Baum, kann es sogar passieren, daß auch diese abgeworfen werden, und der Baum sich völlig aufs Wachsen verlegt. Er treibt durch. Bei Trockenheit stößt er mehr Früchte ab als nötig.
Die ersten, um diese Jahreszeit noch madenfreien **Kirschen** reifen ('Burlat', 'Kassins Frühe').
Erdbeeren mulchen, damit die Früchte nicht auf nassem Boden liegen und faulen, bei Bedarf gießen, ohne die Blätter naß zu machen. Bei Nässe auf Schnecken, bei Trockenheit auf Erdbeer-Laufkäfer und Tausendfüßler achten.
Weinreben auslichten, Triebe ohne Früchte ausbrechen, die anderen Zweige zwei Blätter über dem letzten Blütenstand kappen, damit genügend Licht und Luft zu den Trauben dringt.
Die langen **Brombeerruten** entwirren und hochbinden, alle Seitentriebe bis auf zwei Blätter entfernen.
Himbeeren wurzeln nur sehr flach. Sie brauchen eine dicke, lockere Mulchschicht wie sie es von zu Hause, dem Boden am Waldrand, gewöhnt sind.

Grünspargel schneidet man knapp unter der Bodenoberfläche ab.

Juli

Einer Rebe und einer Geiß, ist's im Juli nie zu heiß
Wenn Jakobi klar und rein, wird das Christfest frostig sein (25. Juli)

Säen und Pflanzen

Säen ins Beet: Buschbohnen, Möhren, Fenchel, Herbstrüben, Salate, Radicchio, Rettich, Radieschen, Spinat, Rote Bete, Chinakohl, Endivie, Kohlrabi, Zuckerhut, Löffelkraut, Winterportulak, Petersilie.
Pflanzen: Endivie, Kopfsalat, Eissalat, Fenchel, Kohlrabi, Lauch, Zuckerhut, Blumenkohl, Grünkohl, Rosenkohl, Kopfkohl, Wirsing.
Rote Bete und andere ins Beet gesäte **Gemüse ausdünnen**. Mit den überzähligen Pflänzchen die Lücken füllen oder sie in der Küche verwenden. Nach etwa zehn Tagen erneut ausdünnen.
An St. Kilian, sä' Rüben und Wicken an (7. Juli). Nicht nur die letzten **Roten Rüben** sollten spätestens in der ersten Juliwoche gesät werden, sondern auch **Buschbohnen** und **Fenchel**. Vorgezogenen Fenchel nicht zu tief setzen, sonst bekommt er einen langen Hals.

Gemüse und Kräuter

Tomaten entgeizen, aufbinden, düngen, gießen, mulchen, vor Regen schützen. Spritzungen mit **Magermilch** oder **Knoblauch-Zwiebelschalen-Tee** beugen dem **Kraut- und Braunfäule-Pilz** vor. Ganz besonders wichtig: Die Blätter trocken halten!
Um zu verhindern, daß Gießwasser vom Boden auf die Blätter spritzt und mit ihm die gefährlichen Pilzsporen, graben vorsichtige Gärtner zwischen die Stöcke einen großen Tontopf ein, wenn sie die Tomaten setzen. Über den Topf rinnt das Gießwasser spritzfrei und langsam in die Erde.
Sellerie, Zucchini, Paprika, Gurken düngen und gießen, Lauch, Kartoffeln anhäufeln.
Ackerbohnen schützen Grün- und Rosenkohl vor Kohlmottenschildläusen.
Wenn der Kohl gerät, verdirbt das Heu. Kohl braucht viel Feuchtigkeit, der Boden darf nie austrocknen. Deshalb regelmäßig gießen und mit einer dicken Mulchschicht die Erde feucht halten. **Kopfkohl** wöchentlich mit verdünnter Kräuterjauche **düngen**.
Zu früh ausgesäter **Chinakohl** und **Pak Choi** schoßen. Säen Sie ab der 2. Juliwoche ins Beet, und decken Sie nach dem Gießen mit Schutznetzen ab. Obwohl beide zur Kohl-Sippschaft gehören, schmecken sie milder als die europäischen Verwandten und blühen nicht.
Der Juli ist der Monat der Fülle. Salat, Zucchini, Möhren, Erbsen, Gurken, Bohnen, Zuckermais, Kirschen, Johannisbeeren, Himbeeren und anderes ist erntereif. Frisch aus dem Garten schmeckt es am besten. Und auch zum Tiefgefrieren, Einsäuern und Marmelade kochen fällt ein Teil ab.
Trocknen Sie Ihren Wintervorrat an Oregano (Dost), Majoran, Zitronenverbene, Rosmarin, Pfefferminze, Bohnenkraut und anderen **Kräutern**.

Obst pflegen

Die **Erdbeerstöcke** benötigen nach der Ernte Kompost (10 l pro m²). Nach zwei, spätestens drei Jahren sind die Pflanzen erschöpft und machen Platz für die junge Generation. Vor dem Ausreißen setzt man die kräftigsten Ableger in kleine Tontöpfe und päppelt sie hoch, bevor sie in vier Wochen auf ein neues Beet umziehen.
Bepflanzen Sie das gerodete Erdbeerbeet mit *Tagetes*. Sie **entseuchen den Boden**, indem sie schädliche Älchen (**Nematoden**) töten. Diese saugen an den Wurzeln und vermehren sich während

Sauerkirschen lassen sich gut zu Marmelade und Saft verarbeiten.

der »Erdbeerzeit« sehr stark. Um nachhaltig zu wirken, müssen die Studentenblumen mindestens drei Monate im Boden wurzeln. *Tagetes*-Mulch wirkt kaum.
Steinobst wie Kirschen, Aprikosen und Pfirsiche sondern harzigen Baumsaft ab (**Gummifluß**), wenn ihnen ihr Standort nicht behagt (zu feucht, zu kalt, Boden zu verdichtet) oder wenn sie krank sind.
Sie sind empfindlicher als Kernobst (Apfel, Birne) und sollten nicht im Winter, sondern nach der Ernte Ende Juli oder im August geschnitten werden. Die Wunden der beblätterten Bäume verheilen schnell, und es besteht keine Gefahr, daß sie bluten.
Einen starken Schnitt benötigt die **Sauerkirsche 'Schattenmorelle'**, da sie dazu neigt, lange, dünne, nach unten hängende **Peitschentriebe** zu bilden, die nur an den Enden beblättert sind und Blüten bilden. Falls Sie eine solche »Trauerkirsche« im Garten haben, schneiden Sie alle schwächlichen Triebe jeweils bis auf einen kräftigen, möglichst astnahen jungen Trieb zurück.

Knoblauchtee
50 g Knoblauch zerkleinern, mit 1 Liter Wasser überbrühen, einen halben Tag ziehen lassen, den Tee durchsieben. Unverdünnt auf die Pflanzen gesprüht, verwirrt er **Möhrenfliegen** und **schützt vor Pilzen** (Mehltau), 1 : 5 verdünnt wirkt er gegen Spinnmilben.

Kirschkernsäckchen
Sauerkirschen lassen sich gut tiefgefrieren, zu Saft und Marmelade verarbeiten oder wie Süßkirschen einkochen. Werfen Sie die Kerne nicht weg, sondern machen Sie das Beste draus: ein Kirschkern-Säckchen. Es dient als Wärmflasche und Eisbeutel und paßt sich allen Körperformen an.
Die Kerne über Nacht in Wasser einweichen, dann mit einer Drahtbürste oder grobem Sand die Samen so lange bearbeiten, bis kein Fruchtfleisch mehr anhaftet. Die Kerne auf ein Gitter legen, Fruchtfleisch und Sand abspülen, einlagig 24 Stunden lang bei 60 °C im Backofen oder in der prallen Sonne trocknen. Säubern und trocknen Sie gründlich, sonst schimmeln die Kerne!
Ein rechteckiges Baumwollsäckchen nähen, die Kerne einfüllen, zunähen. Wer sich den Nacken wärmen möchte, näht den Beutel schlauchförmig. Das Säckchen in einen zweiten »Schmutzbeutel« aus Leinen oder Baumwolle stecken, der bei Bedarf gewaschen wird.
Die Kerne speichern Wärme oder Kälte und geben sie langsam ab. Sie werden auf dem Kachelofen oder in der Bratröhre erhitzt oder in der Gefriertruhe abgekühlt (hilft bei Beulen und Wespenstichen).

Pflanzenschutz

In die Gänge von **Wühlmäusen** und um gefährdete junge Obstbäume unverdünnte Jauche aus Holunderblättern gießen.
Die zweite Generation der **Lauch- und Möhrenfliege** ist unterwegs. Sprühen Sie Rainfarn-, Knoblauch-Tee über Lauch, Zwiebeln, Möhren, oder legen Sie Schutznetze über die Beete.
Sammeln Sie wurmiges Fallobst auf, bevor die Larven des **Apfelwicklers** die Früchte verlassen. Fällt ihr Wirtsapfel nicht vom Baum, seilen sich die Larven ab, um sich zu verpuppen. Tragen die Bäume **Manschetten aus Wellpape**, verkriechen sich dort viele Tiere. Entfernen Sie Ende des Monats die Wellpappe, und verbrennen Sie diese. Manchmal picken auch Buntspecht, Kleiber und andere Vögel die Insekten aus ihrem Versteck. Ohrwürmer und Marienkäfer suchen dort ebenfalls gerne Schutz. Geben Sie ihnen vor dem Verbrennen eine Möglichkeit, die Flucht zu ergreifen.

Marienkäfer sind wie ihre Larven eifrige Läusejäger.

August

Was die Hundstage gießen, müssen die Trauben büßen (23. – 28. August)

Säen und Pflanzen

Säen ins Beet: Fenchel, Spinat, Chinakohl, Pak Choi, Endivie, Winterportulak, Salate, Feldsalat, Gartenkresse, Herbstrüben, Frühlingszwiebeln, Rettich, Radieschen, Spitzkohl, Wirsing, Löffelkraut, Petersilie, Barbarakraut.
Gründünger: Ölrettich, Senf, Roggen, Platterbse, Perserklee, Ringelblume.
Pflanzen: Chinakohl, Endivie, Fenchel, Salate, Kohlrabi, Lauch, Winterzwiebeln, Zuckerhut, Erdbeeren.

Auch wenn Sie mit dem Ernten und Verarbeiten kaum nachkommen, denken Sie an die Herbst- und Wintervorräte, die in diesem Monat gesät werden müssen. Jeder Tag zählt und verschafft den Sämlingen einen Wachstumsvorsprung, den spätere Saaten nie mehr aufholen.
Die Samen der schwarzen **Winterrettiche** sollten bis Mitte des Monats in der Erde liegen. Zwiebeln, die auf dem Beet überwintern, bis Ende des Monats aussäen.
In diesem Monat gesäter **Winterportulak** und **Spinat** sind bereits im Oktober erntereif.

Anbautips

Fängt der August mit Donner an, er's bis zum End' nicht lassen kann. Nach schweren Gewittern verschlämmten, verkrusteten Boden lockern, um den Wurzeln Luft zu verschaffen.
Wasser ist kostbar und Trinkwasser aus der Leitung zum Gießen ungeeignet. Auf seinem Weg zur Quelle löst das vom Himmel gefallene Naß reichlich Salze und häufig viel Calcium (Kalk) aus dem Gestein. **Pflanzen bevorzugen weiches, kalk- und salzarmes Regenwasser.** Sammeln Sie deshalb, was das Dach hergibt. In regenarmen Gegenden lohnt sich der Bau einer großen Zisterne. Denn Gemüse und Obstbäume überstehen zwar Trockenzeiten, liefern aber nur üppige Ernten, wenn sie nie hungern und dürsten.
Gießen Sie mit abgestandenem, vorgewärmtem Wasser, kaltes (Brunnen-)Wasser läßt vor allem den wärmeliebenden Gurken das Blattgrün in den Adern gefrieren. Das Wachstum stockt und ihre Blätter vergilben.

> **Insektenstiche lindern**
> Wenn Wespen oder Bienen gestochen haben, legen Sie eine quer zum Bauch **halbierte Zwiebel auf die Wunde**. Flavonoide und ätherische Öle dämpfen das Anschwellen und Jucken. Eventuell die Zwiebel nach 10 Minuten nachschneiden.

Gemüse und Kräuter

Kopfkohl, Rosenkohl, Blumenkohl, Brokkoli, Wirsing, Sellerie, Tomaten gießen und düngen. Die feuchteliebenden Kohlgewächse gedeihen in der zweiten Hälfte des Gartenjahrs besser als im trockenen Sommer und wachsen gleichmäßig und zügig.
Schalotten werden geerntet, sobald ihre Schlotten vertrocknen. Sie wachsen nesterweise, eine Mutterzwiebel schart mehrere Töchter um sich. Wer Schalotten einmal ausprobiert hat, bleibt dabei, denn sie haben genau die richtige Größe, um sie in den Salat zu schneiden, sie schmecken

Netze schützen vor Möhren- und anderen Gemüsefliegen.

mild würzig und selbst roh auf einem Käsebrot delikat.
Stecken Sie an einem geschützten Ort mehrere der geernteten Schalotten wieder in die Erde. Bis Weihnachten treiben sie Blätter, von denen man einige für den Salat oder fürs Butterbrot abzwacken kann. Ab Februar liefern sie dünnhalsige Zwiebelchen, die Salate, Suppen, Aufläufe und Eintöpfe würzen. Temperaturen bis -8 °C vertragen die Schalotten ohne weiteres, wird es noch frostiger, benötigen sie Winterschutz.
Feldsalat paßt gut zu Lauch, Grünkohl, Rosenkohl, Stangenbohnen. Säen Sie reichlich von diesem Nüsslisalat. Denn im Winter wachsen alle Pflanzen langsamer als im Sommer, und man muß größere Flächen abernten, um die Körbe zu füllen.

Obst anbauen

Wurmstichiges Obst reift früher als gesundes. Schneiden Sie es aus, und lassen Sie sich dann die ersten frischen Äpfel des Jahres schmecken!
Beerensträucher schneiden, **Kirschen** auslichten, an **Brombeeren** die Seitentriebe einkürzen.
Bei **Himbeeren** alle Ruten, die aus der Reihe tanzen, aus dem Boden ziehen oder möglichst tief abschneiden, in der Reihe gilt dies für alte, kranke, schwächliche und überzählige Pflanzen. Nach getaner Arbeit sollte nur etwa alle 10 cm eine kräftige Himbeerrute stehen. Anschließend mulchen.

Gründüngung
Auf nackten Beeten spült der Regen Nitrat und andere wasserlösliche Stoffe von den oberen Bodenschichten in für Wurzeln unerreichbare Tiefen und weiter bis ins Trinkwasser. Schicken Sie Ihre Beete nicht kahl in den Winter! Pflanzen binden die Nährstoffe, und die grüne Decke schützt das Bodenleben.
Besäen Sie alle gemüsefreien Beete mit Gründünger. Im Frühjahr arbeitet man das abgefrorene oder abgemähte Grünzeug oberflächlich in den Boden ein, wo Regenwürmer und andere winzige Helfer es zersetzen, die Nährstoffe lösen und wertvollen Humus bilden. Tiefwurzelnde Gründüngerpflanzen wie Ölrettich und Luzerne lockern und durchlüften verdichteten Boden. Buchweizen unterdrückt Wildwuchs (z. B. Quecken). Er muß spätestens im August gesät werden, eignet sich aber nicht für schwere, kalkhaltige Böden.
Tiefwurzler (Aussaatzeit): Ackerbohne (Feb.–Juli), Lupine (April–August), Luzerne (März–August), Ölrettich (August–Sep.).
Winterhart sind: Roggen, Deutsches Weidelgras, Ackerbohne, Perserklee, Inkarnatklee (bis -10 °C), Luzerne, Roggen, Winterraps, Winterwicke, Spinat.
Es fördern die Bodengesundheit: Ringelblume, Spinat, Tagetes, Buchweizen.
Bienenfutter: Raps, *Phacelia* (Bienenfreund), Buchweizen, Wicke, Erdklee (für Hummeln), Platterbse (für Hummeln).
Es sammeln Stickstoff: Bohne, Lupine, Perserklee und andere Kleearten, Luzerne, Platterbsen (= Edelwicken), Wicken.

Bis Mitte August **Erdbeeren** pflanzen, bei später gepflanzten läßt der Ertrag im folgenden Jahr deutlich zu wünschen übrig. Geben Sie einen halben Liter reifen **Kompost** ins Pflanzloch, zusätzlich etwas Algenkalk oder Gesteinsmehl, sie liefern wichtige Spurenelemente. Gießen nicht vergessen!
Wer sich für die alte, wohlschmeckende Sorte 'Mieze Schindler' entscheidet, muß ihr noch eine zweite Sorte zur Seite pflanzen, die den Pollen zum Bestäuben liefert, sonst bildet sie keine Früchte.

Pflanzenschutz
Kulturschutznetze verwehren Kohlweißling, Lauchmotte und Möhrenfliege den Zugang zu den Beeten.
Im August fliegt die **zweite Generation des Apfelwicklers**. Binden Sie Wellpappe um die Stämme der Apfelbäume, um den Nachzüglern der ersten Generation und den Raupen der zweiten, die in etwa vier Wochen die Früchte verlassen, ein vermeintlich sicheres Winterquartier zu bieten. Im Spätherbst wird die Wellpappe verbrannt. Sammeln Sie Fallobst unbedingt auf.

September

Durch des Septembers heitren Blick, schaut noch einmal der Mai zurück; wenn im September viele Spinnen kriechen, sie einen harten Winter riechen

Säen und Pflanzen

Säen ins Beet: Spinat, Feldsalat, Gartenkresse, Winterportulak, Wintermöhren, Löffelkraut, Salatrauke, Petersilie.
Gründünger: Ölrettich, Roggen, Gelbsenf, Zottelwicke.
Pflanzen: Endivie, Knoblauch, Wintersalat, Winterzwiebeln, Rhabarber, Erdbeeren, Feldsalat (ins Frühbeet).
Säen ins Frühbeet: Radieschen, Salat, Feldsalat.

Ernten und Lagern

September-Saaten reifen erst im Frühjahr, bei strengen Frösten benötigen sie einen Winterschutz. Die **Wintersalate** 'Maiwunder', 'Winter Butterkopf' liefern im Mai große, schwere Köpfe. Decken Sie die Pflänzchen bei starkem Frost ab.
Es gibt viel zu ernten und zu verarbeiten in diesem Monat: Kräuter, Tomaten, Paprika, Zucchini, Zwiebeln, Knoblauch, Kartoffeln, Salate, Äpfel, Birnen, Zwetschgen, Himbeeren ('Autumn Bliss'). Denken Sie auch an das wertvolle **Wildobst**: Holunder, Hagebutten, Kornelkirschen, Apfelbeere …

Gemüse und Kräuter

Treten Sie nie Ihre Zwiebeln! Knickt man ihnen gewaltsam die Schlotten (Blätter) ab, gehen sie zur Notreife über und halten gelagert nicht sehr lange. Warten Sie, bis die Pflanzen von selbst aufgeben. Sobald etwa zwei Drittel der Schlotten vergilbt sind, beginnt die Ernte. Allenfalls in nassen Jahren, wenn die Zwiebeln sich Zeit lassen mit dem Einziehen, lockert man sie mit der seitlich eingestochenen Grabgabel, um sie zum Reifen zu bewegen.
Lassen Sie die Zwiebeln nach der Ernte noch etwa zwei Wochen an einem sonnigen, luftigen Ort trocknen, bevor Sie sie einräumen. Schlecht getrocknete Zwiebeln faulen oder beginnen zu treiben.
Bis Ende des Monats sollten **Steckzwiebeln** ('Presto', 'Romy') in der Erde sein. Sie bilden im Herbst noch Blätter. Bereits im Mai kann man die ersten Zwiebelchen ernten und in Salat oder Suppe schneiden. Da sie im Vergleich zu Sommersorten keine Tränen in die Augen treiben, schmecken sie auch roh auf einem Käse- oder Butterbrot. Bis zum Sommer bilden sie große Knollen, die sich jedoch nicht zum Lagern eignen. Wer die Zwiebeln im Frühjahr mit Vlies abdeckt, ermuntert sie zu zügigem Wachstum.
Säen Sie großzügig **Feldsalat** und **Spinat**, breitwürfig, in Reihen oder entlang der Beeträndern. Bevor sie in den Winter gehen, muß man sie ein-, zweimal von Unkraut befreien.
Feldsalat braucht drei Wochen, um zu keimen. Klopfen Sie die Samen gut fest, halten Sie den Boden feucht, und decken Sie ihn mit Vlies ab.

Reicher Lohn für fleißige Gärtner: Die Körbe quellen über.

Auf Frostspanner achten
Der Große Frostspanner ist jetzt unterwegs, im Oktober stößt der gefräßigere Kleine dazu. Die flugunfähigen Weibchen klettern die Bäume hoch, um dort Hochzeit zu halten und ihre Eier (bis zu 300) abzulegen. Ihre katzbuckelnden Larven fressen im Frühjahr – in manchen Jahren und Gegenden – die Bäume kahl.
Legen Sie in 20–30 cm Höhe **Leimringe** um die Stämme der Obstbäume und um die Stützpfähle. Verwenden Sie grünes Leimpapier, da dies für andere (nützliche) Kleintiere weniger attraktiv ist als weißes. Das Papier muß dicht anliegen, sonst schlüpfen die Tiere unten durch. Vögel picken die Insekten gerne von dem Leimpapier und verkleben sich dadurch die Schnäbel, manche verenden sogar. Deshalb die Klebefallen nur anbringen, wenn die Raupen im Frühjahr großen Schaden anrichteten.
Oder wickeln Sie 15 cm breite **Wellpappestreifen** mit einem Draht am oberen Ende fest um Stamm (die Borke vorher etwas glätten) und Pfähle. Die Frostspanner krabbeln unten am losen Ende unter die Pappe, wo ihr beschwerlicher Aufstieg alsbald endet. Kontrollieren Sie wöchentlich, und erneuern Sie die Wellpappe, falls Vögel sie auf der Suche nach Insekten zerfetzt haben.

Erdbeeren pflanzen

So müssen Erdbeeren schmecken! Die Großeltern der **Sorte 'Florika'** waren Walderdbeeren, ihnen verdankt sie ihr unvergleichliches Aroma. Diese robuste, anspruchslose Erdbeere wechselt nicht alle zwei, drei Jahre wie ihre Verwandten das Beet, sondern verwandelt im Laufe der Zeit die Fläche, die man ihr überläßt, in eine **Erdbeerwiese**. Da die Früchte an langen Stielen über den Blättern hängen und schnell abtrocknen, bleiben sie von Fäulnis weitgehend verschont.

Pflanzenschutz

Schnecken legen ihre Eier in Bodenspalten, die **Spanische Wegschnecke** zweimal im Jahr bis zu 400 Stück! Im Herbst findet man die Eigelege besonders häufig. Sie bestehen aus vielen etwa 3 mm kleinen, milchigweißen Kügelchen. Rechen Sie nach dem Ernten die Beete glatt, und entfernen Sie die Eier, wo immer Sie sie entdecken, beim Jäten, Pflanzen, beim Umsetzen des Komposts …
Erdbeeren und Knoblauch vertragen sich gut. Knoblauch fördert das Bodenleben, er hemmt Pilze und Bakterien, die es auf die Nachbarn abgesehen haben. Die Zehen steckt man im Abstand von 10–15 cm etwa 5 cm tief.
Faules und wurmiges **Fallobst sammeln!** Trauben einnetzen, um sie vor Amseln, Spatzen und Wespen zu schützen.

Bremer Scherkohl (*Brassica rapa*) ist eine ostfriesische, frostverträgliche Kohl-Spezialität. Aussaat ist bis November möglich, nach 5–7 Wochen wird geerntet. Die zarten Blätter hacken, in Butter mit Knoblauch dünsten, eventuell noch ein paar Keimsprosse dazu geben, mit Pfeffer und Muskat abschmecken – lecker!
Winterportulak ist fünf bis acht Wochen nach der Aussaat 10 cm hoch und erntereif.
Tomaten, Paprika, Gurken, und anderes frostempfindliches **Gemüse (nachts) mit Vlies abdecken.**
Damit **Lauch** und **Knollenfenchel** weiße Schäfte bzw. einen hellen Bauch bilden, häufelt man sie noch einmal an.
Von der Knolle ist beim **Sellerie** bisher noch nicht viel zu sehen. Doch bald holt er Versäumtes nach. Ein letzter Jaucheguß hilft ihm dabei.
Da sie meist zu eng stehen, erntet man einzelne **Rote-Bete-Pflänzchen**, um Platz für die anderen zu schaffen. Dabei versehentlich gelockerte Pflanzen wieder andrücken. Die zarten, saftigen Rübchen in den Salat schneiden.
Zuckermais wird geerntet, wenn sich seine »Barthaare« braun färben. Wartet man zu lange, werden die Körner hart und schwer verdaulich.
Damit Blumenkohl weiß bleibt, knickt man ein größeres Blatt um und legt es über die Blume. Ist es sehr heiß, sollte man mit der Ernte nicht zu lange warten, weil die Köpfe dann kaum mehr wachsen, sondern dazu neigen, zu blühen.

Oktober

Bringt der Oktober Schnee und Eis, ist der Januar selten kalt und weiß
Tritt St. Gallus trocken auf, folgt ein nasser Sommer drauf (16. Oktober)

Säen und Pflanzen

Pflanzen können Sie jetzt Salate, Knoblauch, Salbei, Zitronenmelisse, Pfefferminze, Schnittlauch, Beifuß, Estragon, Obstgehölze, Beerenobst, Rhabarber.
Falls noch Platz im **Frühbeet** oder **Gewächshaus** ist, säen Sie **Löffelkraut**. Dann können Sie auch an schneereichen Tagen ernten. Löffelkraut enthält reichlich Vitamin C, es würzt Wintersalate oder läßt sich als Gemüse zubereiten.

Äpfel sind pflückreif, wenn sich der Stiel leicht vom Baum löst.

Ernten und Lagern

Ernten: Kopfkohl, Wirsing, Chicorée, Gelbe Rüben, Rote Rüben, Chinakohl, Endivie, Fenchel, Sellerie, Zuckerhut, Rettich, Wurzelpetersilie, Meerrettich, Schwarzwurzel, Kartoffeln, Äpfel, Birnen, Quitten, Walnüsse.
Auf dem Beet überwintern: Feldsalat, Grünkohl, Rosenkohl, Lauch, Pastinaken, Radicchio, Schwarzwurzel, Spinat, Salatrauke, Topinambur
Damit die Pflanzen noch von den letzten warmen Tagen profitieren, sollten Sie **mit dem Ernten und Einlagern bis Ende des Monats warten.** Kopfkohl, Sellerie und Beetgenossen legen im Verlauf des Monats noch beträchtlich an Umfang zu.
Chinakohl, Pak Choi, Endivie, Salat, Rettich, Radieschen, Gelbe und Rote Rüben und Bohnen sollten Sie mit **Vlies** abdecken, um sie vor Frösten und kalten Winden zu schützen und um die Ernte hinauszuzögern.
Salatrauke hat ganzjährig Saison. Gärtner, die sie besonders schätzen, säen sie im Abstand von zwei Wochen aus. Im Winter wächst der frostfeste Salat etwas langsamer als im Sommer.
Gegen Ende des Monats **Kürbis, Zucchini, Paprika** vor dem Frost in Sicherheit bringen.
Rote Tomaten ernten, die gesamte Pflanze ausreißen oder die Fruchtstände mit großen unreifen Früchten abschneiden und an einem warmen Ort an eine Leine hängen. Nachreifende Tomaten regelmäßig kontrollieren.
Endivie und in rauhen Lagen **Zuckerhut** mit Ballen ausgraben und im Frühbeet dicht an dicht locker einpflanzen (einschlagen). Fenster erst bei Frostgefahr auflegen, sonst schwitzt der Salat und macht schlapp.
Die schwarzen **Winterrettiche** ernten und in feuchten Sand einschlagen. Sie sind besonders heilkräftig. Sie stärken das Immunsystem, helfen bei Gallenleiden, Verdauungsbeschwerden und lindern Husten.
Porree, der auf dem Beet überwintert, wird kräftig angehäufelt und später, vor starken Frösten, mit Vlies abgedeckt.
Chicorée mit der Grabgabel aus den Boden hebeln und einige Tage auf dem Beet abtrocknen lassen. Die Wurzeln einkürzen, die Blätter um die Hälfte zurückschneiden oder die äußeren entfernen, stehend in eine hohe Kiste oder den Frühbeetkasten packen, bis Dezember frostfrei und kühl aufbewahren.
Der erste **Winterportulak** kann geerntet werden. Weil er während des Goldrausches in Alaska angebaut wurde – das einzige, was dort wuchs – heißt er in den USA Minenarbeiter-Salat.
Grünkohl, auch Federkohl genannt, überwintert auf dem Beet. Die Ernte beginnt nach den ersten Frösten, die harten Blätter werden durch die Kälte weicher und bekömmlicher und schmecken besser, weil die Pflanze sich vor Frost schützt, indem sie Stärke in Zucker umwandelt.
Die Röschen von **Rosenkohl** schwellen in den nächsten Wo-

Gesunder Kohl

Kopfkohl läßt sich gut lagern. Er **enthält viel Vitamin C und andere wertvolle Stoffe**. Fein gehobelter Krautsalat schmeckt besser ohne gebratenen Speck, und auch Sauerkraut aus eigener Herstellung ist einen Versuch wert.

Kohl wirkt blutzuckersenkend, er fördert die Wundheilung und hilft gegen Husten, Durchfall sowie bei Magen- und Darmleiden. Früher legte man frische, sauber gewaschene Innenblätter des Kohls auf Verbrennungen, Insektenstiche und schlecht heilende Wunden. Zuvor entfernte man die Mittelrippe und rollte das Blatt mit einem Nudelholz weich. Eine Mullbinde drückte den pflanzlichen Verband, der ein- bis zweimal täglich gewechselt wurde, locker auf die Wunde.

chen noch beträchtlich an. Nur frühe Sorten sind schon erntereif. Je mehr Blätter eine Sorte bildet, desto besser kann sie ihre Röschen vor Frost schützen.
Bärlauch (*Allinum ursinum*) schmeckt ähnlich wie Knoblauch, nur milder. Er wird jetzt im Garten ausgesät. Er braucht feuchten humosen Boden und wächst gerne im lichten Schatten.

Obst ernten

Äpfel und **Birnen** vorsichtig pflücken, nicht in die Erntekörbe werfen, sondern legen. Die Druckstellen faulen! Nur gesundes, ausgereiftes Obst lagern, das andere verarbeiten.

Abgefallene **Walnüsse** aufsammeln, nicht waschen, da sonst Feuchtigkeit eindringt und die Kerne schimmeln! Die Nüsse an einem warmen Ort (im Heizungskeller oder auf der Fußbodenheizung) einlagig trocknen.

Pflanzenschutz

Je sonniger und trockener der Herbst, desto zahlreicher die **Kohlmottenschildläuse**. Wächst Kohl in rauhen Lagen, bleibt er von der Plage verschont. Die 1–2 mm kleinen Tiere sitzen meist auf der Blattunterseite von Grünkohl, Rosenkohl, Wirsing, Blumenkohl und stieben auf, sobald sie sich belästigt fühlen.

Sie überwintern an Kohl(resten) oder an Erdbeeren, Endivien, Schöllkraut, Wolfsmilch und anderem Gartengrün. Ihr Leben könnte herrlich sein, wären da nicht: Schlupfwespen, Spinnen und Gärtner, die sie mit **Rainfarnbrühe** einnebeln oder einem scharfen Wasserstrahl abspritzen.

Hilfe für Tiere

Reinigen Sie alte Nistkästen und hängen Sie neue in die Bäume. »Vögel sind nämlich gute Flieger und Obstschützer«, klärte die sechsjährige Elsa ihre Freundin auf, als es wieder einmal hieß »Unterricht im Freien«. Meisen, Rotschwänze und Rotkehlchen picken unermüdlich Insekten, auch Spatzen tragen ihren Teil bei, und selbst die körnerfressenden Finkenarten füttern ihre Jungen mit Insekten und deren Larven.

Nicht alle Vogelarten nehmen Nisthilfen an, manche brauchen dichte Hecken, alte Bäume oder verwilderte Gartenecken.

Laubhaufen, Holzstapel, Steinhaufen bieten allerlei Getier Unterschlupf, das im nächsten Jahr erfolgreich Jagd auf Blattläuse, Schnecken und andere Pflanzenpeiniger macht.

Zu diesen gern gesehenen Gartengästen gehören vor allem Igel, Spitzmäuse, Blindschleichen, Kröten, Eidechsen, Laufkäfer, Spinnen.

Blaumeisen suchen den Garten unermüdlich nach Insekten ab.

November

*Bringt St. Martin Sonnenschein,
tritt ein kalter Winter ein
(11. November)
Wirft herab Andreas Schnee,
tut's dem Korn und Weizen weh
(30. November)*

Säen und Pflanzen

Säen im warmen Zimmer: Keimsprosse, Salatrauke, Gartenkresse.
Pflanzen: Obstgehölze, Beerenobst, Rhabarber, Liebstöckel, Beinwell, Beifuß.
Keinen Frost vertragen: Tomaten, Paprika, Zucchini, Gurken, Auberginen, Andenbeere, Kürbis, Kopfsalat, Rote Bete.
Leichte Fröste halten aus: Rettich, Radieschen.
Bis –5 °C überstehen: Blumenkohl, Brokkoli, Fenchel.

Laub bietet vielen nützlichen Tieren ein warmes Winterquartier.

Sie geben erst **unter -6 °C** auf: Kohlrabi, Steckrüben, Sellerie, Möhren, Chinakohl, Gartenkresse, Zuckerhut.
Völlig winterhart sind: Grünkohl, Schwarzwurzeln, Rosenkohl, Lauch, Spinat, Feldsalat, Winterportulak, Pastinaken, Salatrauke, Radicchio ('Roter Veroneser').

Gemüse und Kräuter

Ernten: Stangensellerie, Endivie, Zuckerhut, Radicchio zieht man aus dem Boden, schüttelt grobe Erdschollen von den Wurzeln und rollt die **Salate** in Zeitungspapier ein. Sie werden locker nebeneinander in Kisten oder Wannen gestellt – nicht pressen! – und an einem kühlen, luftfeuchten Ort aufbewahrt. Die äußeren Blätter vertrocknen und schützen die inneren vor Verdunstung. So verpackt halten die Salate einige Wochen durch.
Graben Sie an einem sonnigen Tag das **Frühbeet** etwa einen halben Meter tief aus, und füllen Sie es mit Laub. Im Februar erhält es eine Mist-Packung, um dem Gemüse die Wurzeln zu wärmen. Bis dahin können Sie die Grube zum Einschlagen von Lauch, Wurzelpetersilie, Schwarzwurzeln oder Rosenkohl verwenden. Decken Sie das Gemüse mit einer dicken Strohschicht und Vlies ab. Sellerie, Möhren, Rote Bete, Wurzelpetersilie, Meerrettich in Sand einschlagen, mäßig feucht halten, oder in Mieten einlagern.
Große Horste von **Winterzwiebeln** mit der Grabgabel aus dem Boden hebeln, in faustgroße Stücke trennen und diese versetzen. Die Winterhecke liefert fast das ganze Jahr über würzige Schlotten (Blätter).
Von manchen **Kräutern** hat man nie genug. Teilen Sie dichte Bestände von Schnittlauch, Knolau und Zitronenmelisse und verpflanzen Sie die Teilstücke.
Schnittlauch und den verwandten **Knolau** ausstechen, in topfgängige Ballen spalten, auf dem Beet einziehen und durchfrieren lassen. Im Winter topft man die Bündel und holt sie ins warme Zimmer, wo sie bald sprießen.

Anbautips

Beete nach der Ernte mit der Grabgabel **lockern**, nur bei schweren, lehmigen Böden lohnt das Umgraben.
Alle Beete sollten grün in den Winter gehen, dies fördert die Bodengare, bindet Nährstoffe und läßt unerwünschten Kräutern wie der selbst im Winter wild wuchernden Vogelmiere keine Chance. So lange der Boden frostfrei ist, kann man noch Roggen säen, oder man deckt die Flächen mit Mulch ab.
Gartengeräte gründlich **säubern**, rostige Stellen abschmirgeln und Metallteile leicht einfetten. Gartenscheren und Sägen reinigen und nachschärfen.
Wasserleitungen, die in den Garten führen, abstellen, die Leitungen leerlaufen lassen, die Hähne bleiben geöffnet. Mit dem Restwasser aus Regentonnen Beeren-

sträucher und Obstbäume gießen. Sie können diesen Zusatzschluck oft gut gebrauchen. Kunststoff wird durch Frost spröde und bricht, deshalb Schläuche, (Kunststoff-)Regentonnen und Plastik-Gießkannen einräumen. Frostsichere Regenwasser-Behälter (z. B. Holzfässer, Metalltonnen) umdrehen, damit kein Regen oder Schnee hineinfällt.

Vogelnistkästen reinigen

Alte Nester aus den Nistkästen entfernen. Sind die Vogelhäuschen stark verschmutzt und wimmelt es innen vor Ungeziefer, winzigen Milben und dergleichen, gießt man kochendes Wasser in die Kästen und bürstet sie sauber aus.

Obst ernten und pflanzen

Unter der Pergola oder an der geschützten Hauswand hängen immer noch reife Trauben, – sofern Amseln, Spatzen und Wespen etwas übrig ließen.
In wintermilden, trockenen Gebieten ist die beste Pflanzzeit für Obst und Beerensträucher der Herbst. Die Gehölze profitieren vom Herbstregen und der Winterfeuchte und wurzeln, bis es richtig kalt wird, gut ein. Apfelwurzeln zum Beispiel wachsen noch bei Temperaturen bis zu 5 °C. Im Frühjahr gepflanzte Gehölze leiden oft unter Trockenheit, und man muß sie das ganze Gartenjahr hindurch kräftig gießen, vor allem während der heißen Monate.

Pflanzenschutz

Rechen Sie **schorfiges Apfellaub** oberflächlich in den Boden ein, damit Regenwürmer es leicht erreichen. Die Pilzsporen werden im Regenwurm-Darm abgetötet. Früher bestrich jeder gewissenhafte Obstbauer Stämme und dicke Äste im Spätherbst mit einer dicken **Lehmbrühe**. Der Anstrich schützt vor **Frostrissen** und fördert die Gesundheit des Baumes. Heute ist der Brauch fast vergessen.

Nützlinge fördern
Wer ein Herz für Tiere hat und Verbündete gegen Blattläuse, Schnecken und Raupen sucht, recht das Laub von Rasen und Wegen und läßt die Laubhaufen in einer Gartenecke liegen. Viele Insekten, Spinnen und andere kleine Tiere überwintern dort. Im Frühjahr wirft man die Laubreste auf den Kompost.
Falls Sie Bedenken haben, daß die Winterstürme Ihnen das Laub durch den Garten wirbeln, formen Sie aus Drahtgitter eine Rolle (Durchmesser 1–1,5 m). Verschließen Sie die Nähte mit Schnüren oder Draht, stellen Sie die Rolle aufrecht in eine Gartenecke, und füllen Sie das Laub ein. Man kann den Drahtbehälter auch an einen Baum binden oder am Zaun befestigen.

Schlehen ernten
Schlehen enthalten viele wertvolle Gerbstoffe. Sie schmecken allerdings herb-sauer, bis die Früchte nach den ersten Frösten reichlich Zucker einlagern. Schlehen verleihen Apfel-, Birnen-Gelee und Obstsäften eine schöne Farbe und ein hauchfeines Aroma. Früher trockneten die Menschen die Früchte und lutschten sie im Winter.

Hier das klassische Rezept aus dem Biogarten der Abtei Fulda: 5 kg Lehm, 5 kg Kuhmist, 0,5 kg Stein- oder Algenmehl, 0,5 l Schachtelhalmtee mit 10 l Wasser gut verrühren; zwei Stunden quellen lassen, den Brei mit einem alten Handbesen aufbürsten. Lose Borke rubbelt man vorher mit einer Drahtbürste ab.
Ziehen Sie alte Kleidung an, nach dieser Arbeit sieht man aus wie Malermeister Schmitt.
Es gibt auch **fertige Stammanstriche** zu kaufen, sie werden nur noch mit Wasser angerührt.
Werfen Sie beim Gartenrundgang einen Blick auf die Frostspannerfallen. Sitzen Sie noch fest? Haben Vögel die Wellpappe zerpickt?

Ein Anstrich schützt vor Frost und hält die Rinde geschmeidig.

Dezember

*Ist die Christnacht hell und klar, folgt ein höchst gesegnet Jahr
Ist's zu Weihnacht warm und lind, kommt zu Ostern Schnee und Wind*

Erntedank

Das Gartenjahr ist zu Ende. War es ein gutes Jahr? In heißen Sommern geben Tomaten, Paprika, Zwiebeln und Wein ihr Bestes, in feuchten laufen die Kohlgewächse zu Höchstform auf. Gärtner wissen, daß Obst und Gemüse nicht im Supermarkt wachsen, sondern daß man sich die Ernte mit wohl überlegter Planung und fleißiger Arbeit verdienen muß – und daß noch mehr dazu gehört. Egal, wer Ihrer Meinung nach den größten Verdienst an dieser Fülle trägt, das Wetter, Ihr grüner Daumen oder Gottes Segen – wie halten Sie es mit dem Erntedank?

Säen

Säen im warmen Zimmer: Keimsprosse, Salatrauke, Gartenkresse.

Lauch bleibt im Winter auf dem Beet, er verträgt viel Kälte.

Ernten und Lagern

So kalt wie der Dezember, so heiß wird der Juni, sagen die Bauern. Doch meist legt der Winter erst ab Januar richtig los. Bei mildem Wetter kann man noch Zuckerhut, Feldsalat, Spinat und Winterportulak ernten.
Gelagertes Obst mindestens wöchentlich kontrollieren, faule Früchte aussortieren, leicht angefaulte Äpfel den Amseln im Garten überlassen. Auf **Mäuse** und **Kellerasseln** achten. Regelmäßig lüften!
Überprüfen Sie eingelagertes Gemüse, schimmliges entfernen, vergilbtes Laub absammeln und trockenen Sand befeuchten.

Anbautips

In der dunklen Zeit ruhen die Pflanzen auf den Beeten. Erst wenn die Tage ab Neujahr um viele Hahnenschreie länger geworden sind, fangen die Blätter genug Sonnenenergie ein, um langsam ihre Arbeit wieder aufzunehmen.
In schneearmen Regionen leidet an frostigen, sonnigen Tagen selbst winterhartes Gemüse, weil die Blätter Wasser verdunsten, die Wurzeln aus dem gefrorenen Boden jedoch keines nachliefern. Blasen zusätzlich starke Ostwinde, trocknen Rosenkohl, Grünkohl, Lauch schnell aus. Unter einer dicken Schneedecke ergeht es den Pflanzen besser; zudem friert der Boden oft nur oberflächlich, und die Wurzeln können weiter Wasser aufnehmen.
Decken Sie Spinat, Feldsalat, Winterportulak, Zwiebeln, Grünkohl, Löffelkraut mit Tannenwedeln oder Vlies ab, dies schützt vor sonniger Kälte und eisigem Wind. Achten Sie auf Mäuse.
Wer **Lauch** und **Rosenkohl** vor dem Gefriertrocknen bewahren will, erntet die Pflanzen, gräbt sie mit Wurzeln ins Frühbeet oder an einer geschützten Hauswand ein und deckt sie mit Vlies ab. Oder den Lauch senkrecht nebeneinander ins Frühbeet stellen und bis zum Blätterschopf mit lockerer Erde auffüllen.
Rosenkohl legt bei großer Kälte seine Blätter nach unten über die Röschen. Selbst wenn sie braun und abgestorben sind, sollte man diesen Schutz an der Pflanze belassen.
Schwarzwurzeln und **Pastinaken** kann man aus gefrorenem Boden nur herausmeißeln, was weder

Duftendes Kräuterbad

Greifen Sie an naßkalten Tagen auf Ihren Kräutervorrat zurück, und nehmen Sie ein belebendes Bad. Die Duftstoffe dringen über die Nase ins Gehirn, werden aber auch über die Haut aufgenommen. Ärzte empfehlen: Nicht zu heiß (38–40 °C) und nicht zu lange baden (20 Minuten).
● Baldrian, Lavendel, Melisse helfen bei Schlafstörungen, Nervosität, Unruhe,
● Thymian, Fichtennadeln, Eucalyptus bei Erkältungen,
● Rosmarin bei übler Laune, Trübsinn und Verspannungen.

Dezember

Nutzen Sie die Kraft der Kräuter für ein entspannendes Bad.

Mensch noch Wurzeln gut tut. Ernten Sie, solange der Boden offen ist, größere Portionen und schlagen Sie Überschüsse an einem geschützten Ort oder im Frühbeet ein.
Fassen Sie kein gefrorenes Gemüse an. Warten Sie mit dem Ernten, bis es aufgetaut ist und sich erholt hat. Gefrorenes Gemüse fällt zusammen und matscht in der Küche.
Wer **Wurzelpetersilie** im Freien überwintert, sollte sie in einem Drahtkorb in den Boden eingraben, um sie vor Wühlmäusen zu schützen. Den Korb mit einem Drahtgeflecht verschließen.

Obst pflegen

Unter den Obstbäumen den **Mulch abrechen**, damit **Mäuse** in dessen Schutz nicht ungestört die Rinde fressen. Vor allem junge und halbwüchsige Bäumchen sind gefährdet. Opfern Sie den Tieren lieber ein paar Sonnenblumenkerne, um sie abzulenken.
Zitronenbäumchen überwintern wie alle *Citrus*-Arten am liebsten im hellen, kühlen, aber frostfreien Wintergarten. Bei guter Pflege liefern sie zahlreiche, saftige Zitronen – ungespritzte!

Garten anlegen

Um eine Baustelle in einen Garten Eden zu verwandeln, braucht es kein Wunder, sondern Geduld. Da schwere Fahrzeuge den Boden meist zusammengefahren und verdichtet haben, besät man im Frühjahr oder Herbst zunächst die gesamte Fläche mit tiefwurzelndem Gründünger. Spionieren Sie in fremden Gärten, und holen Sie sich Anregungen aus Büchern. Beobachten Sie Ihre »Baustelle« übers Jahr, um zu erfahren, welche Partien am meisten Sonne haben oder welche Stellen im Frühjahr als erstes auftauen. Zeichnen Sie den Grundriß Ihres Gartens auf. Tragen Sie die Wege ein, markieren Sie anschließend den Platz für die Obstbäume, dann weisen Sie den Beerensträuchern, Gemüse- und Blumenbeeten ihre Flächen zu. Auf dem Plan »schiebt« man die Pflanzen solange hin und her, bis alles paßt und Sie zufrieden sind.
Als erstes pflanzt man Obstbäume, Beerenobst und andere »Dauermieter«, später kümmert man sich um grüne »Leichtgewichte« wie Kräuter, Gemüse, Stauden und Blumen.
Versuchen Sie nicht, all Ihre Träume auf einmal zu verwirklichen. Nehmen Sie sich Stück für Stück vor, lassen Sie sich Zeit, um Ihren Garten zu formen, notfalls zwei, drei Jahre.
Denn: Gut Ding braucht Weil'.

Lesestoff für Mußestunden

Bald ist Weihnachten. Die Zeit der Stille, der Besinnung – der Geschenke. Falls Sie Regenmesser, Maxi-Mini-Thermometer oder eine gute Gartenschere schon besitzen und noch Wünsche frei haben ... Es gibt einige interessante Gartenzeitschriften und viele gute Gartenbücher. Ein Freund schenkte uns das Buch »Der Bio-Garten« von Marie-Luise Kreuter. Sparen Sie sich die Mühe, nach einem vergleichbaren Werk zu suchen. Dieses Buch ist einzigartig. Deshalb besitzen es selbst jene Gärtner, die meinen, Bücher gehören in die Bücherei und Gärtner in den Garten. Auch Kreuters zweiter Klassiker »Pflanzenschutz im Biogarten« zählt zu den wenigen Büchern, die wir nicht verleihen.
Ein Schatz besonderer Art ist die Erzählung »Der Mann mit den Bäumen« von Jean Giono. Genau das richtige für ausgehungerte Seelen in einer sinnarmen und wertlosen Zeit, die mehr Schein statt Sein bietet. Diese Geschichte sollte jeder lesen – Gärtner und weniger Glückliche.

Die Mengenangabe mg% bei den Inhaltsstoffen bedeutet mg pro 100 g.

Stichwortverzeichnis

* verweisen auf Abbildungen, halbfette Zahlen auf Haupteinträge.

Ackerstiefmütterchen 40
Actinidia arguta 93
A. chinensis 93
Aflatoxine 45
Ageratum houstonianum 26
Ajoen 24
Alkaloide **27 ff.**
Alkohol 44
allergene Stoffe **47 ff.**
Allergie **47 ff.**
allergisch 8, 44
Allicin 24
Alliin 24
Allium 23
A. cepa var. *ascalonicum* 136
A. c. var. *cepa* 134
A. fistulosum 133
A. porrum var. *porrum* 132
A. sativum var. *sativum* 131
A. schoenoprasum 136
A. tuberosum 135
Altenaria 46
Amygdalin 38
Anethum graveolens 100
Anis **100**
Anthriscus cerefolium 101
Antibiotika 44
Apfel 7*, 10, 53, **82**, 83*, 167*
Apfelmost 46
Apfelmus 46
Apfelringe 73*
Apfelsorten, schorfresistente 10
Apfelwickler 83, 161
Apium graveolens var. *dulce* 99
A. g. var. *rapaceum* 99
A. g. var. *secalinum* 99
Aprikose 46*, **84**
Arbeitskalender **148**
Armoracia rusticana 127
Artemisia abrotanum 118
A. absinthium 120
A. dracunculus 118
A. vulgaris 118

Artischoke 112, 112*
Ascorbinsäure 50
Asparagus officinalis 133
Aspergillus flavus 45
ätherische Öle **24 ff.**, 80, 91, 96, 98, 100 ff., 118 ff., 137 ff.
Aubergine 30, **142**
Auftauen 62
'Autumn Bliss' 86

Backofen 72
Ballaststoffe **19 ff.**
Bambussprosse 39
Basilikum **137**, 137*
Beifuß 118
Beinwell 28, 156
Benincasa hispida 107
Berg-Bohnenkraut 137
Beta vulgaris ssp. *vulgaris* var. *cicla* 104
B. v. ssp. *v.* var. *flavescens* 104
B. v. ssp. *v.* var. *vulgaris* 104
Beta-Carotin **12**
Biophenole **7 ff.**, 12, 52, 86 f., 91 f., 98, 107 f., 112 f., 115 f., 121 ff., 126, 131
Birne 84, 84*
Bittermandeln 38
Bitterstoffe 28
Blanchieren 61, 61*, 73
Blattmangold 104
Blattsalat 33*
Blaumeise 167*
Blausäure **38 ff.**, 39*
Bleichsellerie 99
Blumenkohl **121**
Blutfett 20, 23
Blutzucker 19, 55
Bohnen 58*, 108 ff.
Bohnenkraut **137**
Bohnenkrautsalat 79
Borago officinalis 96
Borretsch 28, **96**, 97*
Botrytis 11
Bowle 67
Brassica napus ssp. rapifera 129
Brassica oleracea ssp. *oleracea* convar. *acephala* var. *sabellica* 123
B. o. ssp. *o.* convar. *botrytis* var. *botrytis* 121
B. o. ssp. *o.* convar. *botrytis* var. *italica* 121
B. o. ssp. *o.* convar. *capitata* var. *alba* 122
B. o. ssp. *o.* convar. *capitata* var. *rubra* 123
B. o. ssp. *o.* convar. *capitata* var. *sabauda* 123
B. o. ssp. *o.* convar. *caulorapa* var. *gongylodes* 125

B. o. ssp. *o.* convar. *oleracea* var. *gemmifera* 125
Brassica rapa ssp. *chinensis* 126
B. r. ssp. *pekinensis* 126
Bratäpfel 79
Brennessel 156
Brokkoli 20*, 22, **121**
Brombeere 9*, **85**, 85*
Brunnenkresse 22, 130, 130*
Brustkrebs 26
Buddleja davidii 80
Buschbohne **108**

Calcium 36
Calciumoxalatsalze 36
Calendula officinalis 120
Capsaicin 31, 144
Capsicum annuum **144**
Carotine **12 ff.**, 52, 81, 89, 92, 107 f., 111, 113, 117, 144
Carotinoide **11 ff.**, 82, 84, 89, 94, 96, 98
Carum carvi 102
Chamomilla recutita 119
Chicorée 112, 112*, 148
Chilischoten 31
Chinakohl **126**, 126*
Chlorophyll 12
Cholesterin 41
Christrose 40
Cichorium endivia 113
Cichorium intybus var. *foliosum* 112, 114, 117
Cochlearia officinalis 131
Coriandrum sativum 101
Cucumis sativus 106
Cucurbita 107
C. maxima 107
C. pepo 107
C. p. var. *giromontiina* 107
Cydonia oblonga 89
Cynara scolymus 112

Dampfentsafter 66
Daucus carota ssp. *sativus* 98
Diabetiker 55, 117
Dicke Bohne **110**
Dickdarmkrebs 20, 21
Dill **100**
Diplataxis tenuifolia 129
Dörren **70**
Dörrgerät 72
Dörrobstmotte 75, 75*
Duftsträuße 75
Düngung 34
Durchfall 8

Eberraute 118, 118*
Eberesche 68*

Efeu 40
Eierfrucht 142
Einfrieren **60 ff.**, 60*
einjähriges Bohnenkraut 137
Einkochen **63 ff.**
Einsäuern **55 ff.**
Endivie 113, 113*
Entsaften **65**
Entzündungen 8
Erbsen 111, 111*
Erdbeermarmelade 69
Erdbeere 11*, **86**, 86*
Ernten 52
Eruca vesicaria ssp. *sativa* 129
Estragon 118
Ethylen 52

Fanggürtel 83
Farnkraut 54
Feldsalat **96**, 96*
Fenchel 97*
fettlösliche Vitamine 15
Feuerbohne **109**, 109*
Fingerhut 40
Flaschenkürbis 107
Flavonoide **7 ff.**, 68, 80 ff., 84, 88 f., 91, 95 ff., 114, 132 f., 135 f., 143 ff.
Fleischkraut **117**
Flieder 80
Fliederbeere 80
Foeniculum vulgare var. *azoricum* 97
F. vulgare var. *dulce* 100
Fragaria x *ananassa* 86
F. vesca 86
Französicher Estragon 118
Frostspanner 151, 165
Frühlingsgemüse 78
Fusarium 46

Garten anlegen 171
Gartenkresse 130
Gärtöpfe 57
Gebärmutterkrebs 26
Gelbe Rüben 13, **98**
Gelee 69
Geliermittel 67
Gelierprobe 69
Gelierzucker 68
Gemüsepfanne 78
Gemüseeintopf mit Sauerkraut 77
Gemüseerbse **111**
Gemüsefenchel 97
Gemüsereis 78
Gemüsesud 64
Gemüsesuppe der Saison 76
Genistein 27
Gerbstoffe 7
Gewächshäuser 34

Stichwortverzeichnis 173

Gewürzfenchel **100**
Gewürzpunsch 67
'Gisela' 90
Glucosinolate **20** ff., 52, 121, 123 f., 126
Grauschimmelpilz 11
Gründüngung 34, 163
Grünkohl 123
Grünspargel 159*
Gurke **106**, 106*

Hagebutten-Marmelade 70
Heidelbeere **80**, 80*
Helianthus tuberosus 117
Herbstgemüse 79
Herzinfarkt 18
Himbeere 86, 87*
Hippophaë rhamnoides 81
Hokkaido 107
Holunder 38, 67, 73, 80*
Holundersaft 66*
Hormone 25 ff.
Hülsenfrüchte 19*, 41*
Husten 42
Hyssopus officinalis 141

Immunsystem 8, 13, 24, 42
Indole 21
Iso-Flavone 26

Japanische Rettiche 128
Jauche 156
Joghurt mit Knoblauch 76
Johannisbeere **91**
Jostabeere **91**, 92*
Juglans regia 94
Junifruchtfall 82

Kalkhaltige Böden 80
Kalte Gemüsesuppe 76
Kamille 119, 119*, 150*
Karies 8
Kartoffel 28, 28*, 30, 54, 143*, **143**
Kartoffel-Knoblauch-Püree 77
Kartoffelgratin 77
Kartoffelpuffer 77
Keim 148
Keimlinge 22*
Keimsprosse 148
Kerbel **101**
Kirschen 90*; siehe auch Sauerkirsche, Süßkirsche
Kirschkerne 39
Kiwi **93**, 93*
Knoblauch 22, 23*, 54, 131, 131*
Knoblauchtee 161
Knolau 135

Knollenfenchel 97
Knollensellerie 99
Kohl 21*, 121*, 123*, 167
Kohlrabi 125, 125*
Kohlrübe 129
Kompost 34
Konfitüre 69
Kopfsalat 33*
Koriander **101**
Kräuselkrankheit 88
Kraut- und Knollenfäule 30
Kräuter 25*, 74*
Kräuterbad 170
Kräutersalat 79
Krebs 32
Kreuzreaktionen 48
Kubaspinat 146
Kulturschutznetze 34, 35*
Kümmel **102**, 102*
Kürbis **107**, 107*

Lactuca sativa 115
Lagenaria siceraria 107
Lagern **52** ff.
Lauch **132**, 170*
Lavendel 54
Leberbalsam 26
Leimringe 151
Lepidium sativum 130
Levisticum officinale 102
Liebstöckel **102**
Lignane 27, 109
Lockstofffallen 75
Löffelkraut **131**, 131*
Löwenzahn **113**, 114*
Lungenkrebs 18
Lycopersicon esculentum 144

Magengeschwüre 22
Majoran **138**, 138*
Malus x *domestica* 82
Mangold 38, **104**, 104*
Mariendistel **119**
Marienkäfer 160*
Marmelade kochen **67**
Marmeladen 47
Mäuse 54
Meerrettich **127**, 127*
Melissa officinalis 140
Mentha x *piperita* 139
Milchsäurebakterien 55
Mineralstoffe **14** ff.
Mini-Kiwi **93**
Mirabelle **87**, 87*
Mistbeet 151
Möhre 12*, 98
Möhrenpfannkuchen 78
Monilia 88, 149
Montia perfoliata 146
Mycotoxine **44**

*N*asturtium officinale 130
Nektarine **88**
Neuseeländer Spinat 37*, 38, 103, 103*
Nicotin **28**
Nierensteine 36
Nitrat **32** ff., 52
Nitratdüngung 37
Nitratgehalt 36, 55
Nitrosamid 32
Nitrosamine 9, 32
Notreife 29
Nützlinge 159, 169

Obst 95
Obstsud 64
Ochratoxin 45
Ocimum basilicum 137
Oregano **138**, 138*
Origanum majorana 138
O. vulgare 138
Östrogene 26
Oxalsäure **36** ff., 55, 81, 104 f., 114

Pak Choi **126**, 127*
Paprika 31, 31*, **144**, 144*
Pastinaca sativa 98
Pastinake 98, 99*
Patisson 107
Patulin 46
Pektin 19, 67, 86, 89, 89*, 91 f.
Penicillium 46
P. patulum 46
Petersilie 103, 103*, 153
Petroselinum crispum convar. *crispum* 103
P. c. convar. *radicosum* 99
Pfefferminze 54, **139**, 139*
Pfirsich **88**
Pflanzabstände 95
pflanzliche Hormone **25** ff., 111
Pflaume **87**
Phaseolus coccineus 109
P. vulgaris ssp. *vulgaris* var. *nanus* 108
P. v. ssp. *vulgaris* var. *vulgaris* 109
Phenolsäuren 8
Phyto-Östrogene **26**
Phytoalexine **42** ff.
Phytophthora infestans 30
Pilzgifte **44** ff.
Pimpinella anisum 100
Pisum sativum ssp. *sativum* 111
Porree **132**
Portulaca oleracea 145
Portulak 38

Primel 40
Prostatakrebs 26
Provitamin A 12
Prunus armeniaca 84
P. avium 90
P. cerasus 89
P. domestica 87
P. persica 88
Puffbohne **110**
Pyrrolizidin 28
Pyrus communis 84

Quecke 155
Quillaja saponaria 40
Quillaybaum 40
Quitte 69, 70*, **89**, 89*
Quitten-Gelee 70

Radicchio **114**, 114*
Radies 128
Radieschen **128**, 128*
Raphanus sativus var. *niger* 128
R. s. var. *sativus* 128
Reneklode **87**
Resveratrol 43
Rettich **128**
Rezepte **76** ff.
Rhabarber 36 ff., 38*, 81
Rheum rhabarbarum 81
Ribes x *nidigrolaria* 91
R. nigrum 91
R. rubrum 91
R. uva-crispa 92
Ringelblume 75, 120, 120*, 155*
roh gerührte Marmeladen 70
Rondini 107
Rosenkohl **125**
Rosmarin **140**, 140*
Rosmarinus officinalis 140
Roßkastanie 40
Rote Bete 38, **104**
Rote Johannisbeere 91
Rote Rübe 57*, **104**
Roter Chicorée 114
Rotkohl **123**
Rotwein 43
Rubus 85
R. idaeus 86
Rucola **129**
Russischer Estragon 118

Saatgut 150
Sahnekarotten 78
Salat **115**, 115*
Salatrauke **129**
Salbei 54, **140**, 140*
Salvia officinalis 140
Sambucus nigra 80

Sambunigrin 38
Sanddorn 13, 18*, **81**, 82*
Saponaria officinalis 40
Saponine **40 ff.**, 105
Satureja hortensis 137
S. montana 137
Saubohne 110
Sauerkirsche **89**, 160*
Sauerkraut 55, 55*
Säuglinge 33
Schalotte **136**, 136*
Schimmelpilze 44
Schlehe 169
Schnecken 157, 165
Schnittknoblauch **135**, 135*
Schnittlauch **136**
Schnittsellerie 99
Schorf 10
Schutznetze 35*
Schwarze Johannisbeere 91
Schwarzer Holunder **80**
Schwarzwurzel **116**, 116*
Scorzonera hispanica 116
Seifenkraut 40
Sellerie **99**
Senföle 22, 128 ff.
Silybum marianum 119
Sojabohne 26
Solanin 29, 143, 145, 153
Solanum melongena 142
S. tuberosum 143
Sommerflieder 80

Sommerportulak **145**, 146*
Sommerpostelein 145
Sorbinsäure 70
Spargel **133**
Spinacia oleracea 105
Spinat 34*, 37 f., **105**
Spitzkohl 55*, 123
Sprosse 148
Stachelbeere **92**, 92*
Stammanstrich 169, 169*
Stangenbohnen **109**, 109*
Stangensellerie 99
Steckrübe **129**, 129*
Sterilisierdauer 65
Stielmangold 104
Sulfide **22 ff.**, 132 f., 135 f.
Sulforaphane 21, 122
Süßkirsche 90
Syringa vulgaris 80

*T*agetes 161
Taraxacum officinale 113
Terpene **24 ff.**
Tetragonia tetragonioides 103
Thymian 54, 141
Thymus x *citriodorus* 141
T. vulgaris 141
Tiefgefrieren **60**
Tobinambur 149*
Tomate 29*, 30 f., **144**, 145*
Tomaten nachreifen 31

Topinambur 117, 117*
Trauben 44, 44*
Traubenkur 44
Traubensaft 43
Trockenobst 71*
Trocknen **70 ff.**

*V*accinium corymbosum 80
V. myrtillus 80
Valerianella locusta 96
Vicia faba 110
Viola tricolor 40, 82, 91 f., 124, 128
Vlies 154*
Vitamin-C-Gehalt 52
Vitamin P 7
Vitamin-Depots 14
Vitaminverluste 63, 71
Vitamine **14 ff.**
Vitis vinifera 94
Vogel 149, 167
Vogelmiere 152
Vogelnistkästen 169

*W*achskürbis 107
Walnuß 53, 94, 94*
'Weiki' 93
Weintraube **94**, 95*
'Weiroot' 90
Weiße Johannisbeere 91

Weißkohl **122**
'Weito'-Unterlagen 87
Wellpappe 83, 161
Wermut **120**, 120*
Winterportulak **146**, 146*
Winterpostelein 146
Winterrettich 128*
Winterzwiebel **133**, 134*
Wirsing **124**
Wirsingrisotto 78
Wurzelgemüße 53
Wurzelpetersilie **99**, 99*

*X*anthophylle 12

*Y*sop **141**, 142*

*Z*ea mays convar. saccarata 147
Zitronenmelisse **142**, 142*
Zitronenthymian 141
Zucchini **107**, 107*
Zucchiniauflauf 77
Zuckerhut 117
Zuckermais **147**
Zwetschge **87**, 87*
Zwetschgen-Mus 69
Zwiebel 23*, **134**, 134*
Zwiebelkuchen 79

Adressen, Bezugsquellen

UGB
Verband für unabhängige
Gesundheitsberatung e.V.
Keplerstraße 1,
D-35390 Gießen

Gemüse-Saatgut

Allerleirauh GmbH
Kronstraße 24,
61209 Echzell

Küchengarten
Kräuter und Gemüse für Liebhaber
Postfach 1511,
73505 Schwäbisch Gmünd

il ravanello
Italienische Gemüse
Senefelder Straße 53,
90409 Nürnberg

Ferme de Sainte Marthe
Ulla Grall
Bäreneck 4 / Efeuhaus
55288 Armsheim

Dreschflegel
Föckinghauser Weg 9,
49324 Melle

Firma Hild
Kirchenweinberg-Straße 115
71672 Marbach / Neckar

Juliwa
Eppelheimer Straße 18–20
69115 Heidelberg

Sperling GmbH
Postfach 2640
21316 Lüneburg

Obst

Baumschule Herr
Bonner Straße 26–32
53340 Meckenheim

Baumschule Oberholz
Dackenheimerstraße 21
67251 Freinsheim

Häberli, Obst und Beerenobst
August-Ruf-Straße 12a,
78201 Singen

Baumschule Ganter
Forschheimer Straße/Baumweg 2
79369 Wyhl am Kaiserstuhl

Baumschule Bartsch
Nothgottesstraße 4
65366 Geisenheim

Baumschule Hofmann
Hauptstraße 36,
91094 Langensendelbach

Baumschule Brenniger
Hofstarring 57,
84439 Steinkirchen

Baumschule Baumgartner
Nöham
Haupstr. 2, 84378 Dietersburg

Baumschule Cordes
Lülanden 4, 22880 Wedel

Enderle Erdbeerland
Triftstraße 11
76448 Durmersheim
(u. a. 'Florika', 'Mieze Schindler')

Dies und Das

Keller
Biogarten und Gesundheit
Konradstraße 17
79100 Freiburg
(Gärtöpfe, Dörrgerät, Sämereien)

W. Neudorff
Postfach 1209
31847 Emmerthal
(Dünger, Pflanzenschutz, Nützlinge)

Sautter und Stepper
Rosenstraße 19
72119 Ammerbuch
(Nützlinge)

Krieger-Gewächshaus-Center
Gahlenfeldstraße 5
58313 Herdecke
(Gewächshäuser, Frühbeete)

Firma Beckmann
Simoniusstraße 10
88239 Wangen
(Gewächshäuser, Frühbeete)

Zeitschriften für Bio-Gärtner

kraut&rüben
Biologisches Gärtnern und
naturgemäßes Leben
Postfach 400320
D-80703 München

Natürlich Gärtnern
Viktorstraße 7
46509 Xanten

Winke
Abtei Fulda
Nonnengasse 16
36037 Fulda
(außerdem Broschüren, Kräuter-
mischung Humofix)

Und was meint Goethe dazu?

Die Natur ist das einzige Buch, das auf allen Blättern großen Gehalt bietet.

Bildnachweis

BBA Berlin: 75o,
U. Borstell: 1, 2/3, 11, 12, 13, 15, 25, 26, 29, 33, 37, 38, 44, 50, 51, 92l, 103u, 107o, 111, 113, 115, 117, 125, 135, 138u, 138o, 142u, 143, 147, 155, 164, 171
U. Niehoff: 72
M. Pforr: 161, 167
W. Redeleit: 4/5, 41, 97ur, 111 Einklinker, 154, 169
H. Reinhard: 6, 7, 9, 18, 19r, 21, 22r, 23u, 28, 31, 34, 39l, 45, 52, 53, 54, 55, 58l, 58m, 58r, 57, 63, 70, 71, 73, 74, 75u, 80l, 80r, 80 Einklinker, 83, 84, 85, 87o, 87ul, 87ur, 89, 90, 92ru, 93, 94, 94 Einklinker, 95, 96, 107u, 109l, 109r, 114ur, 116, 119, 120ul, 120or, 123, 127u, 128l, 134o, 134u, 136, 142o, 144u, 144o, 148, 149, 150, 152, 153, 156u, 158, 166, 168
S. Sammer: 22l, 23o, 39r, 47, 49, 60, 61, 65, 66, 68, 86, 131u, 151, 162
S. Seidl: 82, 97ol, 102, 103o, 140ul
M. Stangl: 46
S. Stein: 19l, 98, 99ol, 99ur, 104, 106, 112l, 114o, 118, 121, 126, 127o, 128o, 129, 145, 159
R. Sulzberger: 20, 114ul, 130, 131o, 137, 139, 140or, 146o, 146u, 160, 170
R. Sulzberger/Klinkan: 35
R. Sulzberger/Kopp: 112r, 156o

Die Deutsche Bibliothek – CIP-Einheitsaufnahme

Gesundes aus dem eigenen Garten /
Eva und Valentin Fischer. –
München ; Wien ; Zürich : BLV, 1998
ISBN 3-405-15307-7

**BLV Verlagsgesellschaft mbH
München Wien Zürich**
80797 München

Das Werk einschließlich aller seiner Teile ist urheberrechtlich geschützt. Jede Verwertung außerhalb der engen Grenzen des Urheberrechtsgesetzes ist ohne Zustimmung des Verlags unzulässig und strafbar. Das gilt insbesondere für Vervielfältigungen, Übersetzungen, Mikroverfilmungen und die Einspeicherung und Verarbeitung in elektronischen Systemen.

Umschlaggestaltung: Studio Schübel, München
Umschlagfotos: Titelseite: Ursel Borstell, Reinhard Tierfoto (Einklinker Erdbeere), Robert Sulzberger (Einklinker Basilikum);
Rückseite: Reinhard Tierfoto
Lektorat: Dr. Thomas Hagen
Layout: Volker Fehrenbach, München
Herstellung: Hermann Maxant
Reproduktion: Repro Ludwig
Druck: Appl, Wemding
Bindung: R. Oldenbourg, Heimstetten

Gedruckt auf chlorfrei gebleichtem Papier

Printed in Germany · 3-405-15307-7

Gesundes aus eigener Ernte

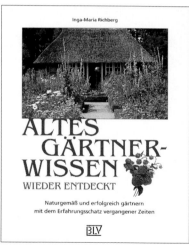

Marie-Luise Kreuter
Der Bio-Garten
Der praktische Ratgeber für den naturgemäßen Anbau von Gemüse, Obst und Blumen
Das Standardwerk des Biogärtnerns in Neuausgabe – komplett überarbeitet und mit neuen Fotos: alles über den naturgemäßen Anbau von Gemüse, Obst und Blumen.

Inga-Maria Richberg
Altes Gärtnerwissen wieder entdeckt
Naturgemäß und erfolgreich gärtnern mit dem Erfahrungsschatz vergangener Zeiten
Mit einfachen Hilfsmitteln alltägliche Gartenprobleme lösen: Kenntnisse und Erfahrungen, mit denen bereits unsere Vorfahren erfolgreich gärtnerten – überprüft im Hinblick auf den heutigen Wissensstand.

Rainer Berling
Nützlinge und Schädlinge im Garten
Erkennen und richtig handeln
Pflanzenschutz ohne Chemie: integrierter Pflanzenbau, Schädlinge und ihre Feinde, Nützlinge im Porträt, biologische Schädlingsabwehr.

Marie-Luise Kreuter
Kräuter und Gewürze aus dem eigenen Garten
Naturgemäßer Anbau, Ernte, Verwendung
Anlage des Kräutergartens, Gestaltungsbeispiele, Kräuter und Gewürzarten in ausführlichen Porträts: Anbau, Ernte, Aufbewahrung und Verwendung.

Martin Stangl
Obstbäume schneiden und veredeln
Die wichtigsten Grundlagen des Obstbaumschnitts, praxisgerecht und leicht verständlich beschrieben; Gesetzmäßigkeiten des Schnitts; Äste und Zweige; Schnittwerkzeuge; Veredelung.

Martin Stangl
Obst aus dem eigenen Garten
Baum-, Strauch- und Beerenobst
Pflanzung · Pflege · Ernte
Basiswissen für Hobbygärtner zum Obstanbau im eigenen Garten und zu allen wichtigen Obstarten – von Sortenauswahl, Pflanzung und Düngung bis zu Pflanzenschutz, Ernte und Lagerung.

Im BLV Verlag finden Sie Bücher zu folgenden Themen: Garten und Zimmerpflanzen • Wohnen und Gestalten • Natur • Heimtiere • Jagd • Angeln • Pferde und Reiten • Sport und Fitneß • Tauchen • Reise • Wandern, Alpinismus, Abenteuer • Essen und Trinken • Gesundheit und Wohlbefinden

Wenn Sie ausführliche Informationen wünschen, schreiben Sie bitte an:
**BLV Verlagsgesellschaft mbH • Postfach 40 03 20 • 80703 München
Telefon 089 / 12705-0 • Telefax 089 / 12705-543**